KB042698

중국 지역연구와 글로컬리티

이 저서는 2009년도 정부재원(교육과학기술부 학술연구조성사업비)으로 한국연구재단의 지원을 받아 연구되었음(NRF-2009-362-B00011).

국민대학교
중국인문사회연구소
총서 · 7

중국 지역연구와
글로컬리티

———

고혜림 · 문익준 · 박영순 · 박철현
서상민 · 이광수 · 이민규 · 최은진
공저

學古房

서 문

권력으로서의 지식에 의해 창출된 현실은 이미 학문적인 개념적 구성물이 아니라 해당 지역의 물질적 실체로서 존재한다. 과거 지식의 생산지로서 기능했던 중국은 근대 이후 제 기능을 발휘하지 못하게 되었고 또 최근 중국은 G2로 부상하였다. 이러한 변화는 본 연구 사업단이 지금까지 지식·지식인을 키워드로 하여 중국의 지식구조와 네트워크에 대해 진행해온 연구 성과를 재구성하고 개념화할 필요성을 제기한다.

지금까지는 지식·지식인과 네트워크를 중심으로 하여 그것의 국내외 상호 접촉·교류 자체에 중점을 두었다면, 현 단계는 이러한 지식·지식인과 네트워크가 학문적 실체를 넘어 해당 지역의 물질적 실체로 존재한다는 점을 인식할 시점이다. 이러한 인식은 "지식연구"에서 "지역연구(Area Studies)"로의 확장으로 자연스럽게 연계된다. '지식'연구에서 '지역'연구로의 이행은 중국 지식연구의 특수성에서 다시 '지식에서 지역연구'로의 보편성으로 나아가기 위한 것이다. 본 연구 사업단이 현재 3단계 2년차 연구주제를 "지식과 글로컬리티(Glocality): 지역 연구의 부상"으로 삼은 이유이다. 사실상 중국의 지역학과 중국학은 큰 범주에서 볼 때 중국에 대한 지식체로 볼 수 있으며, 이 때 지식은 특정 지역의 지역성과 글로벌 지식(권력)이 결합한 글로컬리티로 전환될 수 있다. 이러한 취지에서 이 책은 "중국 지역 연구와 글로컬리티"라는 주제로 집필한 8명의 글을 엮은 중국인문사회연구소의 7번째 총서이다.

글로컬리티는 Global+Locality의 합성어로 세계적인 보편성과 지역적인 특수성을 아우르는 개념이며, 세계화와 현지화를 함께 추구한다는 뜻이다. 어의적 개념과 의미는 이러하지만 그 실체를 명확하게 파악하기란 쉬운 일이 아니다. 따라서 이 책에서 다룬 정의와 범주, 방법 및 시각은 필자에 따라 조금씩 다를 수 있다. 우리가 논하고자하는 주요 키워드인 글로컬·지역·지식·권력·네트워크 등은 연구자에 따라 정치적·경제적·외교적·문화 예술적·민족적 등의 면에서 작품·정체성·시스템·개념·매체·이념·이슈·네트워크 등에 대해 비교적 포괄적으로 다루었다. 그리고 지역의 범주를 중국과 대만, 중국 내 지역, 중국과 세계 등으로 범주화하여 그에 따른 글로컬리티와 정체성, 글로컬리티와 지식생산과 지식생산 및 지식파급효과, 외연확대와 국가이익 및 외교엘리트 등에 대해 분석하였다. 이를 위해 문헌분석·개념분석·시스템분석·이슈분석·네트워크분석을 시도하였고, 공간계량경제방법·빈도분석법·키워드동시출현분석과 저자프로파일링 분석방법·사회연결망분석(Social Network Analysis) 방법 등 다양한 방법론을 활용하였다.

이 책은 각기 다른 영역에서 다양한 접근을 통해 중국 지역 연구와 글로컬리티를 탐색했다. 제1장 고혜림의 글은 국경을 넘어 세계 속에 흩어져 있는 중국계 이민자 집단인 화인디아스포라를 대상으로 하여 그들의 글로컬적 정체성에 대해 고찰하였다. 화인디아스포라 문학을 세계문학과의 상관관계 측면에서 보아, 특히 북미 지역의 미국 화인, 캐나다 화인, 동남아시아 지역의 화인들의 문학작품을 매개로 하여 글로컬적 정체성을 분석하였다.

글로컬과 정체성 문제는 제2장 박영순의 글에서도 이어진다. 세계화와 지역화가 공존하는 현실 속에서 정체성이란 고정적인 것이 아니라 유동적이고도 지속적이다. 국제성과 지역성은 일종의 '절합(節合)'의 형태로서 '연결되어 있지만 분리될 수도 있는 관계'이다. 이를 테면 세계화가 진행되고 있는 오늘날 '국제성(global)'만을 지향하지도 않지만 '지역성(local)'만을 유지하지도 않는 이른바 로컬과 글로벌의 의미가 혼재하는 글로컬적 성격을 띤다는 것이다. 이런 면에서 볼 때, 한 국가나 지역에서 개최되는 국제영화제는 규모면에서든 정체성 측면에서든 자신들의 고유한 지역적 특성과 국제적 특징을 동시에 지닌다. 박영순의 글은 이런 점에 착안하여 '국제영화제와 글로컬적 특징'이란 주제로 상하이국제영화제의 글로컬적 특징과 그것이 보여주는 영화제의 정체성에 대해 살펴보았다.

사실상 글로컬리티는 공간과 지역의 외연 확대를 통해 지역의 세계화, 세계의 지역화라는 세계적인 보편성과 지역적인 특수성을 동시에 추구하고자 한다. 공간과 지역의 외연 확대는 정치적, 경제적인 측면에서 현재 중국 시진핑 정부가 시도하는 일대일로(一帶一路) 정책과 AIIB(아시아인프라투자은행) 등에서 잘 드러난다. 이러한 공간의 외연 확대와 관련 정책의 글로컬적 의미는 중국이 추구하는 대국으로서의 정치적 효과와 주변국들의 시장규모 확대라는 경제적 이익뿐만 아니라 지식의 파급효과를 동시에 지닌다. 이런 면에서 제3장 문익준의 글은 글로컬러티와 지식파급효과라는 관점에서 새로운 학문인 공간계량경제학이 세계화와 현지화를 어떤 방식으로 진행하였으며, 지식파급이 공간적인 확장성을 어떻게 이루었는지를 분석하였다. 제4장 최은진은 개혁개방이래 중국의 지식인을 둘러싼 새로운 변화를 매체환경의 변화와 연결하여 매체지식인 연구의 현황에 주목하였다. 특히 키워드 동시출현분석과 저자 프로파일링 분석 방법을 통해 지식을 생산·전파하는 매체지식인을 대상으로 그들이 어떠한 지적 수용과 글로컬화의 과정을 밟아가는 지를 보여주고자 했다. 이는 공공영역이 부재한 중국에서 서구이론과 개념이 비판의 도구로 어떻게 글로컬화 되는가를 보여주는 사례가 된다.

이처럼 공간과 지역의 확대, 지식의 생산과 지식의 파급효과는 대외적인 확장에만 국한하지 않는다. 사실상, 중국 지역연구를 위해서는 거대한 중국을 이루고 있는 다양한 지역의 지역적 요소를 내포하고 있는 개념을 구축할 필요가 있다. 지역연구의 대상은 중국이라는 국가적 실체이지만, 사실 중국은 서로 큰 차이를 보이는 다양한 지역들로 이뤄져있다. 이러한 지역 들을 분석하기 위해서는 그 지역성(로컬리티)을 반영한 적합한 개념을 연구할 필요가 있다. 제5장의 박철현은 그에 적합한 개념을 '노후공업도시'로 설정하였다. 동북지역의 현재와 과거의 문제들을 분석하는 하나의 키워드로서 기존에 사용된 다양한 개념들을 비판적으로 검토하고자 했다. 이를 위해 '노후공업도시'를 대상으로 동북 지역연구를 수행하기 위한 토대연구로 삼았다.

공간적, 지역적 외연확장으로 인해 국경의 경계를 뛰어넘는 초국가적 이동과 교류가 일상적으로 이루어지고 그에 따른 이념과 의식의 변화도 뒤따른다. 이는 '민족'을 뛰어넘는 탈 민족주의, 세계주의 흐름을 강조하는 경향으로 나타난다. 뿐만 아니라 한 국가 내부나 국가 간 관계에 있어서 혈연·언어·관습·역사적 경험을 공유하는 집단의 공동체주의로서의 민족주의 풍조가 집단 내부의 단결의식을 고양시켜, 외부세력에 대항하는 배타주의 경향을 갖게도 한다. 이런 점에 착안하여 제6장 이광수의 글은 상상의 공동체라는 이론적 틀을 배경으로 하여 중국과 대만 사이에 나타나는 민족주의 현상과 그것이 양안에 미치는 영향을 분석하였다.

이처럼 지역과 지역은 민족적 이념과 정서의 대립뿐만 아니라 국가 간의 영토 확장을 둘러싼 국제적 분쟁으로도 야기되며, 이는 국가의 핵심이익으로 작용한다. 이를테면, 남중국해문제, 센카쿠 열도문제 그리고 '한반도'문제 등을 둘러싸고 발생했던 논쟁과 이슈는 모두 중국의 핵심이익과 관련한다. 제7장에서 이민규는 중국 정부와 엘리트들의 관점과 시각을 엿볼 수 있는 중국공산당 기관지『인민일보』를 대상으로, 중국의 '핵심이익'

범주에 속하는 구체적인 이슈들을 분석하였다. '지역과 이슈'는 국가핵심
이익의 외연확대이자 지역의 외연확대이기도 하다. 이처럼 국가핵심이익
은 강대국화를 목표로 하는 중국에게 중요한 국익실현의 수단이며, 그 힘
은 외교역량으로 드러난다. 한나라의 외교역량이라고 하는 것은 자국의
국력을 떠나서 고려될 수 없으며 외교현장에서 외교역량은 전적으로 외
교엘리트의 능력에 달려있다. 제8장 서상민의 글은 중국외교정책 과정을
입안·실행하고 있는 중국 외교엘리트들이 상호 어떤 관계를 맺고 있는
지를 분석하고 있다. 후진타오와 시진핑 시기 외교엘리트의 인적 네트워
크를 사회연결망분석방법을 통해 비교분석하였다.

이 책은 "중국 지역 연구와 글로컬리티"라는 주제로 엮었다. 연구자에
따라 지역의 범주를 중국과 대만, 중국 내 지역, 중국과 세계 등으로 범주
화하여 그에 따른 글로컬리티와 정체성, 글로컬리티와 지식생산 및 지식
파급효과 및 지역의 외연확대와 국가이익 및 외교엘리트 등에 대해 분석
하였다. 이를 위해 문헌분석·개념분석·시스템분석·이슈분석·네트워크
분석 등을 시도하였고, 공간계량경제방법·빈도분석법·키워드동시출현
분석과 저자프로파일링분석방법·사회연결망분석방법 등 다양한 방법론
을 활용하였다.

연구자에 따라 범주, 방법 및 시각이 조금씩 다른 점은 지식·지역·글
로컬리티의 관계를 중심으로 한 지역연구의 하나의 초석일 뿐이며, 향후
지역 연구의 범주·개념·방법론 등은 계속 발전할 것이다. 그러므로 이
책에서 다룬 연구가 중국 지역연구의 이론화로 정립되기 까지는 영역 간
의 유기적인 연계와 치밀한 분석 및 방법 등이 더욱 보완되어야 할 것이
다. 이는 앞으로 우리가 넘어야할 일이기도 하다. 하지만 시도는 언제나

후속을 남기기 마련이니 이러한 결실이 중국 지역연구의 작은 토대가 되기를 바란다. 그런 점에서 이 책의 기획과 집필 과정에서 많은 도움을 주신 국민대학교 중국인문사회연구소와 8분의 집필진들에게 깊은 감사를 드린다.

2017년 6월
편집진을 대표하여 박영순 씀

목 차

글로컬리즘과 화인 디아스포라의 정체성

● 고혜림 ●

Ⅰ. 세계문학의 시대와 정체성

　세계시장에서 중국의 영향력은 점차 커지고 있다. 21세기 미국의 경제 위기는 중국의 외환을 이용한 국채 매입으로 금리안정과 경제적 지지대 역할을 동시에 했다는 사실은 이미 상식이 되었다. 경제위기 상황의 악화 일로를 지연시키고 되살리는 역할을 한 것이 중국의 경제였다. 세계 문학 시장에서의 중국문학과 중국작가의 지위도 과거와 달리 재평가가 이루어 지고 새로운 시각에서 우수한 작가들이 발굴되고 있다. 물론 중국대륙 경제의 힘을 후광으로 업은 효과를 완전히 배제하긴 힘들지만 또 순수하게 예술적, 미학적 가치평가를 전제하더라도 과거 저평가된 부분이 전혀 없었다고 말하기는 힘들 것이다.

　화인 디아스포라는 세계 속에 흩어져 국경을 넘어서는 중국계 이민자 집단으로 과거 유대인의 집단 이주와는 그 자발성과 강제성이라는 측면에서 차이를 보인다. 이들은 살아 숨 쉬고 있는 현재적 시점의 사람들이다. 그리고 국경을 넘나들면서 비교적 거대한 규모로 큰 조류를 형성하고

*　이 글은 「글로컬리즘과 화인 디아스포라의 정체성」, 『중국학논총』, 제56집, 2017을 수정·보완한 것이다.
**　부산대학교 현대중국문화연구실 연구원.

있다는 차원에서는 세계, 즉 글로벌한 논의의 영역에 속한다. 또한 다양한 문화권역을 넘나들고 있다는 측면에서는 다원적인 성격을 가지고 있다. 이는 한나 아렌트(Hannah Arendt)가 말하는 인간 실존의 세 가지 조건인 생명, 세계성, 다원성과도 그 맥락을 같이 하고 있음을 알 수 있다.

세계문학에 관한 논의가 영미권과 한국에서 함께 일어나고 있는 상황은 얼핏 유사하지만 그 주체는 다른 양상으로 나타나고 있다. 비교문학의 한계를 탈피하기 위한 새로운 패러다임으로 상정하여 학계가 주도하는 서구와, 기획과 출판으로 이어지는 출판사 중심의 한국의 상황이 바로 그것이다.[1] 세계문학이 그 시작점에서 기획이 되었든 혹은 자생적인 발생과정을 거쳤든 간에 이미 세계문학으로 자리매김한 현재적 시점에서는 이 세계문학의 범주와 포괄적인 성격을 중립적으로 해석하여 적절하게 사용하여야 할 것으로 보인다.

이제 이 글에서는 '글로컬'이라는 용어를 사용하게 될 것이다. 글로컬은 다양한 의도와 가능성을 가지고서 사용되고 있는 용어지만 정체가 아직까지는 완전하고 또 명확하게 규명된 것은 아니다. 이 개념은 문화학에서는 상당한 기간 동안 사용되어오고 있는 것이지만 문학 가운데서도 특히 중국현대문학을 다루는 데 있어서는 그리 익숙한 용어는 아닌 듯하다. 일례로 국내 학술논문을 찾아보면 '글로컬'과 '중국', '문학' 등을 동시에 키워드로 검색하면 결과물은 없는 것으로 나온다. 반면 '디아스포라', '중국문학'의 키워드로 검색하면 2000년도 이후로 점차 관련 연구가 시작되고 있으며 2007년부터 폭발적으로 관련연구가 증가됨[2]을 알 수 있다.

1) 김용규, 「서론」, 김경연·김용규, 『세계문학의 가장자리에서』, 현암사, 2014, 10쪽.
2) www.riss.kr에서 키워드 검색을 통해 조사한 결과, 2001-2006년까지 6년 동안 6편, 2007년 5편, 2008-2017년까지 10년간 87편이 검색되었다. 이는 2001년부터 2006년까지는 한 해 평균 1편인데 반해, 2007년 이후로 현재까지는 매해 평균 8.3편이 발표되었다고 볼 수 있다.

　김성수는 "'글로컬'은 보편화된 국제적 감각으로서의 글로벌과 지역적으로 특수한 정서인 로컬을 동시에 추구하려는 문화변용의 내적 논리다. '글로컬라이제이션'의 '-화(-sation)'를 통해 강조되고 있는 것은 '글로컬'의 논리를 구체적으로 특정 문화콘텐츠나 문화상품을 통해 외적으로 발현시켜 나온 결과적 의미로서의 세계지역'화' 혹은 지역세계'화'이다"[3]라고 이 개념을 정의하고 있다. 그 용도와 사용처가 다르다는 것을 감안하더라도, 글로컬 개념이 보편화된 글로벌과 개별적 사례인 로컬의 구분을 새로운 단계로 전환시키고자 하는 개념으로 인식하는 데는 무리가 없을 것이다.

　여기서 글로컬 현상을 중국문학을 통해서 다루고자 하는 목적은 세 가지가 있다. 우선 문학을 매개로 하여 화인 디아스포라의 범주와 전지구화 현상의 접점을 찾고자 하는 것이 첫 번째다. 두 번째는 로컬별 정체성 혼란과 수립의 과정이 개별 현상으로 드러남을 문학 작품을 통해 증명할 수 있을지 가능성을 진단하고자 하는 것이다 마지막으로 개별 로컬적 정체성 형성 과정과 결과적 특징들이 독특한 차이를 근거로 하지 않고 보편적 특징으로 나타나고 있다는 것을 찾아내고자 한다. 이로써 화인 디아스포라 및 세계문학으로서의 중국문학 연구의 기반을 마련하고자 하며 이후 다른 잠재적 이주자와 디아스포라 연구에 있어서도 발전적 방향을 제시할 수 있을 것으로 짐작한다.

　우리는 우선 글로컬을 정의내릴 필요가 있다. 앞서 글로컬을 언급했지만 이것이 문학과 문화학적인 의미로 어떻게 결합하게 될지 상당히 궁금증이 생기게 된다. 세계를 바라보는 창은 여러 가지 방식으로 나타날 수 있다. 세계를 보라보는 창으로서 이 글에서는 화인들의 문학작품을 매개

---

3) 김성수, 「두 개의 글로컬라이제이션, 두 얼굴의 글로컬─글로컬라이제이션 개념을 배경으로 한 문화콘텐츠 기획의 허와 실」, 『글로벌문화콘텐츠』, 통권 제10호, 서울: 글로벌문화콘텐츠학회, 2013.2, 107쪽 주석.

로 하게 된다. 특히 북미 지역의 미국 화인, 캐나다 화인, 동남아시아 지역의 화인, 기타 지역의 화인들에 대해 알아보기 위해서 해당 지역 화인 디아스포라 작가들의 문학작품들을 곁들여 얘기하게 될 것이다.

미국 화인 작가들은 이주시점을 기준으로 할 때 3세대와 4세대 이주자 중에서도 주로 타이완과 중국대륙 출신의 작가들이 많다. 캐나다 화인 작가들은 주로 홍콩으로부터의 이주자들로 20세기 말부터 21세기 초까지의 이주를 경험한 작가들이다. 동남아시아 지역 가운데서도 화인의 규모와 특이성 등을 고려하여 특히 말레이시아 화인 작가들에 주목할 수 있다. 그리고 경우에 따라서 타이완과 홍콩의 이야기도 함께 할 수 있다.

화인 작가들은 공통적으로 중국대륙으로부터 이주를 감행할 수밖에 없었던 개인적인 사정을 가지고 있다. 이들이 이주한 시기나 이주한 장소나 이주 후의 적응의 문제는 각기 다를 수 있다. 하지만 큰 맥락에서 볼 때는 차이가 거의 없을 정도로 유사한 경향성을 보이고 있음을 알 수 있다. 고향인 출발지를 떠나 경유지를 거치거나 혹은 종착지로서의 경유지에 체류하게 되는 양상으로 나타나게 된다. 하지만 이 사람들이 겪게 되는 디아스포라적 경험은 과거 어느 역사 시기에서의 이주보다도 더 격렬한 문화의 혼종의 담보하고 있다는 것을 알 수 있다.

한국에서는 일반 대중과 다소간에 문학에 관심이 있는 독자들에게서도 중국문학이라고 하면 중국대륙의 문학이 등식으로 떠오르게 된다. 글로컬, 세계문학을 전제로 중국문학을 얘기하기 위해서 주로 한국 국내에 잘 소개된 바 없는 미국, 캐나다, 동남아, 기타 지역의 중국계 이주 작가들로 눈을 돌려야 한다. 아래에서는 세계문학에 대한 논의를 보다 자세히 할 것이지만 여기서는 언어적 접근의 용이성도 역시 고려하지 않을 수 없다. 한국에서의 중국문학 잠재 독자와 저변화를 염두에 두면서 동시에 수년 간 해외의 중국계 작가들의 문학을 번역해 온 경험을 바탕으로 문학 작품의 예는 국내에 번역된 작품들을 우선순위로 한다. 그 외에 필요에 따라 국내 미번역 작품들과 영어로 발표된 작품들도 함께 보도록 한다.

문학텍스트를 분석하고 특히 인물묘사에서 작가가 투사하거나 반영하고 있는 정체성과 관련한 부분들을 찾아내는 것은 정체성 이해로 다가가는 하나의 방법이다. 그 중에서도 특히 심리적인 흐름 혹은 문학적 내러티브는, 그 안에 내포하는 정체성의 여러 가지 양상들을 파악하면서 화인 디아스포라 문학의 다양성과 재미도 환기할 수 있어 흥미롭다.

정체성에 관해서 그 형성과정은 심리적 정신병리학적 불안감을 내포하고 있을 것이라는 가정을 한다. 물론 문화간 간섭과 충돌, 융화의 과정이 다양한 양상으로 나타나는 것도 예측이 가능하다. 나아가 글로컬적 혹은 가변적 정체성, 또는 글로컬 정체성 등으로 보다 열린 개념 정의를 할 수 있는 근거 마련에도 도움이 될 것으로 본다. 아마도 정체성 및 세계화와 관련해서는 스튜어트 홀, 아민 말루프의 주장도 참고해 볼 수 있을 것이다. 그리고 세계화의 작용원리인 식민과 탈식민의 논리 역시 세계문학과의 상관관계 맥락에 놓여 있음을 알 수 있을 것이다.

중국문학과 화인문학을 다루고 있는 앞서 다른 사람들의 연구는 언급한 것처럼 몇 건 있다. 하지만 화인 디아스포라 문학을 세계문학과의 상관관계라는 측면에서 다루고 있는 연구는 아직 없다. 특히 기존의 연구에서 화인문학을 다룰 때 그 의미와 범주에서 중국대륙과 타이완, 홍콩, 마카오 등지를 제외하고 해외 화인들을 다루었다면 여기서는 광의의 의미로 확장하여 살펴보는 것이 차이가 있다. 즉 전 세계적으로 중국대륙 및 타이완, 홍콩, 마카오에 여전히 거주하고 있는 잠재적 이주자들도 모두 포괄하여 '화인'으로 지칭한다. 이는 기존 연구에서의 개념의 의미적 확장 측면에서도 의미가 있으며 여전히 학자와 연구단체마다 약간씩 차이를 보이고 있는 화인 개념의 보다 포괄적인 시각에서의 접근에서 의의가 있을 것으로 예상한다.

드디어 세계문학의 시대에 이르렀고 이제 그 세계문학의 정체성뿐만 아니라 편의상 구분되는 지역단위의 작가들에 대한 정체성, 그들 문학에서의 정체성 문제까지 이야기할 수 있는 시기가 되었다.

Ⅱ. 글로컬리즘과 디아스포라

전지구화, 즉 글로벌리즘의 담론에 의하면 국경을 경계로 한 시대적 소명은 이미 약화되고 있다. 당연히 전지구화 담론을 끌어오지 않더라도 세계 이곳저곳에서 관찰되는 20세기의 잔재로서의 민족주의와 국가중심주의는, 과거 이들이 가장 효과적이고 효율적일 때에 비해 힘을 잃은 것처럼 보이기도 한다. 이제는 유럽연합과 같은 형태 혹은 그와 유사한 글로벌적 협치에 의해 통치되는 새로운 시대로의 이행을 목전에 두고 있다. 근대 이전까지 형성되어 온 수많은 경계와 정체성들은 글로벌의 담론 속에서는 항구적이고 고정불변의 것이 아니며 더 이상 하나의 개인을 설명하기에도 충분치 않은 어떠한 것이 되었다. 앞으로는 새로운 가치와 질서를 바탕으로 글로벌적 환경 속에서 새롭게 질서를 구축하여야 한다. 그렇게 되면 이런 상황 속에서 어떻게 정체성을 확립해 나갈 것인가 하는 문제가 대두되게 된다. 줄곧 세계화의 이름 아래 조명 받아 온 글로벌과 이에 대비되는 의미로 사용되어 온 로컬의 의미를 다시 환기시킬 필요가 있다. 그렇다면 보다 새로운 시각에서 이 둘의 의미 변화가 시대에 따라 과연 달라질 수 있는지도 함께 살펴봐야 할 것이다.

1. 글로컬리즘이란

19세기 말에서 20세기 초 중국의 화두는 근대화였다. 그것이 서구를 닮은 근대화이든 서체중용 혹은 중체서용의 근대화이든 간에 5.4시기를

전후한 지식인들에게는 근대화와 현대화의 과제가 가장 중요한 사안이었
던 것은 분명하다. 청나라 왕조의 몰락과 신중국의 건설에 있어서 전근대
에서 근대로의 이행은 중국적 정체성의 혼란기였다. 저항하든 순응하든
근대화는 거스를 수 없는 큰 흐름이었다. 20세기 현당대[4] 격동의 과정
을 거치면서 중국대륙의 가장 큰 고민은 과거 19세기 이전까지 아시아에
서 누리던 지위와 영화를 어떻게 하면 되찾아올 수 있을 것인가 하는 문
제로 귀결되었다. 20세기 동안 유럽과 미국을 대표로 세계화 혹은 글로벌
화가 진행되어왔고, 그들은 자신들이 모범이면서 동시에 유일무이한 지
향 모델인 것으로서 세계에 자신들의 정체성을 홍보해왔다. 하지만 서구
는 동양이 자신들을 닮으려 하고 심지어는 넘어서려고 끊임없이 노력하
는 그 모습에서 뿌듯한 자만심과 동시에 위기를 함께 느꼈다. 애초에 자
신들의 정체성을 전파하고 그 우월성을 홍보하던 것과는 달라진 것이다.
동양이 저만치 먼 거리에서 자신들의 뒤를 따라올 때 느꼈던 안도감과
우월감은 이제 머지않아 20세기 내내 지배적인 권력을 과시해왔던 자신
들을 넘어설 것이라는 것을 감지하자마자 극도의 우울함과 거부감으로
드러나게 된다.

　21세기를 살아가는 중국은 그들이 과거 누렸던 지위와 영화를 되찾고
자 하고 있다. 하지만 패러다임은 시대에 따라 달라질 수 있듯이, 과거의
그 모습 그대로의 영화를 회복하는 것, 그리고 동아시아를 넘어서서 세계
속에서 패권을 잡는 것은 쉽지 않아 보인다. 글로벌화의 극단에 이른 지
금 이 시대는 더 이상 글로벌화를 통한 한 종류의 문명, 혹은 하나의 정
체성과 같은 획일적인 보편성만을 강조하기 힘들어졌기 때문이다. 「세계

---

4) 중국대륙문학사의 구분방식은 20세기의 굵직한 역사적 사회적 정치적 기점을 근거로
　이에 맞추어 문학사도 서술하고 있다. 그리하여 1840년-1919년을 근대, 1919년-1949년을
　현대, 1949년-지금까지를 당대로 부르는 것을 고려하여 근대, 현당대로 부를 수도 있다.
　다만, 이것은 중국대륙의 문학사를 특별히 언급해야 할 때만으로 한정하도록 한다.

문학과 로컬의 문화 번역」의 서두에서 김용규는 이렇게 말한다.

> 로컬적인 것은 그동안 로컬을 지배해온 국민국가의 정치적·행정적 통제와 국민 문화의 이념적 지배로부터 일정한 자율성을 확보해가는 동시에 초국적 자본이 지배하는 생산과 소비의 네트워크 속으로 급속하게 편입되어가고 있다. 이런 전환은 로컬적인 것의 위상과 내용에 큰 변화를 초래하고 있다. 근대성 속에서 국민국가와 국민 문화는 로컬과 그 문화를 자신의 하위 단위로 설정하는 한편, 글로벌과 로컬 간의 매개적 역할을 담당해왔다면, 이제 그러한 역할은 약화되거나 불안정한 것이 되어가고, 로컬과 글로벌 간의 관계 또한 매개 없이 보다 직접적인 접촉의 성격을 띠어간다. 오늘날 로컬과 로컬 문화가 쟁점이 되는 것은 바로 이런 전환 과정에서 로컬의 이슈들이 부각되거나 문제적인 것이 되고 있기 때문이다.(…중략…) 아리프 딜릭에 따르면 오늘날 로컬과 로컬 문화는 하나의 곤경의 장이기도 하지만 가능성의 장이기도 하다.[5]

이처럼 로컬은 글로벌화의 극단에서 새롭게 발견되는 가능성의 장이자 접전의 현장이다. 내재한 복합적인 문화적 가치들이 다른 로컬들을 향해 열려있는 채로 네트워크를 통해서 더욱 확산될 수도 있는 가능성을 가진 것이다. 실로 새롭게 바뀐 패러다임이자 담론은 글로벌화와 로컬에서 한 단계 더 진전해 있다고 할 수 있다. 그러므로 이런 의미에서 지금 글로컬리즘을 이야기하는 것은 매우 시의적절하다. 마이클 크로닌이 말한 미시적·프랙탈적 공간[6]은 바로 로컬을 의미하는 것이며 그 공간에서 우리는 화인 디아스포라 문학의 담론을 새롭게 바라 볼 수 있는 가능성 역시 찾을 수 있을 것이다.

---

5) 김경연·김용규 엮음, 『세계문학의 가장자리에서』, 현암사, 2014, 35-36쪽.
6) 마이클 크로닌, 임효석 역, 『팽창하는 세계』, 현암사, 2013, 1장 「세계는 정말 줄어들고 있는가?」 참조.

크로닌은 프랙털적 차이화를 '유한한 공간 속의 무한한 길이', '작은 축
소된 공간의 풍요로움', '차이와 다양성에 의해 형성된 지역성'과 같은 다양
한 표현으로 묘사한다. 이 표현들은 오늘날 우리가 사는 로컬 공간에도 적
용해볼 만하다. 크로닌의 미시적 코스모폴리턴적 시각으로 볼 때, 로컬 단
위 또한 국가적이고 초국적인 단위 못지않게 차이와 다양성을 내포한 프
랙털적 차이화의 형태를 띠고 있을 수 있다. 뿐만 아니라 미시적 코스모폴
리턴적 시각은 로컬적인 것의 차이와 복합성을 인정하면서 "이런 관계들의
트랜스로컬적 확산, 즉 로컬적이거나 또는 글로벌적인 것이 아니라 로컬적
이면서 동시에 글로벌적인 연대의 확립"을 사고할 수 있게 해준다.[7]

로컬에 대한 위의 설명을 통해서 우린 로컬의 가능성과 함께 "로컬적
이면서 글로벌적인" 것의 존재 혹은 공간을 짐작할 수 있다. 그러므로
동시에 글로컬리즘의 테두리 속에서 글로컬을 얘기하고 또 로컬적 공간
에서 글로벌적 공간과 소통하고 혼종되고 있는 주체들을 디아스포라라
고 말할 수 있게 된다. 로컬적 공간들은 개방성과 복합성, 혼종성, 네트
워크성 등으로 설명된다. 이것이 곧 그 공간을 살아가는 디아스포라 개
개인의 정체성과도 결코 무관하지 않음을 발견하는 것은 그리 어려운 일
이 아니다.

2. 화인 디아스포라의 정의

글로벌과 로컬, 그리고 정체성을 다루기에 매우 유의미한 자료를 제공
할 수 있는 집단이 지금 이 시대에 관찰되고 있다. 중국대륙과 타이완,
홍콩, 마카오로부터의 해외 이주자들을 가리키는 화인 디아스포라가 바
로 그것이다. 때로 확장된 의미로는 타이완, 홍콩, 마카오의 사람들까지

---

7) 김경연·김용규 엮음, 『세계문학의 가장자리에서』, 현암사, 2014, 40쪽.

도 포함하기도 하는 이 화인의 개념은 최소한 10년, 20년 전보다 더욱 보편적으로 인식되고 있는 것으로 보인다. 화인의 정의를 우리의 인식 속에 비교적 거부감이 덜한 '화교'로부터 출발해서 규정지을 수 있을 것 같다.

중국계 사람들의 해외 이주 혹은 거주는 한국 일반 대중에게 '화교(華僑)'로 더 잘 알려져 있다. 화교란 과거 다수의 산둥 지방 출신 중국인들과 기타 한국 거주 중국인들이 국적은 자국으로 그대로 두면서 한국에 거주하던 사람들을 일컫는 말이었다. 물론 지금도 중국대륙에 국적을 두고 한국에 거주하는 중국인들도 있다. 하지만 이제는 화교가 아닌 사람들의 비율도 폭발적으로 증가하는 추세다. 결혼, 교육, 직업 외에도 보다 더 다양한 개인적인 이유로 국적을 포기하고 한국으로의 귀화를 선택하는 사람들이 생기게 된 것이다. 과거 화교(華僑)로 불리던 중국계 해외 거주자들은 그들이 '교(僑: 국적)'를 여진히 고향의 것으로 유지한 채 고향을 떠나 생활하는 사람들로, 그것은 일시적이거나 혹은 반영구적일 수 있다. 하지만 현재의 중국계 이주자들을 보게 되면, 이들은 더욱 원활한 거주국에서의 적응과 활동을 위해서 국적을 유지할 수도 있지만 또 국적을 바꿀 수도 있다.

우선 화교는 한국인들이 대중매체와 사회생활 과정에서도 비교적 쉽게 접할 수 있는 민족정체성을 가진 집단을 일컫는 말로 주로 '중국인으로서 한국에 거주하는 사람'을 광범위하게 지칭하고 있다. 하지만 화교의 사전적 의미는 본국을 떠나 해외 각처로 이주하여 현지에 정착, 경제활동을 하면서 본국과 문화적·사회적·법률적·정치적 측면에서 유기적인 연관을 유지하고 있는 중국인 또는 그 자손을 의미한다. 조상이 중국인인 사람들은 '화예(華裔)'라고 하는데 이들은 현지 국적을 취득하고 혼혈·동화되어 본국과의 연관성이 약하며 상당 부분 현지화 된 사람들도 있다. '룩친(lukchins)'[8], '바바 차이니즈'[9]와 같이 각 지역의 사정에 맞게 용어로

다양화 되었다. 용어 간에 포함관계를 규정하는 것은 여전히 논란의 여지
가 있다. 현재 국내에서 다양하게 활용되고 있는 말로는 화교, 화예, 화
인, 중국인 등이 있다. 화교는 앞서의 정의처럼 중화권 중국계 사람들이
국적을 그대로 고국에 유지하면서 해외에 이주해 생활하는 것을 일컫는
경우이다. 화예는 부모 세대 이상으로 조상으로 가면서 중국계 혈통이거
나 혼혈관계에 있는 후손을 이야기한다. 화인은 이들을 보다 광범위하게
일컫는 말로써, 국적의 보유 유무는 논외이며 중국대륙을 제외하고 기타
지역에 이주해서 일시적이든 영구적이든 삶을 살아가는 중화권 중국계
혈통의 사람들을 가리키게 된다. 그러므로 우리가 과거 중국인이라고 세
계 어디서나 마주하게 되는 중국계 사람들을 가리키는 말이 이제는 화인
으로 지칭될 수 있을 것이다.

　화인 디아스포라는 과거 유대인 디아스포라와는 다른 의미로 포괄적으
로 쓰인다. 이들은 외양적으로 드러나는 신체적 차이로부터 언어적 차이
의 이질성을 극복해야할 필요와 요구를 동시에 느끼게 된다. 대체로 새로
운 언어를 얼마나 빨리 습득할 수 있느냐 하는 문제가 중요하다. 그리고
이주를 겪게 되면 그들의 기존의 삶의 양식과 경유지로서의 거주국에서
겪게 되는 새로운 삶의 양식이 공존한다는 것을 경험하게 된다. 그러나
순식간에 기존 삶의 방식과 습관들을 단절시키고 새로운 거주국의 것으
로 전환하는 것은 불가능하다. 그들은 다양한 형태의 혼종적 환경에 노출
되어 자신들의 정체성을 형성하는 중요한 요인이 되는 여러 층위의 혼종
화 과정을 겪게 된다.10) 화인 디아스포라들의 특징적인 요소들은 다음과

---

8) 타이 등 현지인과의 혼혈인 화예.
9) 인도네시아와 말레이시아의 혼혈 여부와 상관없이 수세대를 거치면서 문화적으로
　 극도로 혼종 된 중국인의 자손들로 '바바차이니스' 혹은 '바바'로 불림.
10) 고혜림, 「북미 화인화문문학에 나타난 디아스포라문학적 특징」, 부산대학교 박사학위
　　논문, 2013, 3쪽.

같이 나누어 볼 수 있다.

화인 디아스포라들은 이주의 과정에서 그들의 정체성과 관련한 최초의 위기 상황을 경험하게 된다. 우선은 고향을 떠나온 데서 필연적으로 느끼게 되는 상실감이 있다. 과거와 달리 화인 디아스포라들은 고국으로부터 쫓겨나거나 배제당하지 않았다. 하지만 단순히 유학생활을 하는 사람들에게서도 심리적으로 고향과 고국을 그리워하고 익숙한 공간으로부터의 분리에서 오게 되는 불안감을 느끼는 것은 당연해 보인다. 두 번째는 이주국에서 주변인이자 소수자로서 겪게 되는 소외감이 있다. 이주의 이유가 무엇이었든 간에 이제는 더불어 이상향을 추구하고자 전진하는 그들의 잠재력도 있을 것이다. 그리고 이주 이후, 디아스포라로서 직면하게 되는 문제들은 문화적 혼종과 이민 세대 간의 갈등, 그리고 지속적인 주류 사회로의 편입 혹은 동화 요구와 수용 및 저항에 관계된 결정의 문제가 남게 된다.

중국현대문학의 21세기적 요구는 내부로 귀결되고 결속력을 요구하던 20세기적 형태에서 외연의 확장, 개념의 광의화 추세로 나아가고 있다. 화인에 대한 관심, 화인 디아스포라에 대한 연구의 확산 등이 느껴진다면 그것은 뒤에서 보게 될 중국이라는 용어로부터 환기되는 중의적인 사용법, 그리고 변화된 위상 등과도 함께 연관지어 설명해야 할 것이다. 하지만 분명한 것은 앞서 말한 로컬의 지위 향상, 글로벌과 로컬의 관계 등과도 모두 연결되어 있다는 점이다. 화인과 화인 디아스포라의 개념은 간혹 학자들마다 의견이 달라질 수 있으며 학회 등에서도 약간씩 논쟁이 생길 수 있는 미세하게 애매한 구분점이 여전히 존재한다. 그렇기 때문에 발전적 가능성의 이면에는 용어적인 합의를 이루어내기까지 시간이 더 필요하다는 점을 가지고 있다.

3. 글로컬리즘과 화인 디아스포라의 접점

우리는 다시금 정체성 문제로 돌아올 수밖에 없다. 글로컬리즘과 화인 디아스포라 두 개의 키워드를 연결하는 교집합 혹은 접점은 바로 그 출발 지인 정체성문제로부터 한 바퀴를 뫼비우스의 띠처럼 돌아와 정체성 문 제로 귀결되는 순환고리 속에 있다는 것을 재확인하게 된다. 나를 나인 것으로 규정지을 수 있으면서 동시에 내가 나 이외의 다른 어떤 사람과도 동일하지 않다는 사실을 나타내주는 것이 바로 정체성이다. 이것은 기존 의 관념이자 일반적으로 사람들이 자신에 대해 설명하면서 쉽게 정의내 리는 방법이다. 하지만 19세기 말부터 시작해서 20세기를 지나오는 근 140년 동안 세계가 경험한 급속한 변화는 정체성 역시 격렬한 변화의 소 용돌이 속으로 밀어 넣을 수밖에 없었다.

한국 내 화교의 상황은 그래도 과거보다 여러 방면에서 지위의 향상이 이루어지고 있는 것으로 보인다. "법적으로 2002년 화교들에게 영주권 (F-5)이 부여되었고 2006년 지방선거에 대한 참정권도 주어지"[11]게 되었 으며 "2014년 설립된 인천대학교 중국화교문화연구소, 전남대학교 세계 한상문화연구단 등을 중심으로 화교의 역사적 경험과 문화유산에 대해 학문적으로 조명하는 작업이 진행"[12]되고 있다는 점 등을 참고하면 한국 사회도 과거보다 더욱 다문화 사회 속으로의 이행에 적극적이고 활발한 진보를 보이고 있다고 느껴진다.

김기호의 한국 화교를 연구한 글에서는 명확하게 드러나지는 않지만 화교와 구별하여 '화인'(김기호, 161쪽)을 언급한 부분은 눈에 띤다. 귀환 을 전제로 한 화교들에 대한 조사 자료이기 때문에 화교는 역시 이 글에

---

11) 김기호, 「중국과 대만 사이에서 변화하는 한국 화교의 이주민 정체성」, 『아태연구』, 제23권 제3호, 경희대학교국제지역연구원, 2016, 158쪽.
12) 김기호, 앞의 논문, 158쪽.

서도 국적을 중국대륙 혹은 타이완으로 한 채 한국에서의 영주권을 보유한 사람들을 일컫는다. 반면 화인에 대해서는 화교와는 다르다는 것으로 설명하고 있다. 물론 정치적 입장에서 반중국대륙-친타이완에 가까운 사람들을 화교로 규정하고 정치적 중립성을 유지하는 사람들을 화인으로 정의한 것에는 부분적으로 동의하지 않는다. 본 필자는 화인은 정치적 중립성에서 구분되기 보다는 현재 시점에서 국적을 유지하고 있는 화교보다 상위의 개념으로 인식할 것은 주장한다.

글로컬리즘이라는 시대적 담론과 전 세계에 만연한 이주 열풍 속의 한 집단인 화인 디아스포라는 어느 부분에서 접점을 찾을 수 있을까. 지금까지의 논의를 전제로 보자면, 글로컬리즘은 글로벌화 속에서 그동안 주목받아 오지 못했던 로컬에의 관심 증대를 기본으로 한다. 그리고 로컬의 특수성으로부터 다시금 글로벌리즘을 재조명 할 수 있는 차원에서 글로벌과 로컬이 합쳐진 새로운 시대적 담론을 이끌어 내는 방향으로 움직이고 있다. 화인 디아스포라에 대한 연구는 중국문학이 지금까지 중국대륙의 문학을 중심으로 움직이면서 기타 지역의 문학을 역외, 해외, 주변으로 구분했던 것으로부터 출발한다. 주변부로 치부되었던 화인 디아스포라들의 신분적 정체성과 그들의 문학과 예술을 통한 문화적 정체성은 다시금 중심에 의해 중심으로 편입될 수도 있는 위험성에 노출되어 있다. 중국대륙은 또 한편 세계문학의 정전의 주류 속에 편입되고자 부단히 노력하고 있다. 그러면서도 자신들의 문학이 전세계의 화인 디아스포라들의 특수한 로컬적 특징들을 무시하고서 중심으로 편입되길 바라고 있는 것이다. 중국대륙은 글로벌의, 그리고 화인 디아스포라들은 로컬의 은유이다. 글로컬리즘과 화인 디아스포라에 대한 연구의 접점은 바로 이 지점에 있는 것으로 보인다.

III. 문화적 중국과 중국문학 재편

중국이라는 영토적, 국가적 개념은 21세기에 들어서면서 점차 문화적 의미로 변화하고 있다. 이러한 경향은 앞으로 더욱 가속화 될 것으로 보인다. 19세기 말부터 20세기 전반을 주름잡던 민족주의와 국가주의 이데올로기는 상당 부분 그 힘을 잃어가고 있다. 한 국가에 소속되었다고 분명하게 구분하여 말할 수 있는 정체성을 가진 사람이 아직은 대다수라고 생각하고 싶겠지만, 세계는 눈에 띌 정도로 빨리 변하고 있다. 다양한 정체성을 가진 사람이 이 세상에 너무나도 많다는 사실을 발견하는 것 역시 그리 어렵지 않다. 잠시 우리는 문화적 중국이라는 개념을 다시 짚어볼 필요가 있다. 이것은 앞으로 화인 디아스포라를 이야기하는 데 있어서 바라보는 시점을 중국대륙의 한 차원 바깥 혹은 한 차원 다른 영역으로 이동시키도록 하는 데 도움을 줄 것이다.

1. 중국의 의미 변화와 문화적 중국

'중국'을 더 이상 과거 우리가 부르던 중국대륙 중심의 중국을 가리키는 것만으로 한정지을 수 없게 되었다. 근대화 속에서 아시아의 패권 국가였던 중국이 지난 세기 동안 미국과 유럽에 내어주었던 세계의 중심의 자리를 머지않아 되찾아 올 것이라는 전망을 하는 사람들이 적지 않다. 중국이 물리적이고 지리적이고 영토적인 개념으로서의 중국이라기보다는 역사적이고 정신적이고 문화적인 개념으로 변모하고 있는 것도 지금의 현상이다. 디아스포라가 유대인만을 가리키던 고유명사에서 일반 보통명사가 되는 것보다는 더 짧은 시간이 흐르면 중국에 대한 개념이 확실히 과거와 달라졌다는 것을 체감할 수 있게 될 것 같다.

문학에 있어서 중심과 주변이 해체되고 중심이라는 경계가 허물어지고 재편성되는 현상은 현재 만연한 것이다. 이것은 문학 연구의 경계도 허물고서 문화학과 사회학, 인류학, 정치학, 경제학과 같은 기존에는 경계가 분명했던 학문들과의 교류로 다층적인 차원에서 연구할 수 있는 새로운 단계로 접어들었음을 의미한다. 그리하여 앞서 살펴보았듯이 사람들은 중국대륙이 중심이 되고 기타 지역은 모두 주변화 되는 설정을 벗어날 필요에 대해서는 이미 숙지하고 있다. 그렇게 되면 중심과 주변의 이항대립에서 벗어나는 것이 제1의 목표가 되는 것이다. 편견과 차별의 현실적인 교정을 의미하는 것이 아니라 좀 더 보편적인 차원에서의 문화적이고도 의식적인 교정을 지향하자는 것이다.[13]

사실 '중국'을 하나의 역사 서술 공간으로 삼는 것에 대한 불만은 오늘날에 시작된 것이 아니며, 민족국가로 불릴 수 없을 뿐만 아니라 만주, 몽고, 티베트도 본래 중국 영토가 아니라는 주장, 그리고 중국을 넘어서 아시아를 단위로 삼는 역사 서술 이론이 제시되는 등[14] 중국이라는 영토적, 역사적 개념에 대한 질문이 수없이 던져지고 있다. 이런 가운데 타이완 쪽 학자들도 현재의 중국 영토로서 역사적 중국을 획정하려는 중국대륙의 경향을 비판하고 있는 상황이다. 그들은 문화적 패권에 대해 저항하면서 세계사의 관점에서 아시아, 중국, 또 세부적으로 타이완으로 접근할 것을 주장한다.

2. 중국문학의 정의 변화와 권력 자장

위와 같은 상황 속에서 우리가 소위 '중국문학'이라고 불러오던 것도 이제는 더 이상 한 국민국가의 경계 속에서 그들이 창작해 낸 문학적 양

---

13) 고혜림, 앞의 논문, 66-67쪽.
14) 거자오광 저, 이원석 역, 『이 중국에 거하라』, 글항아리, 2012, 21-26쪽.

식을 가리키는 용어로 한정지을 수 없게 됨을 알 수 있다. 중국을 역사적으로 획정하는 것이 불편함 혹은 의문을 유발한다는 것은 연달아 꼬리를 무는 질문들, 중국문학은 무엇인가, 중국작가는 누구인가, 중국문화는 무엇인가 등등으로 우리는 인도한다. 다른 질문들은 차례로 해결해 나가는 것으로 하고, 우선적으로 중국과 바로 연관되는 중국문학을 어떻게 볼 수 있을지 그것부터 살펴보아야 할 것이다. 물론 신중하게 언급해야 할 부분도 있다. 자칫 중국문학이라는 것이 아주 포괄적인 개념으로 쓰이게 되면 로컬적으로 가능성을 가진 화인 디아스포라 문학들이 일시적으로 이미 이미지 확정된 중국대륙의 문학 속으로 포섭되어버리는 위험성이 있다는 것이다. 혹은 세계문학 속에서 일종의 국경은 넘어선 문화적 중국문학이라는 개념으로 세계의 모든 '중국적'이라고 속성이 있는 것이라면 모두 포함시켜 버리는 등의 실수가 발생할 수도 있다. 물론 중국의 의미 변화가 있지만 여전히 그것이 중국대륙으로부터 출발선상에 있기 때문에 조심스럽게 언급해야 할 필요는 있다는 것이다. 세계문학이라는 것은 인류의 보편적 예술 자산으로서의 함축적 개념을 담고 있다. 하지만 중국문학이라는 것이 곧 세계문학과 같은 중립적인 의미를 담을 수 있을까 하는 점은 앞으로 더 고려되어야 한다.

최근 몇 년 간 중국대륙과 북미 지역의 학계, 타이완과 홍콩 일대의 지식인 및 기타 지역의 중국문학 연구자들 사이에는 '중국문학'이라는 용어에 대한 의문과 범주 규정 등에 대한 논의가 많이 진행되었다. 그것은 국내외학회, 포럼, 문학토론, 대학의 문학 수업에서 다양하게 질문의 대상이 되고 있다. 물론 모두가 중국문학을 보다 자신의 편의와 구미에 맞도록 끌어들이려고 치열하게 노력하고 있다. 중국대륙은 그 용어의 태생적 배경을 근거로 중국대륙이 중심이 되는 용어사용을 주장하고 있다. 반면 영미권의 화인 학자들은 그것이 중국대륙만의 것은 아님을 전제로 강하게 반발하고 있다. 그들은 일면 '한자문화권'이라는 용어와 닮은 '화어계문학'이라는 주장을 내어놓고 있는 것이다. 미국의 스수메이(史書美)와 왕더웨이(王德威)를 중심으로 한 '시노폰 문학(Sinophone Literature)'이 바로 그것이다. 하지만 이 두 학자도 각자 주장하는 바 뿌리와 중심과 미래적 중심을 바라보는 관점이 차이는 있다. 반면 한국에서 몇 군데 대학연구소15)를 기반으로 한 학자들의 주장에서도 관심을 가질 만한 내용들이 주장되기도 한다. 언뜻 보면 용어 개념의 정의, 범주의 구분 등 아직은 의견이 분분한 느낌을 받게 될 수도 있다. 하지만 여기서 분명히 달라진 상황은 과거처럼 손쉽게 개념을 사용하지는 않는다는 것이다. 특히 '중국'을 언급함에 있어서 그러하다.

중국대륙의 많은 학자들은 화인 디아스포라문학에서 고향으로 귀환하고 싶은 의식이 항상 전제되어 있다고 설명한다. 민족주의 강화의 문화전략으로서 중국대륙 자체의 문학 영역을 해외로까지 확장하여 외연을 넓히기 위한 방도로써, 화인 디아스포라 작가와 그들의 문학을 끌어들이는 것만큼 효과적인 방안이 없을 수도 있다. 그러기 위해서는 중국대륙에서 증거로 삼는 화인 디아스포라들은 이주 후 계속된 타자의식 속에서 중국대륙을 고향으로서 그리워해야 하게 된다. 하지만 실상 동남아시아 혹은 북미 지역의 많은 화인들은 이주한 곳에서 잘 적응하고 오히려 민족문화의 정체성이 많이 약화된 경우도 나타나기 때문에 견강부회식으로 주장을 끌어가기엔 무리가 있다. 이들을 '영원한 떠돌이'로 치부하는 그들의 시각은 화인 디아스포라의 가능성과 잠재력을 단편적으로만 다루고 있는 것이다. 익숙한 것으로부터의 분리와 그로부터 오는 그리움은 당연한 심리적 결과이지만 이것이 반드시 과거의 장소로 돌아가고자 하는 심

---

15) 부산대학교 현대중국문화연구실은 타이완과 홍콩 및 화인 디아스포라문학작품 번역에 주력하고 있으며 인천대학교 중국학술원 중국화교문화연구소에서는 인천 지역 화교사회와 문화 연구, 국민대학교 중국인문사회연구소는 중국의 지식 네트워크 방면으로 오랜 기간 연구 중에 있다.

리로 연결된다고 말할 수는 없다. 사람은 익숙한 모든 것으로부터 떠나오면서도 여전히 낯설고 새로운 장소와 경험을 갈망하기 때문이다.

화인 디아스포라문학이 지금처럼 디아스포라라는 문화학적 관점에서 접근되기까지 오랜 시간이 걸렸다. 중국대륙에서는 자신들의 문학·문화적 영역의 확장과 세계 속 다양한 화인 디아스포라들까지의 포섭을 전제하고 있다. 타이완과 홍콩은 이주한 화인 디아스포라 작가의 뿌리가 그들의 영토로부터 뻗어 나왔다는 것을 전제하면서도 또다시 그 뿌리가 중국대륙까지 거슬러 올라가 현재 중국대륙에서 주장하는 중화주의로 편향되게 흐르는 것은 경계하고 있다. 그래서 화인 디아스포라 작가들이 때로 중국작가, 타이완 작가, 홍콩 작가, 혹은 중국인 작가 등으로 다양하게 불리는 것에 여전히 익숙한 감정을 느낄 수밖에 없다.

IV. 글로컬리즘과 정체성

아민 말루프는 이렇게 말한다. 사람들이 그들의 의식을 검사하듯이, 나는 이따금 스스로 '자신의 정체성에 관한 검사'라고 부르는 것을 할 때가 있다. 그런데 내가 이렇게 하는 목적은 나 자신 속에서 어떤 하나의 '본질적인' 소속을 찾아내어 거기에서 나 자신을 확인하려는 것이 아니다. 그와 반대로 내가 의도하는 바는, 내 기억을 뒤져 나의 정체성을 구성하는 모든 요소를 밝혀내어 그것들 중 어느 것도 부정하지 않은 채 조합하고 정리하려는 것이다.16) 아민 말루프가 말하는 소위 '정체성 검사'의 목적은 곧 이 시대의 디아스포라를 규정지을 수 있거나 설명할 수 있는 방법과도 일맥상통하는 부분이 있다. 그는 특수한 정체성을 구성하는 요소들

---

16) 아민 말루프 저, 박창호 역, 『사람잡는 정체성』, 이론과실천, 2006, 25-26쪽.

을 함께 공유하는 동포들이 얼마나 될까라고 자문하면서 이미 답은 아주 적을 것이라고 확신하고 있다. 하지만 그가 말하는 소수의 사람들은 화인 디아스포라로 옮겨오게 되면 답이 달라지게 된다. 화인 디아스포라는 그 수가 적지 않다. 물론 아주 구체적이고 세분화된 개개인의 이력을 따져본다면 그것은 수백만, 수천만 가지로 달라질 수도 있을 것이다. 이들을 또 다시 강제적으로 디아스포라라는 담론 속으로 편입하려는 어떤 이데올로기적 세력이 있다고까지 의심하지 않아도 될 것이다. 어쨌든 개개인이 가진 것은 그들만의 고유한 정체성일 테니까. 그리고 그러한 정체성은 대개는 한 인간의 일생에 걸쳐 형성되는 것이다.

이렇게 가정해 볼 있을 것이다. 한 개인이 일생 동안 다른 어떤 문화권의 경험을 하지 않게 된다면 그와 유사한 정체성을 가진 동포들, 혹은 집단의 사람들이 적지 않은 수의 인원이 될 것이라고. 하지만 우리는 전혀 다른 문화와 국제 사회와의 교류로부터 단절되어 살아갈 수 없다. 국제적 갈등구조와 관계의 탄력성이 과거보다 더욱 예민하게 작용하고 있는 이 시대에는 비록 특정한 국가를 떠나거나 다른 국가로의 이동을 하지 않는다 하더라도 우리는 다른 문화권의 영향을 자연스럽게 받게 되어 있다.

화인 디아스포라 역시 자연스럽게 그 집단 내에서 상상된 다양한 문화적 요소들을 공유하게 된다. 상상된 고향, 민족, 공동체 등으로 예를 들수 있는 이것들은 역사로부터 오는 수직적 문화적 공유요소이거나 동시대 사람들로부터 전달받는 수평적 문화적 공유요소이다. 종횡의 인류 문화가 디아스포라들에게도 고스란히 남아있게 되면서 이들의 정체성을 구성하도록 역할을 한다. 이 가운데서도 상상된 고향, 상상된 민족, 상상의 공동체는 베네딕트 앤더슨의 말을 인용하지 않아도 이제는 그 허구성이 증명된 바 있다.

정체성은 누구의 입장에서 말하는가에 따라 물론 달라질 수도 있다. 중국대륙의 입장에서 그들의 정체성은 세계 인구의 4분의 1이 공유하는 정체성이며, 이는 문화권의 영향에 놓인 이주자들에게도 공통적으로 적용될 수 있다고 말할 것이다. 화인 디아스포라가 중국(대륙)인을 주된 것으로 하는 정체성을 가지고 있다고 한다면 그것은 명백히 오류가 있는 명제가 된다. 하지만 화인 디아스포라가 중국(대륙)인과는 아예 다른 정체성을 가지고 있다고 말하는 것 역시 바르지 않다. 우리가 여기서 말하는 것은 결국 다시 사람으로 돌아가는 것이다. 유기적이고 끊임없이 변화하는 생물을 흑백으로 명확히 구분하는 것은 애초에 불가능하다. 그렇기 때문에 A는 B라는 정의를 내리기 전에 기본적으로 두부 자르듯 나눌 수 없다는 점은 인정해야 한다. 인정해야 하는 것은 이뿐만이 아니다. 칼같이 나누어 구분하지 않아야 한다는 점에서 나아가 나와 다른 남을 인정할 수 있어야 한다.

다양한 정체성을 인정하게 될 때 폭력성과 공격성은 점차 줄어들게 된다. 포용적이고 수용적이고 용인하는 인격들로 변할 수 있게 되는 것이다. 이런 부분은 바로 미래적인 가치 중의 하나로 필자 역시 믿고 있다. 이런 가능성을 지닌 사람들, 즉 경계선 위에 있는 존재들[17]이 바로 세계 곳곳의 각각의 나눠진 사회 속에서 두 공동체의 경계에서 살고 있는 사람이며, 인종이나 종교 혹은 기타 다른 요소에 의해 균열된 두 진영 사이에 있는 사람들인 것이다. 그들이 아민 말루프의 표현처럼 '한 줌의 소외된 계층의 사람들'이라면 우리 역시 관심이 없을 수 있다. 하지만 세계적으로 추산되는 화인 디아스포라의 수는 한줌을 훨씬 넘어선다.

중국대륙에서 조사되는 자료에 따르면 국외 화인은 총 6천여만 명[18]으

---

17) 아민 말루프 저, 박창호 역, 앞의 책, 51쪽.
18) 2015년 중화인민공화국 국무원 산하의 해외교포관련업무사무실의 자료에서는 화교화인의 총수가 6천만 명에 달하여 주로 동남아시아와 미국, 캐나다, 호주, 한국, 일본 등지로 이주를 한다고 한다. 2013년 미국, 캐나다, 호주 세 개국의 영주권을 취득한 중국인들은 13만3천 명에 이른다. 여전히 미국으로의 이주에 대한 선호도가 가장

로 추산된다. 자료에 따르면, 대한민국 인구를 훨씬 넘어서는 수의 사람들이 전세계 화인 디아스포라의 규모인 것이다. 그리고 그 중에서도 비교적 규모가 큰 곳이 바로 미국과 캐나다를 아우르는 북미 지역이며 브라질, 페루와 같은 남미 지역도 적지 않은 이주자들이 있다. 그 다음으로는 동남아시아의 화인이 규모가 두 번째로 크며, 마지막으로는 지리적으로 가까운 한국과 일본의 화인이 세 번째가 될 것이다. 기타 지역은 유럽과 호주, 러시아와 같은 지역들이 있다. 언급된 지역들 가운데서도 화인 이주의 역사가 비교적 오래 되었고, 그들이 디아스포라로서 장기적으로 세대를 거치면서 경험하여 이제는 자신들의 민족적 정체성과 이미 불가분의 관계가 되어버린 혼종적 문화정체성을 발견할 수 있는 곳은 크게 나누어 북미 지역과 동남아시아, 기타 지역으로 구분할 수 있다.

1. 글로컬 정체성이란

화인 디아스포라의 정체성은 이주를 통해 축적한 문화적 경험들로 재구성된다. 그들은 스스로 자신의 정체성을 인식하게 되는 여러 가지 계기들을 통해서 기존의 것을 바탕으로 새로운 것을 받아들여 혼종화 된 방식으로 문화적 정체성을 형성해나가게 된다. 따라서 그들은 고정된 하나의 정체성을 가지는 것이 아니라 이동하거나 변화되는 정체성을 가지게 된다. 이들의 등장은 새로운 정체성의 출현을 의미한다. 정체성을 이해하는데 있어서 절대적이었던 국가나 영토의 틀로 규정되었던 구성원이라는

높으며 캐나다가 그 다음을 잇고 있다. 하지만 영국으로 이주한 중국인들도 2013년부터 1년간 14만 명에 이르는 것을 보면 유럽 쪽으로의 이민도 적지 않음을 알 수 있다. 2013년 일본에 새로 이주한 중국인의 수는 98만 명이며 일본 다음으로 아시아에서는 한국이 51만 명, 필리핀 20만 명, 베트남 7만 명이다.
http://qwgzyj.gqb.gov.cn/yjytt/183/2630.shtml(검색일: 2016.10.30)

의미가 약화되고, 종족, 인종, 지역공동체, 동일 언어 사용자들의 공동체 혹은 기타 문화적인 형식에 기초한 새로운 정체성이 그 자리를 대체하고 있다. 화인 디아스포라들의 지난한 삶의 추구 의지 속에 구축된 저들의 정체성은 저만치 다가서 있지만 직접 손이 닿지 않는, 그러나 거칠게는 끊임없이 변화하는 속성으로 이미 파악된 '가변적 정체성'인 것이다.[19] 문학과 심리학은 종종 서로의 영역의 시너지 효과를 주면서 상보적인 관계로 발전해왔다. 발달심리학에서 다루는 발달과정에 따른 심리적 불안정, 정서적 발전과 같은 것들 역시 한 인간 안에서 변화하는 정체성을 보여주는 일련의 과정으로 볼 수 있다. 국경의 이동이 없더라도 사람의 정체성은 단순화시켜서 말하기엔 너무나 복잡하다. 국적, 인종, 종교, 학력, 거주지, 연령대, 성별, 소속, 직업, 경제력, 인간관계, 신념 등등 끝없이 나열해도 그 사람으로 완전히 조합되지 않는 미진한 부분이 생기게 된다. 이미 확고하게 규정될 수 있는 영역도 물론 있지만 아직 미개척의 영역으로 개방되어 있는 정체성의 영역이 있다. 고정되고 쉽게 변하지 않는 영역은 글로벌로, 아직 미개척의 개방되고 혼종될 수 있는 가능성을 가진 영역은 로컬로 비유될 수 있을 것이다. 한 개인이 가진 이런 복합적인 특징을 완전히 설명하면서 디아스포라와 같은 보다 역동적이고 문화의 접전지 최전선에 있는 사람들을 다루기에는 가변적이라는 부분 외에도 글로컬로도 설명이 가능할 것으로 보인다.

이제는 가변적 정체성과는 또 다른 차원에서 글로컬적, 혹은 글로컬 정체성으로 부르는 것을 제안한다. 지금까지 살펴본 바대로라면 화인 디아스포라들이 유사한 이력을 공유하는 집단 속에서 경험한 것들은 역동적이며 가변적이고 또 결코 고정되지 않은 특징을 가진 정체성으로 보인다. 다양한 문화권을 넘나들며 그들이 인간으로서의 기본권인 행복을 추

---

19) 고혜림, 앞의 논문, 18쪽.

구하기 위해서 국경을 넘는 어려움을 감행하게 되는 것이다. 실로 "많은 사람들이 그들의 고향을 떠났으며, 고향을 떠나지 않은 사람들도 자신들의 고향을 더 이상 고향으로 인정하지 못하는"[20] 시대에는 우리도 언젠가는 글로컬적 존재로서 세상을 살아가는 잠재적 디아스포라일 수도 있다는 사실은 자명하다. 전지구화의 영향 하에 놓인 세상은 속도를 따라잡기 힘들 정도로 변화하고 있다.

세계 어디를 가든 우리는 틀림없이 해당 지역의 문명의 흔적이 녹아 있는 기념물과 작품들을 발견하게 된다. 새롭게 만들어진 것들은 유무형의 전방위적으로 서양의 이미지에 맞게 만들어진다는 사실은 분명하다. 그리고 우리가 인정하고 싶지 않은 점이 있다고 하더라도 20세기의 초입에서 세계 패권의 중심이었던 서양의 이미지는 우리 속에 이미 내재화되었다. 식민과 탈식민의 알고리즘 안에서 세계는 더욱 소외, 배제, 주변화를 가속화하고 있는 것이다. 그리고 그 변화를 이끄는 중심은 바로 서양의, 혹은 서구에 의해 작동되는 이데올로기이며 그 주변은 고스란히 파급 효과를 체감할 수밖에 없는 상황이 된다. 특히 화인 디아스포라들은 자기 자신의 정체성에 대해 끊임없이 받게 되는 질문들을 피할 수 없다. 정체성의 위기 상황은 전세계에 만연한 것이며 이는 이주자로서의 화인 디아스포라들은 특히 가중적으로 경험할 수 있다. 그렇다면 화인 디아스포라들이 그들만의 독특한 신분적 정체성을 가지고서 각자 경험하고 새롭게 습득한 문화적 정체성의 뒤섞임을 어떻게 문학적으로 표현할 수 있는 것일까. 아래에서는 "이주를 경험한 화인 디아스포라들이 혼종화 과정을 겪으며 새로운 정체성을 형성해가는 문학"[21]이라는 정의에 따라 화인 디아스포라 문학의 사례를 확인할 수 있을 것이다. 이는 글로컬 정체성을 이

---

20) 아민 말루프 저, 박창호 역, 앞의 책, 52쪽.
21) 고혜림, 앞의 논문, 3쪽.

해하기 위한 척도로써 지역 단위의 화인 디아스포라들의 정체성을 문학
적으로 형상화된 형태로 접근하는 것이다.

화인 디아스포라 작가들의 글은 대체로 자전적 글쓰기의 경향[22]을 보
이는 것으로 연구된 바 있다. 디아스포라로서의 자신들의 신분적 정체성
에 대한 끊임없는 사색은 어쩌면 이 사람들의 문학적 결과물 역시 정체성
과 불가분의 관계로 옮겨다 놓게 되었을 것이다. 작가 자신의 이민의 이
력, 동포에 대한 사랑, 떠나 온 고향에 대한 애정 등이 직접적으로 드러나
기도 하고, 자아의 정체성에 대한 의문, 정체성을 확인하려는 욕구 등의
문제의식도 드러난다.

2. 북미 지역 화인 디아스포라 작가의 작품과 정체성

미국의 화인 디아스포라들은 용어의 식별 문제가 있어서인지 '미화'라
고는 잘 부르지 않는다. 하지만 북미 지역에서도 캐나다 화인들의 경우
는, 캐나다의 중국어 표기인 지아나다(加拿大)의 한자 첫 글자 '가'와 화
인의 '화'를 합쳐서 '가화'로 부르곤 한다. 주지하다시피 북미 지역은 미국
과 캐나다를 아우르는 곳을 일컫는데, 이주 화인 디아스포라 6천만 명 가
운데서도 가장 큰 규모를 차지하고 있는 곳이다. 미국에서도 비교적 문학
적 성취가 있고 중화권과 영미권에서 규모의 독자를 보유한 화인 디아스
포라 작가들로는 1910-30년대 초기 중국대륙권의 유학생 출신 작가들,
1960-80년대의 타이완 유학생 출신 작가들과 이민 2, 3세대 화인 작가들,
그리고 1990년 이후의 중국대륙 이주 화인 작가들로 구분지어 볼 수 있
다. 캐나다는 홍콩으로부터의 이주 화인들 중에서도 특히 학계와 문단에
일찍이 몸담고 있던 사람들이 상당 부분을 차지하고 있다.

---

22) 고혜림, 앞의 논문, 73쪽.

먼저 미국의 1960-80년대 작가들로는 바이셴융(白先勇), 우리화(於梨華), 장시궈(張系國), 녜화링(聶華苓), 에이미 탄(Amy Tan, 潭恩美), 맥신 홍 킹스턴(M.H.Kingston, 湯亭亭)이며, 1980년대 이후는 옌거링(嚴歌苓), 하진(哈金)과 같은 작가들이 있다. 이중 바이셴융, 우리화, 장시궈, 녜화링은 중국대륙과 타이완을 거쳐서 미국으로 이주하였으며 자신들이 유학생 신분의 이민 1세대이다. 이들 네 작가들이 주로 중국어로 문학 활동을 하는 데 반해 에이미 탄과 맥신 홍 킹스턴은 이민 2세대, 2.5세대로 주로 영어로 작품을 써서 차이를 보인다. 에이미 탄은 한국에서 1994년 개봉한 「조이 럭 클럽」이라는 영화로도 알려져 있다. 지금으로부터 20년도 더 전에 상영한 영화이지만 1960-80년대 당시 미국으로 이주한 화인들의 이야기를 생생하게 담고 있어 시대를 넘어서는 공감대를 만들어낸다. 특히 이민 1세대인 부모 세대와 2세대로 넘어간 자녀 세대 사이의 언어적 문화적 갈등 구조와 화해의 서사는 이민자로 살아가는 사람들의 다양한 정체성의 형성과 발전 양상을 보여주고 있어 의미가 있다. 현재의 갈등, 과거의 회상, 그리고 화해로 이어지는 소설의 구조는 영화화 되었을 때 더욱 명확한 인물 형상화를 통해 화인 디아스포라들의 모습을 보여주었다.

소설가 우리화는 『다시 종려나무를 보다』에서 디아스포라 신분의 주인공인 모우텐레이(牟天磊)를 등장시켜서 이주국에서도 고국에서도 이방인의 심정을 느끼는 상황을 잘 묘사하고 있다. 모우텐레이의 부모 세대가 중국대륙에서 타이완으로 이주했으며 자신은 학업을 위해 미국으로 이주한다. 서구의 문화를 경험하면서 한편 그들과 닮아가려고 노력하는 자신의 지난 10년, 그리고 고국에서 느끼는 괴리감을 설명한다. 백인 사회 속의 아시아 인종이 겪는 차별에 대한 경험이 현재의 자신이 이토록 소극적이고 무감각해지도록 만든 것이 아닌가 생각한다. 혼종적 문화경험으로 만들어진 정체성을 가지고 고향으로 돌아와 보니 고향에서는 또 자신이 서구 사람인양 대접받는 경험을 하게 되는데 이것이 그에게 이질감을 가져다준다. 몸은 이곳에 있지만 이곳에 전혀 속하지 않은 듯한 느낌을 받게 된다. 사람들은 하나의 집단에 소속되어 안정감을 찾기 쉬운데 소설의 주인공은 자신의 정체성이 이미 문화적으로 혼종적으로 변했기 때문에 소속감을 느끼지 못하는 것이다. 소설은 그가 고향으로 돌아와 결혼 문제, 은사의 죽음과 같은 아주 현실적인 문제들을 접하면서 다시 자신을 찾아간다는 이야기다.

녜화링은 『상칭과 타오홍』에서 디아스포라의 분열된 신경증적 증세를 주인공의 모습에 담았다. 중국대륙에서 홍콩을 거쳐 미국으로 이주하기까지의 험난한 과정을 통해 주인공은 다중적인 인격으로 변화한다. 정체성을 완전히 하나로 융합시키지 못하고 여러 인격으로 만들어 버리는 이런 상황도 물론 다양한 문화적 경험에 대한 갈등적 결과로 나타날 수 있다. 미국에서 주인공 상칭(桑青)은 결국 미친 여자가 되어버린다. 실제 정신병적인 증세를 보이게 되고 두 가지 인격이 번갈아가며 나타나는 해리성 주체성 장애 증상이 나타나게 된다. 아마도 작가는 변화하는 정체성과 상반된 문화적 경험이 자신을 둘로 나누는 듯한 상황이 될 수도 있다는 것을 은유적으로 표현했을 수도 있다. 이 역시 디아스포라들이 직접 현장에서 겪게 되는 갈등과 정체성 형성 및 수용의 양상을 담아내고 있어 의미가 있는 작품이다.

중국대륙에서 바로 이주한 대륙 출신의 디아스포라 작가로는 옌거링과 하진이 1990년대 이후로 주목할 만하다. 옌거링은 대중적인 문체와 스토리를 통해 중화권에서 상당히 인기 있는 작가이다. 하진은 이주 이후 주로 영어로 창작을 하여 영미권에서 더 주목을 받았다. 이처럼 미국의 경우는 작가들이 중국어 혹은 영어로 자신의 문학창작용 언어를 일관성 있게 사용하는 경우를 볼 수 있다. 모두 일반화시키기에는 무리가 있지만 이주 1세대들에서는 주로 중국어를 이용한 창작이, 이주 2세대와 이주가 장기화 되어 더 많은 세대교체를 경험한 화인들에게서는 영어를 이용한 창작이 두드러진다. 옌거링은 디아스포라의 직접적인 심리를 묘사한 작품으로 보다는 국내에『나의 할아버지가 탈옥한 이야기』의 영화판『5일의 마중』원작자로 더 잘 알려져 있다. 그녀 역시 주목받는 대중적인 작가이며 이야기의 긴박감과 서사의 흥미로 많은 대중의 관심을 끌어내고 있다. 하진은『멋진 추락』에서 미국 사회에 적응하지 못하고 유령처럼 부유하는 주인공들을 단편으로 묶어 내고 있다. 1960-80년대 작가들보다 한층 작중인물들과 거리를 유지하면서 주변에 있을 법한 사람들의 모습을 있는 그대로 보여 준다. 타국에서의 외로움, 불편함, 괴로움, 힘듦을 고스란히 담아낸다.

　캐나다는 천하오취안(陳浩泉), 장링(張翎), 야젠(亞堅), 류후이친(劉慧琴) 등이 있다.[23] 캐나다의 백인 종족주의자들은 지금까지도 여전히 중국계 이민자들이 오직 돈만을 벌기 위해 온 것처럼 간주하거나 심지어 백인의 일자리를 뺏어 가는 이방인이라는 심각한 편견에 사로잡혀 그들을 차별하고 있다. 하지만 이러한 편견과 차별 가운데서도 캐나다 화인들은 끊임없이 그들의 삶을 예술적으로 승화시켜 왔다. 이들의 예술 활동 가운데서도 문학 작품의 창작은 대단히 중요한 분야였으며, 그 성과물을 여러 가지 형태로 소개, 확산되었다. 이런 방면에서 밴쿠버 지역의『성도일보(星島日報)』,『명보(明報)』,『세계일보(世界日報)』, 토론토의『성보(成報)』등의 역할이 적지 않았다. 이들 중국어 신문은 캐나다 지역의 화인 작가들에게 작품 활동의 기회를 제공했을 뿐만 아니라 캐나다가 아닌 다른 국가와 지역의 화인들과도 소통할 수 있는 길을 제공해 왔다.[24]

---

23) 이 외에도 펑샹샹(馮湘湘), 아눙(阿濃), 거이판(葛逸凡), 천리펀(陳麗芬), 루인(盧因), 천화잉(陳華英), 린팅팅(林婷婷), 쑨보(孫博), 리옌(李彦), 왕원친(汪文勤), 후이칭(慧卿), 차오샤오리(曹小莉) 등이 있는데 캐나다 화인 디아스포라 작가들은 다음의 책을 참고하였다. 김혜준·고찬경·고혜림 역,『동생이면서 동생 아닌: 캐나다 화인 소설선』, 지만지, 2016.

천하오취안은 「동생이면서 동생 아닌」에서 홍콩 출신 아버지와 아들, 타이완 출신 어머니와 아들의 재혼가정을 그리고 있다. 부모가 각자 타이완과 홍콩을 오가는 동안 형제이면서 형제 아닌 두 아이 가운데 동생에게 응급상황이 생겼고 형 아닌 형이 속수무책으로 당황하는 모습을 보여준다. 왕원친의 「성은 무엇이고, 이름은 또 무엇인가」는 캐나다 이민 이후 중국적 문화를 고수하는 사람과 영어식 이름을 짓고 더 나은 삶을 쫓아가는 사람을 대비시켜 보여준다. 이 역시 디아스포라들이 이주 이후 겪게 되는 다양한 상황들일 것이다.

서구에 뿌리박힌 오리엔탈리즘적 관점은 아시아계 이주자들에 대한 부정적이고 열등하게 바라보는 시각으로 인해 오랜 동안 주류 사회에의 편입이 힘들었다. 디아스포라들은 그들이 출발지인 고국에서 얻을 수 없었던 이상향을 이주를 통해 찾으려고 했으나, 그 어느 곳에도 속하지 않는 듯한 부유감과 이질감을 경험하기도 한다.

북미 화인 디아스포라 문학에서 드러나는 이런 상황들은 물론 개인적인 경험에서 비롯되어 나오는 특수한 상황이고 또 집단으로 범위를 넓혀 보게 되면 오히려 보편적인 상황이 된다. 이와 같은 경향은 세계화 관점에서 이들을 경계 지역이나 접촉지대에 놓고 아무 곳에도 속하지 않는 것으로 바라보는 시각과 함께 주변화를 더 가속화할 수도 있다. 하지만 이들의 위치를 로컬에 놓고 보게 되면 상황은 달라진다. 이들은 세계 각 지역에 놓여 있는 특수한 로컬들이다. 이 로컬들의 집합은 실상 한국의 인구를 합한 것보다 많아질 수도 있는 것이다.

---

24) 陳浩泉 主編, 『楓華文集: 加拿大作家作品集』, Burnaby: 加拿大華裔作家協會, 1999, 11-12쪽.

3. 동남아시아 화인 디아스포라 작가의 작품과 정체성

동남아시아 지역은 말레이시아, 싱가포르, 인도네시아, 베트남, 태국 등지로, 이 지역에서도 비교적 가시적인 문학적 활동이 관찰되는 곳은 말레이시아가 있다. 비록 인도네시아 쪽의 화인들은 규모가 1천만 명에 이르지만 이미 중국어 구사 혹은 전통명절에 대한 관심이 거의 없으며 주류 사회의 차별과 배제 속에서 "위축된 화인사회"[25]를 형성하고 있다. 말레이시아에서 눈에 띠게 부를 축적한 중국인들은, 다른 종족들뿐만 아니라 내부적으로도 서로 다른 미래를 꿈꾸게 되었다. 쑨원(孫文)의 정신을 계승한다고 하는 국민당을 추종하는 세력과 1930년대 이후 눈에 띠게 성장한 마오저둥(毛澤東)의 공산당을 추종하는 세력, 영국 식민지정부에 말레인과 동등한 정치적 지위를 받을 수 있는 정책을 요구하는 세력으로 나뉘어졌는데, 말레이시아 지역이 아닌 중국 대륙과 밀접한 관계가 있었던 1920~30년대 말레이―중국인들의 이러한 정치의식은, 1930년대 후반~1940년대 말레이시아 역사에서 간과할 수 없는 역할을 하게 했다.[26]

말레이시아 문학은 말레이시아의 중국어 발음인 마라이시야(馬來西亞)의 '마'와 화인의 '화'를 합쳐서 '마화문학'으로 부르고 있다. 말레이시아의 화인 디아스포라 작가는 황진수(黃錦樹)와 리융핑(李永平) 등이 대표적이며 이 외에도 허진(賀巾), 량팡(梁放), 원샹잉(溫祥英), 상완쥔(商晚筠), 장구이싱(張貴興), 허수팡(賀淑芳) 등이 있다.[27] 애초에 리융핑은 보르네오가 말레이시아에 편입될 때 미련 없이 국적을 버리면서 '문화 중

---

25) 김혜련, 「인도네시아와 말레이시아 화인디아스포라의 현지사회 정착과 화인정책 비교」, 『평화학연구』, 제15권5호, 2014.

26) 황진수 외, 고운선·고혜림 역, 『물고기뼈: 말레이시아 화인 소설선』, 지만지, 2015의 작품 해설 참조

27) 『물고기뼈: 말레이시아 화인 소설선』에서 소개된 말레이시아 화인 소설 작가들을 기본으로 하였다.

국'을 찾아 타이완으로 갔다. 하지만 그의 기대와 달리 타이완을 선택한
것은 자신을 '외성인(外省人: 타이완 섬의 토착민이 아니라 외부에서 온
사람을 통칭)' 범주로 밀어 넣는 것이었다. 그래서 여러 언어가 통용되는
보르네오가 아니라 타이완에 나와서 '문자' 및 '문장 수련'에 대한 절실함
을 깨달은 리융핑이 문자에 천착하고 글쓰기를 다듬을수록, 타이완 사회
에서는 밖에서 들어온 서자가 중문 수련을 통해 일약 '혈통적 적자'로 인
정받고 싶어 하는 것은 아닌지 의심의 눈초리를 사기도 했다.[28] 자신이
가진 문화적 정체성의 구분선을 긋는 행위가 이토록 수월하지 않기 때문
에 정체성의 위기와 갈등은 항시 존재하는 문제가 된다.

『물고기뼈: 말레이시아 화인 소설선』에 수록된 작품들 가운데는 눈에
띠게 말레이시아에서의 화인의 역사성이 짙은 사건들이 마치 영화의 전
경처럼 묘사되어 등장하는 것을 알 수 있다. 황진수의 「물고기뼈」, 허진의
「나는 한 그루 빈랑나무」, 량팡의 「슬레이트 지붕 위의 달빛」, 원상잉의
「청교도」, 리융핑의 「망향」, 장구이싱의 「포위된 성으로 진격」 등에서
특히 그런 점들이 잘 나타난다. 말라야 공산당의 저항과 투쟁의 역사, 또
그 과정에서 가족을 잃은 상처, 일본군 전쟁 위안부 문제, 말레이시아 정
부의 정책에 대한 회의로 타이완으로 이주하게 된 이력 등등 다양한 화인
디아스포라들의 모습이 아픔과 함께 각인되어 있다.

4. 기타 지역 화인 디아스포라 작가의 작품과 정체성

기타 화인 작가와 작품은 유럽 및 한국과 일본 등지가 있다. 일본과
마찬가지로 한국의 화인들에 의한 문학 활동은 북미 지역이나 동남아시

---

28) 張錦忠, 「在臺馬華文學與原鄕想像」, 『中外人文學報』, 22期, 2006.6, 93-105쪽; 고운선,
「경계인의 역사 반추하기-리융핑(李永平)의 『진눈깨비 부슬부슬 내리고(雨雪霏霏)』를
중심으로」」, 『코기토』, 제79집, 부산대학교인문학연구소, 138쪽 재인용.

아 지역처럼 광범위하고 장기간으로 나타나지 않고 있다. 한국의 경우 화교들에 의해 출판된 잡지가 발견된다. 그러나 위에서 보았던 북미 지역이나 동남아시아 지역처럼 문학적 수준이 있고 예술적 가치가 있는 문학적인 활동은 눈에 띠게 나타나진 않는다. 잡지에서 수필 혹은 시의 형태로 게재되는 글들은 한국 사회를 살아가는 지난함과 신분적 불안으로부터 오게 되는 주류 사회에 대한 불만, 그리고 미래에 대한 불안감 등이 주종을 이룬다. 물론 다른 지역의 화인들과는 다르게 한국의 화교는 오랫동안 귀화할 수 없는 한국 내에서의 차별적 대우를 바탕으로 하고 있기 때문에 더욱 주변화 되었을 수도 있다. 이들은 "어쩌면 내가 한국 사람이 아니라서 그들 민족의 영산에 대해서 그다지 큰 감성이 생기지 않는 것일 수도 있다."[29]고 말한다. 일상생활에서 오게 되는 배제되고 소외된 느낌이 그들로 하여금 내적으로 억압된 심정과 주류 사회에 대한 분노, 혹은 화인 사회로의 내적인 긴밀한 결속의 강화에 자극이 되었을 것이다.

이제는 과거와 달리 한국 화교화인 사회도 앞서 언급한 것처럼 참정권이 주어지고 사회적으로 가로막혀 있던 경제적 제한 등이 완화되자 한국 내에서의 적극적인 사회참여가 장려되고 있다. 화교 2, 3세대로 넘어오면서 다양한 분야에서 두각을 나타내고 있는 것이다. 한국 화교화인들의 문학적 활동은 대표 잡지 중 하나인 『韓華』를 통해서 관찰할 수 있다. 하지만 이 잡지의 성격은 문학적인 측면보다는 신변잡기, 화교 교민 사회의 소식지로서의 역할과 비중이 더욱 강하다. 드물게 나타나는 자전적 이야기도 그다지 많지 않다는 사실은 한국 사회에서의 그들의 지난한 역사를 대변하는 듯하다. 경제적 신분적 안정성이 보장되지 않는 상황에서 예술

---

29) "也許我不是韓國人, 對他們民族的靈山, 沒有多大的感受(…중략…).", 賀山, 「大陸紀行」, 『韓華』, 韓中文化協會, 1990, 19쪽 참조; 양난·고혜림, 「韓國華人華文文學的混種性 : 以1990年代出版『韓華』雜誌爲中心」, 『소설논총』, 제47집, 2015, 232쪽에서 재인용.

과 문학으로의 전환이 쉽지 않았음을 짐작할 수 있는 대목이기도 하다.

여기서는 주로 소설을 중심으로 이야기했지만 장르를 좀 더 확대하면 싼마오(三毛)와 같은 수필가도 화인 디아스포라 작가로 볼 수 있는 여지가 있다. 서사하라를 유랑하며 정열적인 삶에의 의지를 문학적으로 형상화한 그녀의 작품 속에서 디아스포라의 긍정형 혹은 미래형을 살짝 엿볼 수 있다. 새로운 문화에 대해 호의적이고 개척적이며 호기심 많은 성향은 글로컬적 정체성을 가진 것으로 여겨지는 디아스포라의 잠재력을 보여주는 대목이기 때문이다.

여기서 직접 언급하지 못하더라도 과거로 거슬러 올라가면 중국대륙으로부터의 화인 유학생 1세대인 20세기 초의 문학가들, 후스(胡適), 린위탕(林語堂), 쉬즈모(徐志摩) 등등부터 노벨문학상을 받았던 가오싱젠(高行健)까지, 그들이 잠시나마 디아스포라 신분이었던 동안 기록해 남겨둔 자료들 역시 재조명되어야 할 가치가 있는 것들이 있다.

중국대륙 학자들의 중화주의와 타이완과 홍콩 출신의 학자들이 주축이 되어 주장하는 탈 중화주의 시노폰(Sinophone)의 자기장 속에서 보다 새로운 각도로 지금 이 시대에 있는 현상을 해석하려는 시도의 일환이 글로컬 정체성에 대한 논의 및 디아스포라에 대한 담론이 될 것으로 기대한다.

V. 화인 디아스포라 연구의 현재와 미래

화인 디아스포라들은 비교적 높은 교육 수준을 가진 사람들이 적지 않음에도 불구하고 사회적, 문화적 영향력을 제대로 발휘하지 못하고 이주국에서 주변인으로 머물러 있어왔다. 북미 지역의 화인 디아스포라, 동남아시아 지역의 화인 디아스포라, 기타 지역의 화인 디아스포라들이 공통적으로 그들의 문학적 활동을 통해서 고향에 대한 의식, 민족주의적 문화 정체성, 거주국에서의 불안감과 유리감, 그 어느 곳에도 속하지 못하는 신분적 불안정성을 경험하는 것으로 보인다. 하지만 이쯤에서 문학의 효용적 가치를 고려하지 않을 수 없다. 문학은 해학과 기지 및 갈등과 성장과 같은 요소들이 형상화된 인물을 통한 서사로서 하나의 세계 속에 삽입되어 있다. 화인 디아스포라들이 겪었던 정체성의 혼란과 갈등을 부(負)적인 면만으로 판단하는 것은, 그들은 피식민적 주체로서 완전히 주변화되어 있다는 가정을 바탕으로 한 시각이다. 디아스포라의 진행형은 양면이 존재할지도 모르지만 미래형은 글로컬리즘 시대에서 오히려 다면적이고 적재적소에 필요하고 그 어느 곳에나 속할 수 있는 글로컬 정체성을 가진 사람들이 될 수도 있다.

식민과 탈식민, 중심과 주변, 글로벌과 로컬 담론은 지금 이 시대를 읽고자 한다면 반드시 전제되어야 하는 기본 개념들이다. 그리고 지금 전세계는 과거 그 어느 때보다 첨예한 담론의 장 속에 놓여 있다. 예전보다 더 빈번하게 발생하고 양산되며 유포되고 있어서 심지어 아주 일반적으로 보일 것만 같은 이주자 집단들이 ─비록 이들은 주류 사회와 비주류 사회라는 관점에서는 아주 주변화 된 소수자들로 여겨지지만─ 이러한 논의의 가장 중심에 놓여 있게 된다. 혹자는 이렇게 말했다. 이주자라 부르고 그들을 연구하는 것은 국경을 넘어서는 경험의 직전과 직후, 그리고 과정에 초점이 있다면, 디아스포라라고 부르게 되면 이주자로서의 경험에 이주 이후의 삶까지 광범위하게 다룰 수 있게 된다고 말이다.

화인 디아스포라는 유대인과 아주 닮은 부분이 많다. 하지만 또한 그들과는 다르다. 강제된 이주도 아니고 세계 180여 개국에 흩어져 살고 있지만 자신들만의 민족공동체적인 개념이 고스란히 남아 있으며 국경을 넘어서서 협력하고 단결하는 모습을 통해 세계에 긍정적인 측면에서는 팍스 시니카의 힘을 과시하고 있다.

세상 속 대다수의 사람들은 현재보다 더 미래에 이주의 가능성을 많이 가지고 있으며 글로컬 정체성을 가진 디아스포라가 될 잠재성을 모두 가지고 있다. 한국은 최근 몇 년 동안 듣기에 불편한 용어들로 자신들의 현 상황과 사회 상황을 개탄하는 분위기기 있다. 사람들이 자신이 원하는 더 나은 삶을 자신이 쭉 살아오던 곳에서 향유하기 위해서는 더 많은 경제력이 필요한데 그것이 경제발전 둔화, 실업률 상승, 고용 감소, 가정 경제 불안 등의 상황 속에서는 점점 더 요원한 허망한 꿈이 되고 있다는 것을 실감한다. 실현가능한 다른 국가로의 이주를 통해 현재적, 미래적 가치를 찾아 떠나는 것이 해결책이라고 생각하는 사람들도 많아지고 있다. 한국을 떠나고나 하는 사람들의 비율만큼 한국으로 오고자 노력하는 사람들의 비율 역시 적지 않을 것이라 짐작할 수 있다. 이로써 세계는 점점 다문화적인 사회로 나아가게 된다. 줄곧 한국식 교육의 밑바탕이 되어 온 하나의 민족, 하나의 국가, 하나의 역사서술, 하나의 미래상을 제시하는 방식으로 다문화 사회를 겪어내기에는 무리가 있게 된다. 디아스포라에 대한 이해와 정체성에 대한 이해는 이처럼 학문적 차원뿐만 아니라 한국 청소년 교육의 미래적인 방향 설정에도 의미가 있는 교육적 함의를 가지고 있다. 향후 포용적인 자세와 폭넓은 이해에 대한 교육을 위한 대안적 의의로 작용할 수 있을 것이다.

어느 누구나 일시적으로 이방인이 되는 경험을 하게 될 수 있다. 수시 때때로 자신의 정체성이 위협받는 것은 느끼게 되고 일면 나 외의 다른 사람에 속하는 것 같은 세상 속에서 다른 사람들에 의해 규정된 규범에 복종하는 세상 속에서, 고아, 이방인, 불청객, 소외된 사람이라는 감정을 느끼지 않을 수 없다.

"인간 사회가 지난 세기 동안 자신들 사회와 남들 사회 사이에 차이와 국경은 만들기 위해 해 온 모든 노력이, 바로 그 차이와 국경을 없애기

위한 압력 아래에 놓여지게"30) 된 이 시대에 우리는 더욱 디아스포라에
관심을 가지게 된다. 다문화 사회로의 급격한 이행에 접어 든 한국이, 그
리고 누구든지 잠재적으로는 디아스포라가 될 수 있는 이 시대에는 더더
욱 그렇다.

우리 각자는 자신의 고유한 다양성을 인정하고 자신의 정체성을 다양
한 소속의 총합으로 생각하게끔 고무되어야 한다. 반면 이러한 소속들의
총합을 단 하나의 최고의 소속으로, 배척의 도구로, 때로는 전쟁의 도구
로 내세워진 단 하나의 소속과 혼동해서는 안 된다. 모든 사람, 특히 자
신이 타고난 원래의 문화가 자신이 현재 살고 있는 사회의 문화와 다른
사람들은 이러한 이중의 소속을 마음의 격렬한 갈등 없이 인정할 수 있어
야 하고, 또 자신의 본래의 문화에 접착되어 있는 자신의 상태를 유지할
수 있어야 하며, 자신의 문화를 부끄러운 질환처럼 숨길 수밖에 없다고
느끼지 말아야 하며, 동시에 이주 상대국의 문화에 자신을 열 수 있어야
만 한다. 마찬가지로 사회 자체도 역사를 통해서 자신의 정체성을 만들었
으며, 아직도 정체성을 빚어내고 있는 여러 소속을 인정해야만 한다. 사
회는 우선 각 개인이 자신의 주위에서 보는 것들에서 자신의 신분을 확인
할 수 있게 하기 위하여, 이어 각 개인이 자신이 현재 살고 있는 나라의
이미지 안에서 자신을 확인할 수 있기 위하여, 그리고 실제로 자주 그런
것처럼, 불안해하고 때로는 적대적인 관찰자로 남아 있는 대신 사회에 직
접 가담하는 용기를 느낄 수 있게 하기 위하여 가시적인 상징들을 통해서
자신의 다양성을 인정하는 노력을 보여 주어야만 한다.31)

지역학이 냉전시대 미국의 힘을 확보하기 위해 생겨났다면, 비교문학
은 유럽 지식인들이 '전체주의' 정권에서 망명해 왔기 때문에 생겨났다.

---

30) 아민 말루프 저, 박창호 역, 앞의 책, 115쪽.
31) 아민 말루프 저, 박창호 역, 앞의 책, 191-193쪽.

문화 및 탈식민주의 연구는 1965년 린든 존슨(Lyndon Johnson)의 이민법 개혁 이후 아시아 이민이 500% 증가된 것과 관련되어 있다. 우리가 자신의 일에 대해 어떻게 생각하든 간에 우리는 세계적으로 퍼져있는 이주민들에 의해 형성된다.[32] 이민법의 개정이 이민자의 수를 급증시켰다면, 또 반대로 정치적인 전략으로서 일시적으로 이민의 벽을 높이고 이민법을 강화하거나 자국민중심주의로 전환하게 된다면 사실상 국경을 넘는 일은 국가 단위의 강제적인 제한의 완화에 따라 지금보다 더 많은 수의 사람이 이주를 할 것이며 더욱 디아스포라가 될 가능성이 많다는 의미로 이해된다.

글로벌과 로컬의 관계를 상반된 것으로 이해하게 되면 세계를 중심과 주변으로 나누어 보는 식민주의적 시각에서 벗어나기 어렵게 된다. 글로벌의 거대한 조류 속에서 줄곧 소외되었던 로컬은 이제 그 나름의 특수성과 발전가능성을 담보로 또 다른 대안적 공간으로 부상하고 있음을 알게 되었다. 우리가 고민하는 정체성의 문제나 정체성의 위기는 사실은 어느 시대 어느 지역에 속해 있든 똑같은 인간이라는 점에서 과도하게 심각한 고민으로까지 연결할 필요는 없다는 점을 기억해야 한다. 결국 글로벌 속에서 로컬적 자기 정체성을 유지하면서 우리는 글로컬적인 방향으로 나아갈 수 있다. 그것은 차이와 차별로 나아가는 구분의 시대가 아니라 유사함과 보편성을 통해 소통과 안정으로 이행하는 것을 의미하게 될 것이다.

---

32) 가야트리 차크라보르티 스피박 저, 문학이론연구회 역, 『경계선 넘기-새로운 문학연구의 모색』, 인간사랑, 2008, 34쪽.

| 참고문헌 |

가야트리 차크라보르티 스피박 저, 문학이론연구회 역, 『경계선 넘기-새로운 문학연구의 모색』, 인간사랑, 2008.

거자오광 저, 이원석 역, 『이 중국에 거하라』, 글항아리, 2012.

고혜림, 『북미 화인화문문학에 나타난 디아스포라문학적 특징』, 부산대학교 박사논문, 2013.

김경연·김용규 엮음, 『세계문학의 가장자리에서』, 현암사, 2014.

녜화링 저, 이등연 역, 『바다메우기』, 둥지, 1990.

레이 초우 저, 장수현·김우영 옮김, 『디아스포라의 지식인: 현대 문화연구에 있어서 개입의 전술』, 이산, 2005.

마이클 크로닌 저, 임효석 역, 『팽창하는 세계』, 현암사, 2013.

맥신 홍 킹스턴 저, 서숙 역, 『여인무사』, 민음사, 1981.

바이셴융 저, 허세욱 역, 『반하류사회·대북사람들』, 중앙일보사, 1989.

빈센트 파릴로 저, 부산대학교 사회과학연구소 역, 『인종과 민족 관계의 이해』, 박영사, 2010.

아민 말루프 저, 박창호 역, 『사람잡는 정체성』, 이론과실천, 2006.

에이미 탄 저, 박봉희 역, 『조이 럭 클럽』, 문학사상사, 1990.

우리화 저, 고혜림 역, 『다시 종려나무를 보다』, 지만지, 2013.

장시궈 저, 고혜림 역, 『장기왕』, 지만지, 2011.

천하오취안 저, 김혜준·고찬경·고혜림·문희정 역, 『동생이면서 동생 아닌』, 지만지, 2015.

하진 저, 왕은철 역, 『멋진 추락』, 시공사, 2011.

한나 아렌트 저, 이진우 역, 『인간의 조건』, 한길사, 2015.

황진수 저, 고운선·고혜림 역, 『물고기뼈: 말레이시아 화인 소설선』, 지만지, 2015.

고운선, 「경계인의 역사 반추하기-리융핑(李永平)의 『진눈깨비 부슬부슬 내리

고(雨雪霏霏)」를 중심으로」」, 『코기토』, 제79집, 부산대학교인문학연구소, 2016

김기호, 「중국과 대만 사이에서 변화하는 한국 화교의 이주민 정체성」, 『아태연구』, 제23권제3호, 경희대학교국제지역연구원, 2016.

김성수, 「두 개의 글로컬라이제이션, 두 얼굴의 글로컬─글로컬라이제이션 개념을 배경으로 한 문화콘텐츠 기획의 허와 실」, 『글로벌문화콘텐츠』, 통권 제10호, 글로벌문화콘텐츠학회, 2013.

김혜련, 「인도네시아와 말레이시아 화인디아스포라의 현지사회 정착과 화인정책 비교」, 『평화학연구』, 제15권 5호, 2014.

김혜준, 「시노폰 문학, 경계의 해체 또는 재획정」, 『중국현대문학』, 제80호, 중국현대문학회, 2017.

양난·고혜림, 「韓國華人華文文學的混種性 : 以1990年代出版『韓華』雜誌爲中心」, 『소설논총』, 제47집, 2015.

陳浩泉 主編, 『楓華文集 : 加拿大作家作品集』, Burnaby: 加拿大華裔作家協會, 1999.

黃萬華, 『美國華文文學論』, 濟南: 山東大學出版社, 2000.

Arif Dirlik, *Chinese On The American Frontier*, Lanham: Rowman & Littlefield Publishers, 2003.

Christiane Harzig and Dirk Hoerder with Donna Gabaccia, *What is Migration History?*, Cambridge: Plity Press, 2009.

Rey Chow, *Writing Diaspora*, Bloomington: Indiana University Press, 1993.

Shu-mei Shih, *Visuality and Identity: Sinophone Articulations across the Pacific*, Berkeley and Los Angeles: University of California Press, 2007.

http://qwgzyj.gqb.gov.cn/yjytt/183/2630.shtml

상하이국제영화제의 글로컬적 특징과 함의
: 시스템 환경과 운영활동을 중심으로

● 박영순 ●

Ⅰ. 시작하며

영화사에서 로컬영화는 서구영화와 대립되는 제3세계 영화를 지칭해왔다. 타자와의 차이를 구분지음으로써 자신들의 지역적 정체성을 확보하려는 것이다. 1980년대 후반 해외국제영화제에서 수상을 휩쓸었던 중국의 5세대감독들의 영화가 서구적 오리엔탈리즘의 요구에 영합했다는 평을 받는 이유이다. 그러나 세계화와 지역화가 공존하는 현실 속에서 정체성이란 고정적인 것이 아니라 유동적이고도 지속적이다. 고유의 지역적 정체성이 무엇인지 구분하는 것 자체가 무의미할 정도이다. 이는 영화산업 면에서 볼 때, 세계화로 인한 거대한 경제적 가치가 영화제에도 영향을 주었기 때문이기도 하다. 영화제는 '예술'의 의미도 있지만 '자본'이 투입되는 산업이기도하다. 그러므로 어떤 한 국제영화제가 하나의 국가·민족·지역의 단일한 정체성을 지향하지만은 않는다. 롤랜드 로버트슨(Roland Robertson)은 이러한 지역정체성과 세계화의 절합(節合)을 글로

이 글은 「상하이국제영화제의 글로컬적 특징과 함의: 시스템 환경과 운영활동을 중심으로」, 『외국학연구』, 제36집, 2016을 수정·보완한 것이다.
** 국민대학교 중국인문사회연구소 HK교수.

컬라이제이션(Glocalization)이라고 한다. 국제성과 지역성은 일종의 '절합'의 형태로서 '연결되어 있지만 분리될 수도 있는 관계'라는 것이다.[1]

이런 맥락에서 볼 때, 한 국가나 지역에서 개최되는 국제영화제는 규모 면에서든 정체성 측면에서든 자신들의 고유한 지역적 특성과 국제적 특징을 동시에 지닌다. 즉 세계화가 진행되고 있는 오늘날 '국제성(global)'만을 지향하지도 않지만 '지역성(local)'만을 유지하지도 않는 이른바 로컬과 글로벌의 의미가 혼재하는 글로컬적 성격을 띠는 것이다. 영화제의 가치 취향은 로컬과 글로벌의 복잡한 역동성이 발현되고 교차하기 때문이다.

하지만 특정한 국가나 지역에서 개최하는 국제영화제는 당연 해당 국가, 지역만의 정체성을 가지고 있으며, 자신들만의 지향점을 가지고 오랜 시간 형성해왔다.[2] 문제는 '무엇을 지향하는 가'이다.

본고는 '국제영화제와 글로컬적 특징'에 주목하여 상하이국제영화제의 글로컬적 특징과 그것이 보여주는 영화제의 정체성에 대해 살펴보고자한다. 상하이국제영화제가 제도적 시스템과 운영활동 속에서 어떠한 국제적, 지역적 특징을 지는지를 상하이국제영화제의 역사적 변천과정 속에서 고찰한다. 나아가 그러한 특징을 통해 상하이국제영화제가 어떠한 정체성을 지향하는지도 살펴볼 것이다.[3]

---

1) 박강미, 「부산국제영화제의 글로컬문화정체성에 관한 연구」, 부산: 한국외국어대학교 박사학위논문, 2012, 6쪽.
2) 글로컬(Glocal)은 글로벌-국제성(Global)과 로컬-지역성(local)의 합성어이다. 본문에서 글로벌은 '세계화(적)', '국제성(적)' 등으로 표현한다. 그런데 로컬의 의미는 상대적인 관점에서 다중적인 시각이 가능하다. 로컬이란 일정한 한 지역(국가)을 의미하지만 상황에 따라 상호 구분 짓는 상대적 개념이기도 하다. 이를테면, 서양과 중국, 중국과 아시아, 중국과 상하이 등 상대적인 범주와 개념이 가능하다. 따라서 본고에서 의미하는 로컬의 범주는 중국, 아시아, 상하이라는 공간을 논점에 따라 적용한다. 하지만 국제성과 지역성, 중국과 아시아, 중국과 상하이, 중국과 서방 등을 '대립적' 혹은 안티테제로 보는 게 아니라 상대적, 구별적인 차원에서 바라본다.
3) 국제영화제가 자신들만의 독특한 정체성을 확립하는 데는 시스템적, 산업적 측면 외에

상하이국제영화제에 대한 중국의 연구 상황을 보면, 영화제에 대한 연구는 상당히 많지만 상하이국제영화제를 전문적으로 연구한 논문은 많지 않다. CNKI [中國知網]에서 제목[題名]으로 석·박사학위논문을 찾아본 결과 총4편이 검색되었다(2016.4.28). 주로 여행상품개발, 자원자제도, 매체보도, 운영모식과 상하이국제영화제와의 상관성 등을 연구하였다.[4] 기간지에 실린 글들은 매 해 영화제의 기본적인 특징과 문제점, 유명 영화계 인사 및 기자들과의 인터뷰 등, 비교적 단편적인 글들이 다수를 이룬다. 그리고 상하이국제영화제의 산업적인 면, 제도와 운영상의 문제, 국제적 영향력 강화, 마케팅방안 등에 대한 내용들도 있다.[5] 하지만 상하이국제영화제의 글로컬적인 특징을 다룬 기존의 연구는 거의 볼 수 없다. 한편, 한국에서는『상하이영화와 상하이인의 정체성』이란 책에서 영화를 통해 본 상하이라는 도시의 정체성을 탐구하고 있다.[6] 그리고 상하이국

도 작품에 대한 미학적, 예술적 측면도 동시에 고려되어져할 것이다. 하지만 이 두 가지는 각기 충실한 분석이 선행되어져야 한다. 따라서 본고에서는 일차적으로 전자의 측면에 한정하기로 하며 후자 부분은 차후 과제로 진행하고자 한다.

4) 검색범주를 '전체'로 놓고 상하이국제영화제를 '주제'로 검색했을 때 2,695편, '편명'으로 검색했을 때 360편이 검색되었다. 수량에 비해 상하이국제영화제에 대해 명확하고 구체적인 주제의식으로 바라본 학술적인 글은 그다지 많지 않다. 따라서 석·박사학위논문 범주에서 상하이국제영화제를 논문의 제목('題名')으로 검색한 결과 총4편이 검색되었다. 주요 논문으로 劉成傑, 「創新與發展: 上海國際電影節模式硏究」, 上海: 上海師範大學碩士學位論文, 2008; 鄭麗, 「電影節慶旅遊産品的開發硏究: 以上海國際電影節爲例」, 上海: 華東師範大學 碩士學位論文, 2008; 王娟「上海節慶活動公共認知度硏究」, 上海: 華東師範大學 碩士學位論文, 2008 등이 있다.

5) 尹達, 「上海國際電影節: 全球化·亞洲化·本土化?」, 『第一財經日報』, 第6期, 上海: 上海廣播電視臺·廣州日報報業集團」『北京靑年報』, 2007; 王平, 「第十三屆 上海國際電影節金爵論壇述評」, 『當代電影』, 第10期, 北京: 中國電影藝術硏究中心·中國傳媒大學, 2010; 尹鴻, 「全球化背景下中國電影的國際化策略」, 『文藝理論與批評』, 第5期, 2005; 朱曉藝, 「國際電影節推廣策略與中國電影對外文化推廣」, 『文化藝術硏究』, 第4期, 杭州: 浙江省文化藝術硏究院, 2011.

6) 「글로컬리티와 상하이도시문화」에서 상하이 영화의 글로컬적 성격을 일부 언급하고 있

제영화제를 단독주제로 다루진 않았지만 "부산국제영화제의 글로컬문화 정체성"이라는 주제로 아시아의 국제영화제를 비교분석하는 과정에서 상하이국제영화제의 문화정체성에 대해 분석한 논문이 돋보인다.[7] 지역과 국가를 넘어 세계화되는 과정에서 영화제의 정체성을 탐색하고 있다. 또한 상하이 문화관광산업을 미디어, 축제, 전통 유형으로 나누어 상하이국제영화제에 대해 전반적으로 소개한 논문도 있다.[8]

본고는 이상의 연구 성과의 토대 위에서 상하이국제영화제사이트에 올라온 당안(檔案) 자료와 일부 학술문헌자료를 주요 대상으로 한다.[9] 주요 내용은 거시적인 틀에서 크게 역사적 변천, 제도적 시스템, 운영내용, 정체성의 지향 네 범주로 나누어 분석한다. 첫째, 상하이국제영화제의 역사적 변천과 특성을 파악함으로써 상하이국제영화제가 어떠한 자신들만의 영화적 제반 환경을 구축해 왔는지 고찰한다. 둘째, 상하이국제영화제의 제도적, 정책적 환경을 분석함으로써 어떠한 국제적, 지역적 특징을 가지는지, 국제영화제로서의 시스템적 한계점은 무엇인지를 살펴본다. 셋째, 영화제의 운영활동 가운데 주로 수상과 심사위원(장), 운영방식 등의 내용을 중

다. 임춘성 외, 『상하이영화와 상하이인의 정체성』, 부산: 산지니, 2010, 282-305쪽.

7) 박강미의 논문은 글로컬 문화정체성의 동일한 키워드와 지표를 가지고 아시아영화제 (한·중·일·홍콩)에 모두 적용하고 있다. 그리고 정체성을 분석하는 과정에서 지표값에 대한 주관적인 관점이 조금 들어있다는 아쉬움이 있다. 각 국가의 문화산업은 영화의 제도적 환경, 미학적 가치취향, 문화산업의 방향, 문화산업 정책 등이 각기 다르게 존재하기 때문이다. 물론 상하이국제영화제를 주제로 한 논문이 아니므로 적잖은 학술적 성과도 있고 많은 참고가 되었지만, 상하이국제영화제에 대한 분석이 좀 더 깊이 있게 다뤄졌으면 하는 아쉬운 점도 있다.

8) 양동훈, 「중국 상하이 문화관광산업 연구」, 부산: 부경대학교 석사학위논문, 2009 참조.

9) 상하이영화제 공식홈페이지의 당안에 있는 금작상, 아시아신인상, 모바일영화제, 필름마켓, 중국영화프로젝트피칭, 영화포럼 등의 자료를 주요 대상으로 한다.
http://www.siff.com//information/index.aspx
http://www.siff.com/shlj/n4/n14/n41/index.html

점적으로 분석함으로써 상하이국제영화제가 어떠한 유형의 영화제인지를 파악하고, 어떠한 국제적, 지역적 특징을 보여주고 있는지를 살펴본다. 넷째, 이상의 분석을 통해 상하이국제영화제의 정체성의 지향점을 정리한다.

Ⅱ. 상하이국제영화제의 변천과 특징

상하이국제영화제는 국제영화제작자연맹(FIAPF)이 승인한 중국 유일의 A급 국제영화제이다.[10] 비전문 경쟁영화제이다. 1992년 상하이 시정부와 국가방송영화드라마총국(國家廣播電影電視總局, 이하 광전총국)이 국무원의 비준을 얻어 1993년 10월 상하이국제영화제의 서막이 열렸다.[11] 영화제 초기에는 격년으로 열었으나 2001년 5회부터 매년(6월, 9일간) 1회씩 개최한다.

상하이국제영화제는 금작상(金爵獎)수상, 필름마켓, 영화상영, 영화포럼, 아시아신인상 등의 주요 활동으로 운영된다. 특히 '중국영화프로젝트피칭', '합작프로젝트마켓' 등의 개혁을 통해 '산업화', '국제화', '개방화'의 노선으로 변화해가고 있다. 상하이의 중요한 문화예술행사이자 중국영화의 국제화와 시장화를 이끄는 메카이다.

영화제는 역사적 변천과정을 통해 영화제가 추구하는 정체성의 방향을 가늠할 수 있다. 특정한 국가나 지역에서 진행하는 영화제는 그 국가나 지역의 정체성을 담고 있기 마련이다. 1993년 제1회를 시작으로 2015년

---

10) 국제영화제작자협회는 12개 영화제를 A급 국제영화제로 분류하고 있다. 베를린·마르델·플라타·칸·상하이·모스크바·카를로비바리·로카르노·몬트리올·베니스·산세바스찬·도쿄·카이로 영화제가 이에 속한다.

11) 상하이국제영화제 '정관'에는 상하이국제영화제는 중화인민공화국 국무원의 비준을 얻어 국제제작자협회가 승인한 비전문 경쟁형의 국제영화제라고 밝히고 있다.

제18회에 이르기까지 다양한 변화를 추구하면서 자신들만의 문화정체성을 추구해나가고 있다. 다음은 총18회 동안의 역사적 변천과 주요 특징을 요약한다.

〈표 1〉 상하이국제영화제의 주요 변화[12]

회차	년도	참가국과 작품수	주요 특징
1	1993	33개국 167편	격년 10월, 8일간 개최
2	1995	46개국 232편	
3	1997	44개국 246편	
4	1999	37개국 388편	중국어와 영어 자막을 제공
5	2001	46개국 164편	매년 6월 9일간 개최하기로 변경
6	2002	47개국 410편	인터넷예매방식 도입
7	2004	51개국 578편	상하이국제영화제포럼, 아시아신인상 신설
8	2005	49개국 503편	중국영화100주년기념, '백년의 중국영화, 세계미래를 향하여', 국제학생단편제(MOBILE SIFF) 설립
9	2006	- 702편	해외심사위원장 섭외, 예매가의 차등과 예매방식의 다양화.
10	2007	73개국 895편	상하이국제영화제10주년, '상하이드라마제'와 분리개최. 필름마켓[電影項目市場]' 아래 '중국영화프로젝트피칭[中國電影項目創投]', '합작프로젝트마켓[合拍項目市場洽談]' 설립
11	2008	78개국 1094편	'중국영화프로젝트피칭', '합작프로젝트마켓'을 필름마켓으로부터 분리. '국제학생단편선'이 '모바일영화제'로 확대개편(국제영화제에서 최초 설립)
12	2009	- 1925편	
13	2010	81개국 2327편	
14	2011	—	'중미학생단편평선' 설립, 제1회 '베이징국제영화제' 개최
15	2012	106개국 1643편	
16	2013	81개국 2327편	
17	2014	—	'중국영화프로젝트피칭' 아래 '청년영화계획' 설립
18	2015	- 2308편	'중국의 길, 세계의 가치', '성룡액션영화주간절', '인터넷영화페스티벌' 설립

출처: 상하이국제영화제사이트 등의 자료를 저자 재정리

---

12) 본고에서 제시하는 통계자료는 상하이국제영화제 홈페이지(www.siff.com)의 자료를 근거로 한다. http://www.siff.com/shlj/n4/n14/n43/index.html 그 외의 내용은 참고문헌에 제시한 논문들의 자료를 근거로 저자가 재정리한 것이며, 논문마다 약간의 차이도 존재한다.

상하이국제영화제는 18회 동안의 역사적 변천을 통해 어떠한 정체성을 지향해왔는가. 특징별로 묶어 정리하면 다음과 같다.[13]

첫째, 제1회-제6회는 제도와 운영의 인프라를 갖춰나가는 시기이다. 1993년 제1회를 시작으로 2년마다 10월에 열리다가 2001년 제5회부터 국제 A급 영화제는 매년 개최해야한다는 국제영화제작자협회의 규정에 따라 매년 6월 9일 동안 개최하게 되었다. 1999년 제4회부터는 중국어와 영어자막을 동시에 제공하였고, 2002년 제6회부터는 인터넷 예매시스템 방식으로 전환하면서 영화제도의 인프라를 갖춰나갔다.

둘째, 제7회-제9회는 주로 영화제로서의 정체성을 잡아가는 한편, 국내외 인지도를 향상시킨 시기이다. 특히 2004년 제7회는 두드러진 변화를 가져온 해이다. 제7회의 가장 중요한 변화는 상하이국제영화포럼[國際電影論壇, 이하 영화포럼]과 '아시아신인상'을 신설하였다. 영화포럼은 매 회마다 주제를 달리하면서 영화제의 지향성을 보여 준다. 예를 들면, 2007년 제10회 때는 '세계와 합작하고, 중국에 투자를 주목하며, 아시아를 발전시킨다.' 2010년 제13회에서는 '산업발전', '국제합작 강화', 2015년 18회 때는 '예술창작, 산업국면, 영화자본, 인터넷시장' 등 다양한 주제 속에 토론되었다. 이러한 주제는 '집행위원장 포럼'·'산업포럼'·'영화포럼'·'마스터클래스' 4개 세션으로 나뉘어 진행된다.[14]

아시아신인상은 아시아의 신진 영화인을 발굴하여 아시아영화계의 창

---

13) 이러한 구분은 두드러진 특징별로 묶은 것이다. 각 회에서 추진되었던 활동들이 계속 지속되고 있으므로 일부 중복되는 경우는 불가피하다.

14) 2007년 제10회를 예를 들면 첫째, '국제영화제 집행위원장포럼[主席論壇]'에는 칸영화제 집행부집행위원장이자 영화시장집행위원장 제롬 빠야(Jerome Paillard), 베니스국제영화제집행위원장 마크·뮐러(Mark·Muller) 도쿄국제영화제 집행위원장 카도카와(角川曆彦), 부산국제영화제 집행위원장 김동호 외에도 로테르담, 두바이, 선댄스, 하와이영화제의 8명의 집행위원장들이 참여하여 세계영화산업에 대한 심도 있는 토론을 벌였다. 劉成傑, 앞의 책, 25쪽.

작 활력을 불어넣기 위해 신설된 경쟁부문이다. '아시아 최우수 신인작품상'과 '아시아 최우수 신인감독상' 2개상을 수여한다. 아시아신인상의 선정원칙은 창의성과 실험정신이 뛰어난 작품과 감독을 지원·장려한다. 선정기준은 주로 작품에 반영된 창작관념이나 언어표현의 창의성을 중시한다. 이처럼 2004년 제7회에 신설된 영화포럼과 아시아신인상은 아시아영화제로서의 지역적 정체성을 찾아가는 한편, 아시아 신예영화인들을 발굴·지원하는 기회를 제공하였다.

2005년 제8회는 중국영화탄생 100주년을 맞는 해였다. '백년중국영화, 세계미래를 향하여'라는 주제로 중국의 영화사를 세계에 알리는 해였다. 그리고 2006년 제9회 때는 세계의 인지도를 높이기 위해 제1회-제8회까지 역대 심사위원장을 중국인이 담당해오던 '관례'를 깨고 프랑스 감독 '뤽 베송'을 초청하였다. 이는 상징적인 의미를 지닌 예이다.

중국에서는 특히 2000년대 WTO가입이후 문화산업, 소프트파워 개념에 대한 관심이 본격적으로 생겨나기 시작했다. 문화소프트파워를 통해 경제적인 지위는 물론 문화적인 지위까지 끌어올림으로써 중국 문화를 세계로 전파하고자 했다. 이러한 문화산업에 대한 새로운 인식의 전환은 현재 중국 영화계에서 새로운 흐름을 형성하고 있는 「영웅」·「무극」·「건국대업」 등과 같은 중국식 블록버스터[大片]의 제작에서 잘 보여 진다. 영화를 산업적 측면뿐만 아니라 국가이데올로기를 전파하는 문화소프트파워로 인식한다는 것이다. 이러한 중국 정부의 의지와 영화계의 방향이 영화제에도 반영된 것이다. 하지만 이러한 중국 정부의 의도가 국제적으로 보편적인 인식을 얻기란 쉽지 않았다. 영화제는 일종의 문화 권력이다. 중국 정부의 영화 정책이 국내는 물론 세계에서 '대국의 문화소프트파워'로 작용하기 위해서는 그에 부합하는 영화제의 운영모델과 활동이 뒷받침되어야한다. 상하이국제영화제는 중국 유일의 국제A급영화제이다. 그러나 역대로 최고의 영예상인 금작상의 심사위원장은 2015년 제18회까지 총6

회를 제외하고 12회는 모두 중국인이었다. 따라서 '뤽 베송' 감독의 초청은 이러한 국내외 영화계의 따가운 시선을 거둬 내고 중국 정부의 대외적인 영화문화정책도 실현하기 위한 상징성 있는 조치였다. 이를 통해 영화작품 선정의 국제적 심사표준에도 다가가려는 노력이었다.

이렇게 국제적 인지도를 높이는 한편 국내시장을 확보하고 영화제로서의 공공인지도를 높이기 위해 제9회부터는 영화표 가격에 차등을 둠과 동시에 매표방식 역시 영화관예매, 휴대전화구매, 인터넷구매, 편의점구매 등 다양한 방식으로 전환해갔다. 축제적 성격을 띠는 영화제로서 영화의 대중화 과정에 새로운 장을 열었다. 이는 상하이 주요 문화예술 활동에 대한 인지도에서 잘 드러난다.「상하이 주요 문화예술제에 대한 공공인지도」를 조사한 결과, 상하이국제영화제(77.3%), 상하이여행제(72.2%), 상하이국제예술제(43.3%), 상하이드라마제(40.2%), 상하이국제패션문화제(14.9%), 상하이아시아음악제(10.1%), 상하이의 봄 국제음악제(3.9%) 순으로 나타났다.[15] 상하이국제예술제가 가장 지명도가 높은 것으로 드러난 점은 대중들의 관심도를 반영한다.[16]

이처럼 제7회가 아시아적 정체성을 확립하려는 노력이었다면 제8회, 제9회는 세계를 향해 중국영화의 입지를 확고히 함으로써 국제적인 정체성을 구축해가려는 해였다. 특히 제9회 때는 영화제의 국제적 표준에 다가가는 한편 대중의 참여도를 높임으로써 제7회 때 제시한 '산업발전'의 경제적 측면을 구체화시켜가는 자세를 보였다. 이러한 제9회의 변화는 중국영화제가 심사, 주최, 운영 등의 면에서 관방의 성격이 강하여 국제성, 개방성에 한계가 있다는 지적을 잠재우고자 한 시도로 이해된다.

셋째, 제10회-제13회는 영화 산업적 측면을 확고하게 지향하는 시기이

---

15) 王娟, 앞의 책, 36-37쪽.
16) 鄭麗, 앞의 책, 36쪽.

다. 2007년은 상하이국제영화제가 10주년을 맞이한 해로서 가장 획기적
인 변화를 시도한 해였다. 지금까지 함께 개최해 오던 중국드라마제[中國
國際電視節]와 분리하여 개최하였다. 상하이 시정부는 역대로 상하이의
가장 큰 두 개의 문화예술제를 동시에 개최하여 영화와 드라마를 영화거
래시장에서 내놓았다. 드라마의 거래시장이 상대적으로 더 활발하였다.
이에 상하이국제영화제만의 새로운 산업적 출로가 필요했고, 영화제로서
의 주체적 영향력을 보여줄 필요가 있었다. 두 행사의 분리개최는 이에
따른 조치였다.

   그리고 '영화포럼[電影論壇]'에서는 더욱 분명하게 '세계와 합작하고, 중
국에 투자를 주목하며, 아시아를 발전시킨다'는 산업취향의 취지를 밝혔
다.17) 이러한 태도는 국제성, 개방성의 방식으로 중국영화와 아시아영화가
국제자본, 기구들과 합작하는데 주력하였고, 상하이국제영화제가 그러한
플랫폼으로 작용하고자 한 것이다. 또한 주목할 점은 2007년은 '수상만 있
고 시장은 없다'는 역대의 비난을 깨고 '필름마켓'아래 '중국영화프로젝트피
칭', '합작프로젝트마켓' 등을 설립하였다.18) 이 두 프로그램은 화어(華語)
영화를 확대·보급하기 위해 신예영화인들을 지원함으로써 중외합작을 촉
진하는 것이다. 중국영화가 국내외 영화산업을 홍콩, 타이완으로 확대하
여 이를 기반으로 세계적 영향력을 갖기 위한 '범중화권' 통합 전략의 전초
전이기도하다. 이 외에도 2008년 제11회에서는 '모바일영화제'를 설립하여
향후 영화산업을 인터넷매체와의 합작으로 확대하려는 기초를 마련하였
다. 이처럼 제10회-제13회는 상하이국제영화제가 산업, 시장의 지향성을
분명하게 보여준 시기였으며, 이러한 추세는 지금까지 지속되고 있다.

17) 劉成傑, 앞의 책, 25쪽.
18) 필름마켓에 참가한 회사는 대략 12회 76개, 13회 101개, 14회 124개, 15회 120개,
    16회 137개이다. 그리고 2007년 제10회 합작프로젝트마켓은 17개국의 209개 프로젝
    트를 신청하여 33개가 합자의향을 보였다고 한다.

넷째, 제14회-제18회는 신매체와의 융합과 범중화권의 지향성을 보여
준 시기이다. 앞서 설명한 '중국영화프로젝트피칭', '합작프로젝트마켓',
'모바일영화제'는 이를 위해 초석으로 깔아놓은 것이다. 이 시기 동안에는
다양한 특별프로젝트를 개설하여 신매체와의 융합을 통해 산업적, 개방
적 지향성을 보여줌과 동시에 '삼중국' 통합 의지를 보여주었다. 예를 들
어, 2014년 제14회에서는 '중미학생단편평선', '청년영화계획'을 설립했으
며,[19] 2015년 제18회에서는 '성룡액션영화주간'과 '인터넷영화페스티벌
[互聯網電影嘉年華]' 등을 설립하였다.

최근 중국영화산업의 두드러진 새로운 변화는 인터넷과 영화 산업계와
의 네트워크이다. 영화계는 신매체를 이용하여 인터넷매체들과 협조체제
를 이루고자 한다. 2014년 제14회에서 주목을 끌었던 활동은 '모바일영화
제', '인터넷영화페스티벌' 등이다. 2008년에 설립한 '모바일영화제'는 상
하이국제영화제 조직위가 최초로 중국이동통신[中國移動多媒體廣播, 이
하 중국이동통신]업체와 협력하여 기존의 '국제학생단편대회'를 새롭게
확대·개편한 것이다. 모바일영화제는 설립이후 특히 2015년 협력업체
중국이동통신에 따르면, 2011년 말 기준으로 중국이동통신이 발행한 원
작 영상작품의 총 수입이 5000만 위안에 달한다고 한다.[20] 그리고 2015
년 현재 중국의 스마트폰 보급률은 대략 90%에 달하며, 2018년에는 사용
자가 약 50%에 달할 것이라고 한다.[21] 이처럼 신매체는 저비용, 편리성

---

19) 국제학생단편대회(MOBILE SIFF)는 5분 이내의 단편을 대상으로 한 'Give Me 5' 부문
   과 30분 이내의 단편을 대상으로 한 '국제경쟁'으로 나뉜다. 2011년 '모바일영화제'로
   확대·개편되어 진행되었다.

20) 陳曉達, 「探索新媒介平臺上的電影呈現 : 聚焦第十四屆上海國際電影節'手機電影
   節」, 『電影新作』, 第4輯, 上海: 『電影新作』雜志社, 2011 참조.

21) http://www.dushidiangong.com/news_info.asp?id=363
   http://tech.huanqiu.com/news/2014-12/5299844.html

의 장점으로 인해 젊은 영화 창작자들에게 다양한 기회를 제공한다. 이처럼 '모바일영화제'의 역할은 영화제 측에서는 새로운 미디어채널과 플랫폼을 확보하고, 신예발굴이라는 측면에서는 젊은 감독들에게 국내외의 무대를 제공해준다. 이런 차원에서 2015년 제18회 때는 인터넷기업과의 합작을 위해 제1회 '인터넷영화페스티벌[互聯網電影嘉年華]'과 영화채널 매체상도 개설하였다.

2015년 제18회 설립한 '성룡액션영화주간'은 액션영화에 공헌이 많은 영화인에게 표창을 줌과 동시에 액션신인감독들을 배양하고 중국 전통액션영화를 전승하려는 목적으로 설립하였다. 최근 2000년 이후 중국영화 시장에는 중국식 블록버스터영화가 속출하고 있다. 「2012년도 중국영화 문화국제전파연구조사보고」에서 외국인이 가장 "좋아하는 중국 영화 장르"는 "액션 → 쿵푸 → 코미디 → 극영화·역사 → 드라마 → 다큐멘터리" 등으로 나타났다.[22] 이는 중국영화가 국제시장에서 환영을 받고 있는 상황을 말해준다. 사실 액션, 무협물은 홍콩이나 타이완에서 먼저 시작하여 기반이 탄탄하다. 중국 영화계는 세계시장에서 중국 전통성을 보여줌과 동시에 경제적 수익을 거두기 위해서는 홍콩이나 타이완 영화기술이 필요했다. 이런 면에서 '성룡액션영화주간'은 하나의 상징적인 중국영화산업의 미래전략이기도 하다. '삼중국 영화'는 2004년 중국-홍콩경제무역협력강화협정(CEPA)을 제정하면서 홍콩, 타이완영화에게 대륙진입의 기회를 주는 한편 자국의 영화산업을 발전시키려는 전략적 조치이다. 최근 중국 영화계는 홍콩과 타이완을 통합한 '삼중국 영화'와 해외에서 활동하는 '화어(華語)영화'까지 수용함으로써 중국 영화산업의 발전을 꾀할 뿐만

---

22) 「2012年度中國電影文化的國際傳播研究調研分析報告」(上), 『現代傳播』, 第1期, 北京: 中國傳媒大學, 2012, 10쪽. 이 자료는 2012년도 중국영화문화국제전파연구팀이 107개 국가, 지역(미국·프랑스·한국·일본·아프리카·라틴아메리카 등)의 중국영화 관객에게 설문조사한 결과 1,117부를 통계·분석한 결과이다.

아니라 중국 '영화의 대통합'을 실현해나가고자 한다. 이러한 전략적 조치
는 헐리웃 영화에 대한 대응책이자 중국 영화의 보호책으로 이해된다. 헐
리웃의 공세와 WTO가입으로 인해 문화의식이 산업의식으로 확장되어가
면서 중국 정부는 삼중국 영화를 통합하여 중화권의 문화적 힘을 해외에
보여주는 한편 자국의 영화 출로도 열어가고자 한 것이다.[23]

　이외에도 제18회 기간에는 상하이국제영화제의 영화포럼은 '중국의
길, 세계의 가치'라는 기치아래 산업국면, 영화자본, 인터넷시장, 예술창
작 등의 영역으로 나누어 토론하였다. 신매체를 통해 산업적인 측면을 더
욱 확대해나감과 동시에 국제적 영향력이 있는 영화계의 담론을 주도해
나가고자 했다. 2015년 제17회 영화포럼 참가자 가운데 유명감독으로는
허우샤오셴[侯孝賢]·쉬샤오밍[徐小明]이 참가하였고, 영화사로는 안러영
화사[安樂電影公司]의 장즈창[江志强]과 상하이영화그룹의 런중룬[任仲
倫]이 참가하였다. 인터넷매체에서는 아리바바, 텅쉰[騰訊], 시나닷컴[新
浪], 여우쿠투더우[優酷土豆] 등의 관계자들도 대거 참여하였다.[24]

　앞의 〈표 1〉에서도 보이듯이, 1993년 제1회부터 2015년 제18회에 이르
기까지 상하이국제영화제의 참가국 수, 작품 수의 전반적인 증가는 상하
이국제영화제에 대한 세계적인 관심도가 증가하고 있음을 보여준다. 이
러한 과정 속에서 상하이국제영화제는 국내외 인지도 확립, 국제적 영향

---

23) 박영순, 「중국 대작상업 영화[大片]의 이데올로기 특징: '영웅', '공자'를 중심으로」,
　　『중국어문논총』, 제74집, 서울: 중국어문연구회, 2016, 314쪽.
24) 제18회 때 참여한 국내외 매체와 영화포럼 참가자는 다음과 같다. 국내 매체로는
　　人民日報·新華社·中央電視臺·上海廣播電視臺·新浪·騰訊·搜狐·網易 등이
　　다. 해외 매체로는 미국 『타임지』·『The Hollywood Reporter』·『뉴욕타임즈』·『Los
　　Angeles Times』·『The Wall Street Journal』·『The Associated Press』, 영국 『Daily Mail』
　　·『Reuters』, 프랑스 『AFP』 등이다. 영화포럼에는 安樂·上影·華誼·博納·光線·樂視·
　　萬達·阿裏巴巴·騰訊·優酷土豆·愛奇藝·小米 등의 고위 관계자들이 참석하였다.
　　http://www.baidu.com

력의 기반 확보, 영화산업의 강화, 범중화권의 융합, 신매체와의 네트워크 등의 기치아래 지속적인 발전을 거듭하고 있다. 이러한 특징들은 상하이국제영화의 정체성이 국제성·지역성·개방성·산업성으로의 지향성을 보여주고 있다. 이러한 특징을 규합하는 하나의 근간은 산업중심의 영화제로서의 성격이 보다 강하게 보여 진다.

III. 시스템 환경과 글로컬적 특징

상하이국제영화제는 광전총국과 상하이시정부가 주최하고 '상하이시문화방송영상관리국'[上海文化廣播影視管理局, 이하 문광국]25)과 '상하이문화방송영상그룹'[上海文化廣播影視集團, 이하 문광집단]이 주관한다. 자금은 중국공산당상하이시위원회(이하 상하이시위), 상하이시선전부와 문광관리국이 지원한다.26) 그리고 구체적인 집행업무는 '문광국제대형활동사무실[文廣國際大型活動辦公室, 이하 문광판공실]'에서 한다. 첫째, 상하이국제영화제의 운영시스템을 보면, 상하이국제영화제의 운영, 조직체계는 국무원, 광전총국, 선전부의 정책제시를 받아 상하이시위, 상하이시선전부의 지시 하에 상하이시정부와 문광관리국 등이 주관하고, 그 아래 영화제조직위가 집행하는 크게 4단계의 하부연결망으로 되어있

---

25) 2009년, 10월 舊SMG는 국가광전총국이 'SMG 체제개혁방안[上海文廣新聞傳媒集團體制改革方案]'을 비준하면서, 중국 최초로 그룹 내 업무를 프로그램 제작과 송출로 분리시킨 성급 미디어그룹이 되었다. 그 결과 송출을 담당하는 부문은 '상하이방송국[上海廣播電視臺]'에서 전담하고, 이 방송국에서 다시 출자해 '상하이동방미디어그룹[上海東方傳媒集團有限公司, 新SMG]'을 설립하였다. '상하이방송국'은 상해시문화광파영시관리국이 설립하였다. 당위(黨委)의 영도 하에 채널관리, 내용편집, 방송 송출의 권리를 가지며 프로그램제작을 책임진다.

26) 시문화특별항목자금[專項] 안에서 1,000만 위안을 매년 상하이국제영화제에 지원한다.

다. 이런 구조에서 상하이국제영화제는 기본적으로 제도적 영향력과 권력을 가진 당과 정부의 정책에 따라 집행된다.

좀 더 구체적으로 조직위원회위원장을 예로 들면, 2007년 제10회 조직위원회위원장은 광전총국 부국장 톈진[田進]과 당시 상하이시 부시장 양딩화[楊定華]였다. 그리고 '광전총국영화사업관리국' 국장 퉁강[童剛], 당시 문광국국장 무돤정[穆端正], 문광그룹 당위원회서기 쉐페이젠[薛沛建]이 조직위원회 부주석이었다. 문광판공실 집행부주석 겸 비서장은 문광그룹 부총재이자 '상해영화그룹[上海電影集團]公司, 이하 상영그룹] 사장 런중룬[任仲倫]이 맡았다. 문광판공실 주임 탕리쥔[唐麗君]은 영화제조직위원회집행 부비서장을 담당했다.

영화제 기간 동안 문광판공실은 조직위원회의 지도아래 당-정의 정책에 따라 주요활동을 안배·집행한다. 관련 기구를 보면, 상영그룹에 속한 롄허배급상영사[聯和院線電影院]가 영화제의 주요 상영관을 담당한다. 그 아래 부문인 상하이영화관[上海影城]에서는 각종 중요한 활동을 개최한다. 이 외에도 상하이동방미디어그룹[上海東方傳媒集團有限公司, 이하 SMG] 등과 같이 문광그룹의 소속부문에서 담당한다. 이처럼 상하이국제영화제의 주최 측은 관방중심의 중앙정부와 상하이시 주요 문화기구들이 주축을 이룬다. 주요 지침과 정책은 기본적으로 당-정의 운영시스템과 체계 하에서 움직인다.

그리고 2006년 중공중앙판공실과 국무원판공실은 「국가'십일오'시기문화발전계획요강[國家"十一五"時期文化發展規劃綱要]」을 발표하면서 "국제적 영향력이 강한 문화행사를 중점적으로 지원하며 중국문화발전의 중요한 플랫폼이 되게 할 것이다."라는 문화행사에 대한 지원계획을 제시하였다. 그 중 문화산업부분에서 중점지원문화행사 8개 항목을 제시하였는데 그 가운데 상하이국제영화제가 들어있다.[27] 상하이국제영화제가 중국 국가에서 지원하는 국가중점사업 중의 하나임을 보여주는 예이다.

이러한 관방중심의 구조적 환경으로 인해, 일부에서는 당-정의 제도적 장치가 상하이국제영화제의 국제성을 떨어뜨린다는 지적도 있다. 영화제의 생명은 무엇보다도 '영화작품'이다. 그런데 현재 중국은 영화등급제가 실행되지 않아서 일부 예술성이 높은 영화는 영화관이나 관중 앞에 다가가기가 힘들다. 게다가 2010년 8월 19일 국무원신문판공실에서 거행한 문화체제개혁발표회의에서 광전총국은 "등급제에 대한 토론은 멈추어도 된다. 중국은 영화등급제를 추진하기에 적합하지 않다."[28]라고 발표했다. 비록 「국가'십일오'시기문화발전규획강요」안에 상하이국제영화제가 국가중점지지의 8개문화발전 산업 중의 하나로 채택되긴 했지만, 실제 집행부처인 문광판공실은 문화결책기구나 정책제정자가 아니다 보니, 국가의 이러한 정책 안에서 운신의 폭이 좁을 수밖에 없다.

둘째, 상하이의 주요 문화예술행사는 대략 문화예술류, 민속풍정류, 자연생태류, 오락류 등으로 나눈다. 이 중 문화예술류는 상하이여행제·상하이국제영화제·상하이국제예술제·상하이국제드라마제·상하이아시아음악제·상하이국제패션문화제·상하이의 봄 국제음악제·상하이과학기술제·상하이국제차문화제 및 상하이바오산寶山국제민간예술제 등 약 10개 활동이 있다.[29]

27) "重點支持覆蓋全國並具有國際影響的文化會展, 使文化會展成爲促進我國文化發展的重要平臺." 8개 항목: 中國國際廣播影視博覽會, 中國國際廣播電視資訊網路展覽會, 中國國際動漫節, 中國國際音像博覽會, 北京國際圖書博覽會, 全國圖書交易博覽會, 中國(深圳)國際文化産業博覽交易會, 上海國際電影電視節. 「國家"十一五"時期文化發展規劃綱要」.

28) 在2010年8月19日國務院新聞辦公室擧行的文化體制改革發布會上, 廣電總局的領導鄭重表態: 關於分級制的討論"可以停止了", 中國"不適宜推進電影分給制" http://www.baidu.com

29) 鄭麗, 앞의 책, 22쪽.

〈표 2〉 상하이시 주요 문화예술 활동과 주최부처

명칭	개최일	창립	주최부처
상하이여행제	9-10월	1990	시여행위원외, 상무위원회, 광전총국
상하이국제영화제	6월	1993	광전총국, 상하이시정부
상하이국제예술제	10-11월	1999	국가문화부, 상하이시정부
상하이드라마제	6월, 10월, 11월	1986	광전총국, 상하이시정부
상하이아시아음악제	11월	1991	상하이문화발전기금회
상하이국제패션문화제	4-5월	1995	상하이시정부
상하이의 봄 국제음악제	5월	2001	문광그룹, 시문학예술계연합회
상하이과학기술제	5월/11월(격년)	1991	상하이시정부

출처: 『上海旅遊年鑑(1997-2006)』, 『上海文化年鑑(1999-2006)』 및 저자 보충

이를 주최부처에 따라 나눠보면,[30] 구(區)에서 열리는 상하이국제차문화제와 상하이 바오산 국제민간예술제를 제외하고 8개는 모두 관방을 중심으로 중국 정부나 상하이시정부가 주최한다. 이는 상하이 문화예술 활동이 표면적으로는 대부분이 '국제성'을 겨냥하고 있다. 이 중 상하이국제예술제는 중국 유일의 국가급 예술제이다. 문화예술제의 명칭은 '국제'가 들어갔지만 실제 운영과 관리는 국가나 시정부의 방침으로 진행된다.

셋째, 제도적 시스템을 보면, 국제영화제 운영은 대체로 '문화교류'와 '시장거래'의 이중 모식으로 진행된다. 상하이국제영화제는 초기에는 영화거래시장이 활발하지 못했다. 당시 영화정책의 한계로 인해 수입영화는 전적으로 중국영화그룹[中國電影集團公司, 이하 중영그룹]이 독점하고 있기 때문이다.[31] 게다가 현재 중국 영화시장의 대외개방의 경로는

---

30) 상하이시의 구 단위에서 행하는 상하이국제차문화절(1994년 설립, 매년 4-5월 개최)은 자베이[閘北]구에서 주최하고, 상해바오산국제민간예술제(1995년 설립, 2년 1회 개최)는 바오산구에서 주최한다.

31) 영화를 수입할 때 세관은 중영그룹이 작성한 수입물 통관수속을 심사한다. 전국적 발행의 상업영화일 경우 수입 시 납세수속을 해야 한다. 비상업영화는 면세이다. 비상업영화[故事片 포함]가 수입된 후 비준을 거쳐 전국적으로 발행을 할 때 중영그룹은

매년 해외에서 일정한 비율로 영화를 수입하며, 관리체계는 국내 유일의 해외영화수입권을 가지고 있는 중영그룹수출입공사[中影集團進出口公司]가 담당한다. 지방의 영화관련 기업이나 기구들은 해외영화를 수입할 권리가 없다. 따라서 상하이국제영화제는 제도적으로 자발적인 제대로 된 국제영화거래시장을 구축하는 데 한계를 지닌다.

상하이국제영화제의 대표적인 프로그램 중의 하나인 '영화상영'에서도 반드시 정부주도의 영화제인 만큼 '정부특별추천영화'를 상영해야 한다. 이러한 제도적 환경에서 상하이국제영화제는 정치적인 사안에 대해서 일부 민감하게 반응을 보인다. 지난 제13회 영화제에서는 타이완영화의 공식표기 문제로 예정되었던 타이완영화특별전이 취소되기도 했다.

중국에서는 공산당의 중앙선전부, 국무원 산하의 문화부, 중국신문출판총서(판권국 포함), 광전총국이 중국의 문화산업정책을 주관하는 기구이다. 중공중앙은 2003년 6월부터 이들을 중심으로 한 '중앙문화체제개혁공작영도소조'[中央文化體制改革工作領導小組]'를 설립·운영하고 있다. 결국 이들은 중국의 문화산업과 문화산업정책의 거시적 틀과 방향성을 제시하는 중국문화산업에 커다란 영향을 미치는 공식 조직으로서 선전과 이데올로기를 담당하고 있다. 특히 영화는 국가광전총국이나 국영제작소 등 전적으로 국가권력의 시스템에 의해 생산되는 것만은 아니지만, 국가권력은 검열제도, 즉 '제작허가증'과 '상영허가증'을 통해 시나리오 단계와 촬영 이후 완성단계에 개입함으로써 여전히 영향력을 행사한다.

이상 상하이국제영화제의 영화시스템 환경으로 볼 때, 상하이국제영화제만의 자발적인 국제성을 가지기에는 정책적, 제도적 한계가 존재한다. 이는 상하이국제영화제가 적어도 운영, 제도 시스템에서 볼 때 중국이라

장정에 따라 베이징세관에서 세금납부 수속을 밟아야 한다. 「進口影片管理辦法」, 中央政府門戶網站, www.gov.cn, 2012年11月12日, 廣電總局網站.

는 '국가'와 상하이라는 '지역적' 특성이 강할 수밖에 없는 근본적인 한계
를 지니고 있음을 말해준다. 상하이국제영화제가 비록 국제성을 지향하
고는 있지만 여전히 국가정책이 많이 관여하는 로컬중심의 형태를 띠고
있다는 점이며, 나아가 중국(상하이)의 문화산업의 모식이 '정부주도-시
장추동'형으로 진행되고 있음을 말해준다.

아래는 I, III에서 논의한 상하이국제영화제의 운영체제와 활동에 대한
도식이다.

〈그림 1〉 상하이국제영화제의 운영체제도

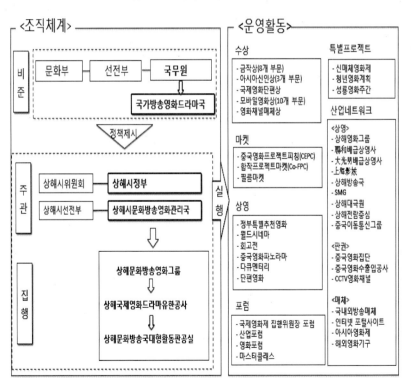

출처: 저자작성

Ⅳ. 운영활동과 글로컬적 특징

상하이국제영화제의 경쟁수상부문은 크게 금작상과 아시아신인상, 국제학생단편대상으로 나뉜다. 금작상은 상하이국제영화제의 핵심경쟁부문이다. 영화제조직위가 엄선한 16편의 영화를 대상으로 국제심사위원단이 8개 부문의 수상작을 선정한다. 역대 금작상의 심사위원단과 수상작을 살펴봄으로써 영화제가 추구해온 정책방향을 엿볼 수 있다.

첫째, 금작상 수상의 선정원칙은 상하이국제영화제 '정관'에 다음과 같이 규정하고 있다. "제작기간이 반드시 전년도 6개월-1년 전에 제작된 신작 영화로서 다른 영화제에 출품하지 않은 작품이어야 한다. 또한 35mm 필름으로 촬영하고 상영시간 70분을 초과해서는 안 되며, 비영어권 영화는 영문자막을 넣어야한다."[32]라고 되어있다. 심의절차는 3단계로 나누어 진행된다. 1단계는 지역별로 각각 선정위원회를 설립한다. 예를 들어, 아시아·중국·미주·중유럽·동북 유럽·아프리카 등은 각 1개의 선정위원회를 두며 심사위원회는 대략 5-6명으로 구성된다. 영화감독·제작자·평론가·배급사관계자·기자 등을 초청하여 먼저 약400편 정도를 선정한다. 2단계는 단편·다큐멘터리·애니메이션·중국의 신인·아시아의 신인·신예감독·금작상 및 특집프로그램 등 장르와 유형별로 나누어 선정한다. 3단계는 세계적 권위를 가진 영화인이 아시아 신인상후보작을 정하고 최종적으로 광전총국심사위원팀이 금작상 후보작을 선정한다.[33]

둘째, 역대 금작상의 심사위원장은 주로 광전총국 소속의 관방인물들이다. 역대 심사위원장의 국적을 보면 총18회 가운데 제9회, 제12회, 제14회, 제15회, 제16회, 제18회 총6회를 제외하고 모두 중국인이다. 이러

---

32) http://www.siff.com/shlj/n4/n14/n41/index.html
33) 劉成傑, 앞의 책, 23쪽.

한 상황에서 '자기 집 잔치'라는 비난도 받았다. 물론 제도적인 틀 외에도 미시적으로 구체적인 작품에 대한 영화미학 분석도 진행되어야하지만, 일단 구체적인 제도 환경으로 볼 때 금작상 수상 조직위원회는 중국 정부의 힘이 크게 작용할 수 있는 체제라고 할 수 있다.

1993년(제1회)부터 2015년(제18회)까지 금작상 심사위원단은 총130명(심사위원장: 18명 부심사위원장: 2명 심사위원: 110명)이며, 2004년(제1회)부터 2014년(제11회)까지 아시아신인상 심사위원단은 총58명(심사위원장:12명 심사위원:46명)이다. 금작상 심사위원 총130명 가운데 중국인은 31명이고 아시아인은 74명이다. 중국인이 전체에서 약24%를 아시아인은 약60%정도를 차지한다. 아시아신인상 심사위원 총58명 가운데 중국인은 14명, 아시아인은 45명이다. 중국인이 전체에서 약24%를 차지하고 아시아인은 약85%정도에 해당한다.[34] 또한 금작상 심사위원장 18명 가운데 12명이 중국인으로 약70%를 차지하며,[35] 아시아신인상 심사위원장 12명 가운데 6명으로 50%에 해당한다.[36] 이 밖에도 2008년부터 2013

---

34) 역대 금작상과 아시아신인상의 심사위원단의 국적을 보면 다음과 같다. 금작상 심사위원: 중국(31명) → 일본·한국·프랑스(각10명) → 미국(9명) → 홍콩·러시아(7명) → 영국·독일(각6명) → 미국국적중국·스페인(각4명) → 이태리·폴란드·이란(각3명) → 호주·멕시코·이스라엘·헝가리·덴마크(각2명) → 대만·체코·프랑스국적베트남·스위스·캐나다·브라질·아이슬란드(각1명)로 분포되었다. 아시아신인상 심사위원단: 중국(14명) → 한국(10명) → 일본(7명) → 홍콩(4명) → 미국·인도·타이완·프랑스(각3명) → 영국·태국(각2명) → 이란·말레이시아·독일·필리핀·싱가포르·뉴질랜드·네덜란드(각1명)으로 분포되었다.

35) 역대 금작상 심사위원장의 명단과 국적은 다음과 같다. 1회 셰진[謝晉, 중], 2회 쑨다오린[孫道臨, 중], 3회 스팡위[石方禹, 중], 4회 우이궁[吳貽弓, 중], 5회 주융더[朱永德, 중], 6회 리첸[李前, 중], 7회 딩인난[丁蔭楠, 중], 8회 우톈밍[吳天明, 중], 9회 뤽·베송(프), 10회 천카이커[陳凱歌, 중], 11회 왕자웨이[王家衛, 홍콩], 12회 대니 보일(Danny Boyle, 영), 13회 우위썬[吳宇森, 중], 14회 베리 레빈슨(Barry Levinson, 미), 15회 장 자크 아노(Jean Jacques Annaud, 프), 16회 톰 후퍼(Tom Hooper, 영), 17회 공리[鞏俐, 중], 18회 안드레이 즈비아긴체프(Andrei Zvyagintsev, 러).

년까지 4차례 가운데 모바일영화제 심사위원단 총16명(심사위원장: 3명 심사위원: 13명) 가운데 중국 10명, 한국·홍콩·타이완·말레이시아·독일·영국 각1명으로, 중국인이 약65%, 아시아인이 거의 95%를 차지한다.[37]

둘째, 역대 금작상 수상작 총18편 가운데 아시아영화가 5편(중국 2002년 1회·타이완 1993년 1회·일본 2005년 1회·러시아 2008년/2013년 2회)으로 약25%를 웃돈다.[38] 이는 세계 각국의 다양한 영화를 시상함으로

---

36) 역대 아시아신인상 심사위원장의 명단과 국적을 다음과 같다. 2015년 제12회 강제규 (한), 2014년 제11회 알릭스 주니어(Adolfo Borinaga Alix, Jr. 필), 2013년 제10회 루촨陸川, 중], 2012년 제9회 정성일(한), 2011년 제8회 이와이 슌지(岩井俊二, 일), 2010년 제7회 허진호(한), 2009년 제6회 임권택(한), 2008년 제5회 울리히 그레고르 (Ulrich Gregor, 독), 2007년 제4회 허핑[何平, 중], 2006년 제3회 톈좡좡[田壯壯, 중], 2005년 제2회 자장커[賈樟柯, 중], 2004년 제1회 황두친[黃蜀芹, 중]

37) 모바일영화제 심사위원(장)을 보면, 2013년 제4회 심사위원장 장위안[張元, 중], 심 사위원 량징[梁靜, 중], 이용관(李庸觀, 한). 2012년 제3회 심사위원장 뉴청쩌[鈕承澤, 타이완], 심사위원 천추이메이[陳翠梅, 말레이시아], 두자이[杜家毅, 중]. 2009년 제2회 심사위원장 왕웨이[王微, 중], 셰샤오징[謝曉晶, 중], 인리촨[尹麗川, 중], 수하 오창[舒浩倉, 중], 랄프 코크런(Ralph Cochran, 영), 2008년 제1회 심사위원장 셰페이 [謝飛, 중], 심사위원 Erika Gregor(독), 리줘타오[李焯桃, 홍콩], 뤄라[羅拉, 중], 쑨사 오이[孫紹誼, 중]

38) 역대 금작상수상작은 다음과 같다. 제1회(1993) : 무언의 언덕[無言的山丘], 왕퉁[王童, 타이완]. 제2회(1995): 깨진 침묵[打破沉默], 볼프강 판저(Wolfgang Panzer, 스위스). 제3회(1997): 숲 사람들[叢林人], 필 에그랜드(Phil Agland, 영국). 제4회(1999): 작은 마을의 국경선[小鎭裏的國界線], 시낸 새틴(Sinan Cetin, 터키). 제5회(2001): 패스워드, 反托拉斯行動], 피터 호윗(Peter Howitt, 미). 제6회(2002): 라이프쇼[生活秀], 자이젠치[霍建起, 중]. 제7회(2004): 대가[代價], 코스로 마스미(Khosro Masumi, 이란). 제8회(2005): 향촌사진관[鄉村寫真館], 미하라미츠시로(Mitsuhiro Mihara, 일). 제9회(2006): 4분[四分鐘], 크리스 크라우스(Chris Kraus, 독일). 제10회(2007): 아름다운 계획[完美計劃], 프란치스카 밀렌츠키(Franzisca Melletzky, 독). 제11회(2008): 낯선 가족의 정[陌生的親情], 블라디미르 코트(Vladimir Kott, 러). 제12회(2009): 오리지날[原創人生], 알렉산더 브론드스테드(Alexander Brøndsted, 스웨덴)·안토니오 투블렌(Antonio Tublen, 덴마크). 제13회(2010): 키스미어게인[再吻我一次], 가브리엘 무치노(Gabriele Muccino, 이탈리아). 제14회(2011): 상처입지 않은 여인[傷不起的女

써 기본적으로 국제적 지향성을 보여주고 있다. 역대 금작상 수상은 총 138개, 아시아신인상은 총33개의 상이 각각 시상되었다.[39] 금작상 총138 개 가운데 아시아가 64개로 약55%를 차지하며 그 가운데 중국이 38개로 약30%를 차지한다. 아시아신인상 총33개 가운데 아시아가 26개로 약80% 를 차지하며, 그 가운데 중국이 12개로 약35%를 차지한다. 모바일영화제 상은 총19개 가운데 아시아가 6개를 차지하였고 그 가운데 중국이 5개 차지하였다.

이상에서 알 수 있듯이 상하이국제영화제의 대표적 수상인 금작상, 아 시아신인상, 모바일영화제의 심사위원(장)의 국적을 보면 대부분 중국, 아시아가 거의 다 포진하고 있다. 이는 금작상과 아시아신인상, 모바일영 화상의 통계에서도 거의 유사한 결과를 보인다. 이 외에도 영화제 프로그 램 가운데 '중국영화프로젝트피칭'은 "다원화된 창작지원, 영화계의 신생 역량 지원, 시장성과 경영전략이 명확한 프로젝트 지원"한다는 원칙하에 국제시장에서 잠재력이 있는 중국 감독들을 상대로 프로젝트를 공모하고 있다.[40] 물론 화어영화를 확대 보급하고 신인영화인들을 지원하여 중외

시], 오르한 오구즈(Orhan Oguz, 터키). 제15회(2012): 곰[熊], 克斯羅·馬素米 코스로 마스미(Khosro Masumi, 이란). 제16회(2013): 경계흑막[警界黑幕], 유리 박호브(Yuri Bykov, 러). 제17회(2014): 작은 잉글랜드[小英格蘭], 펜테리스 불가리스(Pantelis Voulgaris 그리스). 제18회(2015): 야경[守夜], 피에르 졸리베(Pierre Jolivet, 프)

39) 역대 금작상 부문별 총수상작의 국가별 분포를 보면, 중국(37개) → 일본·한국·러시 아(7개) → 이태리·스웨덴(각6개) → 프랑스·미국(각5개) → 독일(4개) → 덴마크· 체코·뉴질랜드·벨기에·그리스·터키(각3개) → 영국·스페인·홍콩·폴란드·태국· 핀란드·아일랜드·덴마크/스웨덴합작·노르웨이·리투아니아(각2개) → 이란·이스 라엘·스위스·멕시코·호주·캐나다·타이완·아르헨티나·이집트·프랑스/벨기에합 작·핀란드/리투아니아합작·이태리/프랑스합작·독일/프랑스합작·독일/이태리합작 ·중국대륙/홍콩/대만합작(각1개) 등으로 나타났다. 아시아신인상 총 수상작의 국가별 분포를 보면, 중국(9개) → ·한국(6개) → 이란(5개) → 일본(3개) → 인도·대만(각2 개) → 홍콩·태국·싱가포르·인도네시아·방글라데시·베트남(각1개)로 나타났다.

합작을 촉진하고 있다는 취지는 중국영화산업의 입장에서 전혀 문제가 되진 않는다. 하지만 상하이국제영화제의 전반적인 시상, 수상, 일부 프로그램 등이 중국, 아시아적 방향으로 편중되어있음은 사실이다.

물론 상하이국제영화제의 글로컬 문화정체성 등에 대해서는 다양한 측면에서 가 일층 분석이 필요하지만 특히 영화제의 정체성의 지향과 특징은 수상작, 심사위원(장) 등의 국가별 분포에서 볼 때, 상하이국제영화제는 아시아 중심의 영화제, 중국 중심의 영화제라는 인식이 더 강하다. 이는 앞서 살핀 제도적 시스템과도 일맥 연관성을 지닌다.

V. 영화정체성의 지향

1949년 상하이영화제작소[上海電影製片敵]가 설립된다. 하지만 중국공산당은 중국영화산업을 국유화하면서 상하이영화제작소는 사회주의 선전영화를 제작하면서 침체기를 맞이한다. 이는 1980년대 후반 제5세대 감독들이 국제무대에서 빛을 보기 전까지 일정부분 계속되었다. 개혁개방이후 중국 영화는 변화하기 시작한다. 국제영화제에서 중국 제5세대 감독들이 잇달아 수상하면서 중국영화는 국내외에서 주목을 받기 시작했다. 중국영화가 3대국제영화제(베를린·베니스·칸)에서 처음으로 최우수 작품상을 수상한 것은 1988년 장이머우 「붉은수수밭」이다. 1988년부터 2015년까지 중국영화가 3대국제영화제에서 수상한 수상작은 총85편이며,[41] 이 가운데 최우수(작품)상이 16편으로 가장 많다.[42] 이런 바람을

---

40) 周仲謀, 「爲中國電影走向世界搭建橋梁: 第十四屆上海國際電影節」, 『電影新作』, 上海: 『電影新作』雜志社, 2011. 4쪽.

41) 총85편 가운데 베를린영화제(총39편)가 가장 많고 다음으로 베니스영화제(총26편), 칸영화제(총20편) 순이다. 최우수(작품)상 16편 → 여우/남우주연상(10편) → 기술상

타고 상하이영화그룹은 국내외 기업이 투자한 영화를 속속 제작하면서
상하이국제영화제가 1993년 설립되기에 이른다. 그리고 2004년 홍콩, 타
이완의 영화산업을 흡수하면서 이른바 '범중화권 합작영화'를 제작하는
등 영화산업의 '삼중국' 체제를 확대해나가고 있다.

상하이국제영화제는 사회주의 중국의 개방정책의 일환으로 개최한 영
화제인 만큼 영화제 초기 때부터 상당한 '국제적' 자세를 갖추었다. 그러
나 시간이 지날수록 초기의 세계적 관점은 점차 퇴색하고 중국정부의 입
장에 따른 간섭과 검열이 가해졌다. 중국의 특수한 정치체제로 인하여 제
약을 받고 있다 보니, 국제영화제나 아시아영화제라기보다는 '중국영화
제' 또는 '중국 중심의 영화제'라는 비판을 면할 수 없을 것이다. 적어도

(8편) → 최우수감독상(7편) → 심사위원(특별)상·예술공헌상·비경쟁부문최우수상
(5편) → 심사위원대상·최우수각본상(4편) 순이다. 이 중 최우수(작품)상 16편은 베
니스영화제(8편: 황금곰상6편/은곰상1편), 베를린영화제(7편: 황금사자상7편/은사자
상1편), 칸영화제(황금종려상1편) 순으로 많았다. 吳鑫豐, 「國際節展與中國電影的
海外傳播研究」, 杭州: 浙江大學 博士學位論文, 2013, 33쪽.

42) 최우수(작품)상 16편 가운데 장이머우[張藝謀] 5편, 리안[李安] 4편, 허우샤오셴[侯孝
賢]·천카이커[陳凱歌]·셰페이[謝飛]·차이밍량[蔡明亮]·자장커[賈樟柯]·왕취안안
[王全安]·땨오이난[刁亦男]이 각1편씩을 수상했다. 장이머우: 「붉은 수수밭[紅高粱]」
(38회 베를린영화제 황금곰상, 1988), 「홍등[大紅燈籠高高掛]」(48회 베니스영화제
은사자상, 1991), 「귀주이야기[秋菊打官司]」(49회 베니스영화제 금사자상, 1992), 「책
상서랍속의 동화[一個都不能少]」(56회 베니스영화제 금사자상, 1999), 「집으로 가는
길[我的父親母親]」(50회 베를린영화제 은곰상, 2000). 리안: 「결혼피로연[喜宴]」(43
회 베를린영화제 황금곰상, 1993), 「이성과 감성[理智與情感]」(46회 베를린영화제 황
금곰상, 1996), 「브로크백 마운틴[斷背山]」(62회 베니스영화제 금사자상, 2005), 「색
·계[色·戒]」(62회 베니스영화제 금사자상, 2007). 허우샤오셴: 「비정성시」(46회 베니
스영화제 금사자상, 1989). 천카이커: 「패왕별희」(46회 칸영화제 황금종려상, 1993).
셰페이: 「香魂女」(43회 베를린영화제 황금곰상, 1993). 차이밍량: 「애정만세」(51회
베니스영화제 금사자상, 1994). 자장커: 「스틸라이프[三峽好人]」(63회 베니스영화제
금사자상, 2006). 왕취안안: 「투야의 결혼[圖雅的婚事]」(57회 베를린영화제 황금곰
상, 2007). 땨오위난: 「백일염화[白日焰火]」(64회 베를린영화제 황금곰상, 2015).

운영시스템적인 면에서 볼 때, 글로벌보다는 로컬에 근접한 영화제라고 할 수 있다. 중국 최고의 영화제이지만 중국영화에 대한 보호가 강하다보니 상대적으로 국제성은 떨어지고 운영에 있어서도 국가의 정책적 지시가 강하게 작용한다.

시스템 체제로 보면, 상하이국제영화제는 정부정책의 심의가 강한 유형이라 할 수 있다. 수상과 관련해 보아도 국제성을 지향하고는 있지만 보다 로컬중심의 경향을 띠었다. 하지만 이와는 달리 '모바일영화제', '아시아신인상', '중국영화프로젝트피칭', '중국영화채널상', '마스터클래스' 등은 상하이국제영화제가 산업중심을 지향하면서도 신진발굴과 지원에 노력을 기울이는 것으로 보인다. 또한 매체, 포털사이트 등 신매체 등과의 협력으로 산업네트워크와 그에 따른 경제적 수익을 넓혀나가고 있다. 이상으로 볼 때, 상하이국제영화제의 정체성 지향은 '정부주도-시장추동'형의 모식으로 드러났다. 이를 뒷받침하는 핵심 키워드는 대체로 '정부정책과 심의', '국제성지향의 로컬중심', '산업중심과 범중화권 확대', '신진발굴과 지원' 등으로 귀납할 수 있을 것이다. 일종의 '국제지향의 로컬중심' 영화제라고 할 수 있다.

이러한 상하이국제영화제의 정체성을 나타낼 수 있는 핵심키워드들과 '유형'을 보면 〈그림 2〉와 같다.

최근 상하이국제영화제는 다양한 측면에서 가 일층 국제적인 영화제를 표방하고 있으며, 이에 따라 지역별, 국가별로 다양한 작품들이 신청되고 있다. 필름마켓도 2009년 76개, 2010년 101개, 2011년 124개, 2012년 120개, 2013년 137개에 달하는 각국의 회사들이 참여하여 필름마켓의 활기를 불어넣었다.[43] 나아가 '중국영화프로젝트피칭', '합작프로젝트' 등을 통해 해외네트워크와 시장성을 더욱 넓혀나가고 있다. 물론 상하이국제

---

43) http://www.dushidiangong.com/news_info.asp?id=363

〈그림 2〉 상하이국제영화제의 정체성 지향도

출처: 저자작성

영화제의 지역성과 정체성 등을 파악하기 위해서는 다면적이고 심층적인 분석이 필요하지만 이상의 분석을 통해 볼 때, 상하이국제영화제가 아시아영화제라는 인식, 중국인만을 위한 중국영화제라는 인식을 배제하기 어렵다.

한 국가와 지역은 세계화에 부응하면서도 한편으론 자신만의 문화적 정체성을 유지하려는 이중적 속성을 지닌다. 세계화와 지역화가 공존하는 현실 속에서 '상하이국제영화제의 세계화'도 가능하며 '상하이국제영화제의 지역화' 또한 가능하다. 상하이국제영화제가 때로는 세계화에 대응·거부하기도 하고 때론 융화·수용됨으로써 자기만의 정체성을 확보해 나갈 것이며, 이러한 과정에서 어떠한 문화적 함의를 담은 문화정체성을 유지해 나갈지는 중국의 문화산업 정책과 긴밀한 관련이 있다. 하지만 상하이국제영화제가 국제적 영향력과 영화 담론권을 확보하기 위해서는 다양한 해외 연계 네트워크가 필요하다. 이를 테면, 아시아영화제로서 서구 영화제나 헐리웃 영화산업에 대응하기 위해서는 부산국제영화제, 도쿄영화제, 홍콩영화제 등과 글로컬적인 영화전략을 세울 필요가 있을 것이다. 이를 통해 아시아적 콘텐츠개발, 아시아적 정체성, 아시아 공동의 영화제 등을 키워나갈 수 있을 것이다.

VI. 맺으며

지금까지 '국제영화제와 글로컬적 특징'에 주목하여 상하이국제영화제의 글로컬적 특징과 그것이 보여주는 영화제의 정체성 지향에 대해 살펴보았다. 요약하자면, 상하이 국제영화제의 정체성 지향은 '정부주도-시장추동'형의 모식으로 드러났으며, 구체적으로 '정부정책과 심의', '국제성지향의 로컬중심', '산업중심과 범중화권 확대', '신진발굴과 지원' 등의 요소로 귀납할 수 있었다. 일종의 '국제지향의 로컬중심' 영화제라고 할 수 있을 것이다. 다음 몇 가지를 제시하면서 결론을 맺고자 한다.

상하이국제영화제는 세계적인 영화제를 지향하면서도 중국정부의 영화관련 정책과 구조적 한계와도 맞닥뜨려야했다. 이러한 제도적 환경은 영화제 시스템에 그대로 반영되었고 실제운영에서도 드러났다. 따라서 국제성을 지향하고는 있지만 로컬적 성격이 보다 강하다고 할 수 있다. 상하이국제영화제는 중국 정부의 정책에 따라 집행·운영되기 때문에 지역정체성이 상대적으로 강하고, 이러한 제도적 환경은 국제성을 확보하는 데 한계로 작용할 수 있다. 하지만 상하이국제영화제는 특히 2010년 전후로 '필름마켓', '모바일영화제', '아시아신인상', '중국영화프로젝트피칭', '중국영화채널상', '마스터클래스' 등 다양한 프로그램을 설립함으로써 중국영화의 신인발굴과 신매체와의 연계, 해외영화업체와의 네트워크 등에 신경을 쓰고 있다. 이는 지역정체성을 극복하고 보다 국제적 영향력을 키워나가는 준비과정이라고 볼 수 있을 것이다.

2011년은 4월 제1회 '베이징국제영화제[北京國際電影季]'가 베이징에서 열렸다. 베이징국제영화제는 광전총국, 베이징시정부가 주최한다. 국제성·전문성·첨단화·시장화 등의 기치를 내걸며 아시아 최대의 국제영화교역시장이 되고자 한다. 도시의 성격상 정책적 지원 등 인프라 구축이 상하이보다 상대적으로 수월할지도 모른다. 향후 중국에서는 2개의 A급

국제영화제가 남북에서 경쟁을 가져올 것이다. 베이징영화제의 도래로 상하이국제영화제는 중국 내에서 어떠한 또 다른 해파(海派)적 영화정체성을 구축해 나갈지 경쟁적 고민해보아야 할 것이다.

그러나 무엇보다도 상하이국제영화제가 지니고 있는 '국제성'이란 무엇인가. 베를린·칸·베니스 국제영화제에서부터 아시아의 부산국제영화제, 도쿄국제영화제, 홍콩국제영화제 등과 어떤 '차별화 전략'과 정체성을 지니는가는 상하이국제영화제가 해결해야할 가장 큰 문제일 것이다. 물론 한 국가나 지역에서 개최되는 국제영화제는 규모면에서든 정체성 측면에서든 자신들만의 고유한 지역적 특성과 국제적 특징을 동시에 지닌다. 하지만 상하이국제영화제가 국가의 정책적 제한을 안고 있다할지라도 본인만의 영화적 색깔과 명확한 정체성을 가질 필요가 있다. 그리고 산업적인 전략도 물론 필요하지만 그것만으로는 자신들만의 독특한 정체성을 확립하기는 어렵다. 상하이국제영화제는 산업적인 측면에 비해 예술적인 측면에서 공백이 더 많다. 자신들만이 추구하는 영화 미학적 정체성 찾아내야 할 것이다. 나아가 상하이국제영화제의 본연의 영화비평의식은 무엇이며 중국적인 심미의식이나 영화미학은 무엇인지, 또한 헐리웃 영화의 수요 증가로 인한 영화미학전략은 무엇인지 등에 대한 생존전략을 갖추어나가야 할 것이다.

끝으로 상하이국제영화제의 내용, 교류, 포럼 등의 활동 속에서 중국의 당-국가의 문화전략이 내세운 글로컬 전략이 실제 영화제를 수행하는 과정에서 어떻게 실현(모순, 타협 등) 되었는지, 그리고 영화제 출품작, 수상작 등에 대한 작품, 미학 분석이 가일 층 논의될 때, 상하이국제영화제로서의 글로컬적 속성이 보다 명확해질 것이다.

| 참고문헌 |

리어우판 저, 장동천 역, 『상하이 모던』, 서울: 고려대학교출판부, 2007.

박강미, 「부산국제영화제의 글로컬문화정체성에 관한 연구」, 서울: 한국외국어
대학교 박사학위논문, 2012.

임대근 외, 『20세기 상하이영화: 역사와 해체』, 부산: 산지니, 2010.

임춘성 외, 『상하이영화와 상하이인의 정체성』, 부산: 산지니, 2010.

조나단 프리드만 저, 오창현·차은정 역, 『지구화시대의 문화정체성』, 서울: 도서
출판 당대, 2009.

강내영, 「중국 3대 국내영화제 연구: 금계장(金鷄獎), 백화장(百花獎), 화표장
(華表獎)을 중심으로」, 『중국문학연구』, 제56집, 서울: 한국중문학회,
2014.

_____, 「중국 문화산업 발전역정과 특징 연구: '정부주도형 시장화 발전모델'」,
『중국문학연구』, 제48집, 서울: 한국중문학회, 2014.

김인태, 「부산국제영화제의 글로컬 도시영화 이벤트로서의 정체성 연구」, 서울:
서울대학교 석사학위논문, 2013.

김종국, 「영화제 연구의 경향」, 『커뮤니케이션이론』, 제10권, 서울: 한국언론학
회, 2014.

양동훈, 「중국 상하이 문화관광산업 연구」, 부산: 부경대학교 석사학위논문,
2009.

임춘성, 「이민과 타자화: 상하이 영화를 통해 본 상하이인의 정체성」, 『중국현
대문학』, 제37호, 서울: 중국현대문학학회, 2006.

強熒·焦雨虹, 『上海傳媒發展報告(2012)』, 上海: 社會科學文獻出版社, 2012.

上海市文化廣播電影電視管理局, 『2012上海電影産業報告』, 桂林: 廣西師
範大學出版社, 2013.

劉成傑, 「創新與發展: 上海國際電影節模式研究」, 上海: 上海師範大學碩

士學位論文, 2008.

吳鑫豊, 「國際節展與中國電影的海外傳播研究」, 杭州: 浙江大學博士學位論文, 2013.

王娟, 「上海節慶活動公共認知度研究」, 上海: 華東師範大學碩士學位論文, 2008.

王平, 「第十三屆上海國際電影節金爵論壇述評」, 『當代電影』, 第10期, 北京: 中國電影藝術研究中心·中國傳媒大學, 2010.

尹達, 「上海國際電影節: 全球化·亞洲化·本土化?」, 『第一財經日報』, 第6期, 上海: 上海廣播電視臺·廣州日報報業集團·『北京青年報』, 2007.

尹鴻, 「全球化背景下中國電影的國際化策略」, 『文藝理論與批評』, 第5期, 2005.

鄭麗, 「電影節慶旅遊産品的開發研究: 以上海國際電影節爲例」, 上海: 華東師範大學碩士學位論文, 2008.

周仲謀, 「爲中國電影走向世界搭建橋梁: 第十四屆上海國際電影節」, 『電影新作』, 第4期, 上海: 『電影新作』雜志社, 2011.

朱虹, 「國家廣電總局新聞發言人朱虹就2009年上海電視節·上海國際電影節答記者問」, 『有線電視技術』, 第7期, 北京: 『有線電視技術』雜志社, 2009.

朱曉藝, 「國際電影節推廣策略與中國電影對外文化推廣」, 『文化藝術研究』, 第4期, 杭州: 浙江省文化藝術研究院, 2011.

陳曉達, 「探索新媒介平臺上的電影呈現: 聚焦第十四屆上海國際電影節 '手機電影節'」, 『電影新作』, 第4期, 上海: 『電影新作』雜志社, 2011.

上海國際電影節 http://www.siff.com//information/index.aspx
　　　　http://www.siff.com/shlj/n4/n14/n41/index.html
　　　　Shanghaiguojidianyingjie

공간계량경제학이 전파한
중국 지역연구로의 지식확산
: 네트워크 분석과 글로컬리티 창출

● 문익준 ●

I. 서론

1. 연구 배경

저명한 미래학자인 앨빈 토플러는 그의 저작 『부의 미래』에서 시간, 공간, 심층기반이라는 관점에서 중국을 분석하였다. 그는 '중국은 경제의 심층 기반 중 시간에 관한 관계뿐만 아니라 공간에 대한 관계까지도 바꿀 생각'이라고 하였다. 중국은 개혁개방 이후에 기업전략, 기술, 새로운 문화 등에 대해서 가속화를 추진하고 있다. 예를 들면, 중국은 10년이라는 짧은 기간 동안 이미 세계적인 수준의 발달된 통신 인프라를 구축하였다. 또한 1980년 개혁을 시작으로 1990년대 해외 자본에 대한 문호개방과 2001년 세계무역기구 가입, 수출입 물량의 엄청난 성장을 통해서 공간을 확장시키고 있다. 이와 관련하여 중국은 데이터, 정보, 지식의 창조와 판매 등을 통해서 세계 일류 반열에 올랐고, 세계 제일의 지식 기반 경제를

* 국민대학교 중국학부 조교수.

창조하겠다는 의지를 보이고 있다고 평가하였다.[1)

실제로 중국은 경제성장을 통해서 대외적으로 공간을 확대시키고 있다. 1978년 개혁개방이후 고성장을 기록하면서 중국을 세계 속으로 점차 확대시키고 있다. 중국 시진핑 정부가 야심차게 시도하는 일대일로(一帶一路) 정책과 이를 뒷받침해주고 있는 AIIB(아시아인프라투자은행) 등을 예로 들 수 있다. 일대일로 정책은 신(新) 실크로드 전략이라고도 불리우며, 중앙아시아와 유럽을 연결하는 육상 실크로드와 동남아시아와 유럽, 아프리카를 연결하는 해상 실크로드를 지칭한다. 일대일로의 경제적 목적은 궁극적으로 주변국들의 시장규모 확대이다. 중국 내수시장의 한계를 넘어서 주변국들의 시장 확대를 통해서 거대한 경제권을 구성할 수 있게 된다. 60개국을 연결하는 물류 네트워크를 통해서 무역, 에너지, 금융까지 연결시키는 거대한 프로젝트이다. 일대일로 지원을 위해서 아시아, 유럽, 아프리카, 남미 등의 57개국이 창립회원국으로 참여한 AIIB를 창립하였다. 또한 저우추취 전략(走出去)에 의해서 중국 기업들의 해외진출도 활발해 지고 있다. 중국의 공간 확장은 양적인 측면뿐만 아니라 소프트 파워 측면에서도 발생하고 있다. 중국몽(中國夢)이라는 다소 추상적인 개념아래 제도, 가치, 문화, 정책 등에서 중국의 세계적인 영향력이 확대되고 있다.

중국이 공간적인 측면에서 계속 확장하고 있다는 의미를 우리는 어떻게 해석해야 할까? 단순히 대외적인 공간 확장이 가지는 의미로 국한시켜야 하는가? 수많은 의문들 속에서 중국의 산업축적에 대해서 평가한 저서인 『축적의 시간』에서 언급된 시공간적인 표현을 주목할 필요가 있다. 『축적의 시간』에서는 중국은 '시간'적으로는 근대 산업기술의 경험이 길지 않지만 '공간'적으로 내수시장이 크기 때문에 짧은 시간에 매우 다

---

1) 앨빈 토플러·하이디 토플러, 『부의 미래』, 서울: 청림출판, 2006, 제44장 452~471쪽.

양한 경험을 할 수 있는 장점이 있다고 주장하였다. 최근에는 전 산업 영역에서 축적의 시간적 한계를 공간의 힘으로 극복하는 전략의 결실이 나오고 있다고 평가하였다. 가장 우려되는 시나리오로 중국이 내수시장의 규모를 바탕으로 개념을 스스로 정의하고, 이를 구현한 개념설계도를 제시하는 수준으로 한국보다 훨씬 빠르게 발전하는 것이라고 지적하였다.[2]

물론 중국이 가지고 있는 공간이란 한가지로 의미하기는 매우 어렵다. 대외적인 공간의 확장도 중요하지만, 넓은 국토를 지니고 있는 중국으로서는 국내의 공간 재배치도 매우 중요할 것이다. 본 연구는 공간이 가지고 있는 복합적인 의미들 중에서, 공간의 개념을 재해석하여 주변부에서 점차 주류로 편입한 공간계량경제학을 주목하였다. 이 새로운 학문이 중국 국내에서 소개되고 점차 연구되면서 활용되는 현황과 과정, 원인에 대해서 파악하려고 한다. 따라서 본 연구는 글로컬리티(Glocality)[3]와 지식파급효과라는 관점에서 새로운 학문인 공간계량경제학이 세계화와 현지화를 어떤 방식으로 진행되었으며, 지식파급이 공간적인 확장성을 어떻게 이루었는지를 분석할 것이다.

2. 연구목적

본 연구는 중국 지역연구에 있어서 공간이 가지는 의미를 고찰하고 공간적인 요소를 고려한 통계기법인 공간계량경제방법이 중국 지역연구에서 어떻게 활용되고 있는지를 살펴보려고 한다. 이를 바탕으로 글로컬리티가 중국 국내의 지역연구에서 어떻게 전파되고 응용되었는지를 살펴봄으로써, 지식이 확산되는 경로와 응용에 대해 연구할 것이다.

---

2) 이정동, 『축적의 시간』, 서울: 지식노마드, 2015, 48쪽.
3) Global+Locality가 합성된 신조어인데, 세계화와 현지화를 함께 추구한다는 뜻임. 즉 세계적인 보편성과 지역적인 특수성을 아우르는 개념임.

본 논문은 다음과 같이 구성된다. 서론에 이어 2절에서는 경제학에서 최근 많이 활용되고 있는 공간계량경제 모형의 개념과 발전과정을 설명한다. 제3절에서는 중국 사회주의 개혁개방 과정에서 공간이 가지고 있는 의미를 복합적으로 정리해 본다. 제4절에서는 중국 지역연구에서 공간계량경제 모형의 확산을 글로컬리티 관점에서 네트워크 분석을 통해서 분석한다. 마지막 제5절인 결론에서는 본 연구에서 분석한 사실들을 정리하고 결론내고, 연구의 한계점과 향후 연구과제를 제시한다.

II. 공간계량경제 모형에 대한 회고

1. 시간과 공간

시간과 공간은 매우 제한적인 요소이다. 시공간의 정의와 개념은 고전 철학에서부터 언급되어 왔고 현대 물리학에서도 중요한 개념이다. 고전 물리학에서의 시간과 공간은 서로 독립적이며 물질의 존재로부터 아무 영향을 받지 않는 존재로 해석하고 있다. 이를 절대 시간 또는 절대 공간이라고 한다. 공간은 유클리드 기하로 기술되는 연속적이고 균질적, 등방적인 무한대 3차원 공간이며, 시간은 모든 관측자에게 똑같이 나타나는 무한히 연속된 시간이다. 물론 아인슈타인의 상대성 이론에서는 이러한 시간과 공간의 내념을 다른 개념으로 인식한다. "공간과 시간이 필연적으로 분리된 존재가 아니며 물리적 실재의 실질적인 대상으로부터 독립적이지 않다는 것을 증명하고 싶었다. 물리적 객체는 공간에 있지 않고 단지 공간적으로 퍼져 있는 것이다."라고 언급하였다.[4]

---

4) 알베르트 아인슈타인 저, 장헌영 역,『상대성 이론: 특수 상대성 이론과 일반 상대성 이론』, 서울: 지식을 만드는 지식, 2012, 서문.

시간에 대한 이해를 위해 오랫동안 철학자와 과학자들이 고민하여 왔다. 그러나 시간의 의미에 대한 폭넓은 시각이 존재하기 때문에 논쟁의 여지가 없는 명확한 시간의 정의를 내리기는 어렵다. 단지 산업혁명이후에 시간의 측정이 기술적으로 가능해 지면서 시간이라는 개념에 많은 변화를 가져오게 된다. 객관적인 시간의 측정과 정확성은 자본과 연결되는 문제가 되었고, 개인과 사회, 국가가 어떻게 시간을 활용하는지가 경쟁력의 핵심이 되기 시작한 것이다.

아이슈타인의 특수상대성 이론에 의하면, 빛의 속도가 관측자의 상태에 상관없이 항상 같다는 사실에 기반하여 고전역학적 시간과 공간의 개념을 뒤바꾸어 놓게 된다. 시간은 속도와 움직임이 다른 개체들에게 모두 다르게 흘러가며 누구에게나 동일하게 흘러가는 시계란 처음부터 존재하지 않게 된 것이다. 흔히 기차안의 시간은 기차 밖의 시간보다 느리게 가게 되는 것이다.

계량경제학에서는 시간의 개념을 도입하여 시계열 분석(Time Series Analysis)이 급속하게 발전하게 된다. 시계열은 일정시간의 가격으로 배치된 데이터들의 수열을 의미하는 것으로 시간을 쪼개서 일별, 주별, 월별, 분기별, 연도별로 분석한다. 주로 금융 시장에서의 주가예측, 유가변동사항 또는 거시경제변수들을 분석하는 데에 많이 사용된다.

공간은 많은 학자들에 의해서 연구되어 온 대상으로 일괄적인 정의는 매우 어렵다. 공간학은 철학, 인식론, 생태학, 지정학, 시스템 분석, 인류학, 민속학 등 다양한 방식으로 스스로의 입지를 모색해 오고 있다. 많은 학문에서 공간의 개념을 도입하여 연구를 진행하였는데, 공간사회학도 그 중의 한 예이다. 공간사회학에서도 공간을 중요한 주제로 다루고 있다. 그러나, 앙리 르페브르는 공간에 대한 인식이 기술과 파편화 사이에서 우왕좌왕하기 때문에, 잠재적인 학문으로서의 공간학이 학문에 아직 완전히 도달하지 못했다고 판단하였다.[5]

앙리 르페브르는 『공간의 생산』이란 책에서 공간적인 것이 시간적인 것보다 우세하다고 결론지었다. 공간은 역사의 산물로서 물질과 돈, 시간-공간의 계획이 서로 만나는 곳이다. 시간은 공간 안에 새겨졌고, 공간-자연은 시간-자연의 서정적이고 비극적인 글쓰기에 지나지 않았다. 시간은 현대성의 사회적 공간에서는 자취를 감춰 버린다. 경제적 공간은 시간을 종속시키며, 정치적 공간은 시간을 위협적이고 위험한 것으로 간주하여 추방해 버린다는 것이다.6)

계량경제학에서는 시간과 공간을 포함하는 방법이 지속적으로 연구되어 왔다. 시간의 흐름을 포함하는 방법인 시계열 분석(Time Series Analysis)과 특정한 시간을 고정시키고 설명하는 횡단면 자료(Cross-Sectional Data)를 이용한 연구가 모두 시간을 고려하였다. 그러나, 엄청난 발전을 보인 시계열 분석에 비해서는, 그 동안 공간 개념을 활용하는 연구는 많이 도외시되었다.

2. 공간계량경제 모형

공간을 연구대상으로 삼는 지역학이나 도시경제학에서는 이미 오래전부터 공간의 위치, 상호작용, 공간구조 등에 대해서 관심을 기울여 왔다. 그러나, 공간의 영향(Spatial effects)에 관한 연구는 사회과학분야에서도 상대적으로 주목을 받지 못했다.7)

Anselin(2010)에 따르면, 1979년이 공간계량경제학의 역사적인 시작점이라고 주장했다. Paelinck and Klaassen(1979)의 Spatial econometrics이

5) 앙리 르페브로 저, 양영란 옮김, 『공간의 생산』, 서울: 에코리브르, 159쪽.
6) 앙리 르페브로 저, 양영란 옮김, 앞의 책, 165쪽.
7) Anselin, "Thirty year of spatial econometrics", *Papers in Regional Science*, Vol.89, No.1, March 2010, pp.3.

출간되면서 처음으로 새로운 개념을 제시하였다. Jean Paelinck가 1970년대에 Klaassen과 같이 제시한 5가지 이슈는 다음과 같다. 1) 공간모형에서의 공간적인 의존성 역할 2) 공간 관계에서 비대칭성 3) 다른 공간에서 위치한 설명변수들의 중요성 4) 사후적(ex post) 또는 사전적인(ex ante) 상호작용(interaction)에서의 차이점 5) 공간의 구체적인 모델링. 처음으로 공간계량 경제학이라는 용어를 제안하면서 지역학에서의 공간의 영향에 의한 모델설정이나 추정에서 야기되는 문제들의 심각성을 인식하게 되었다.[8]

더구나 Bartels and Ketellapper(1979)의 『Exploratory and explanatory analysis of spatial data』와 Bennett(1979)의 『Spatial time series』와 같은 책들이 출간되면서 공간과 시공간 자료들의 중요성을 부각시켰다. Hordijk(1979)도 계량경제학에서 발생하는 공간적인 문제들을 지적하였다.

현대 공간계량학을 주류로 편입시키게 되는 선구자는 바로 Anselin(1988a)이다. 그는 공간계량분석을 '지역학 모델의 통계적 분석에 있어서 공간에 의해 야기되는 특수성을 다루려는 기법들에 관한 학문'으로 정의하고 있다. 그의 저서에서 전통적인 선형모델의 한계를 극복하는 다양한 공간계량모델을 제시하면서 지역학과 경제학에게 큰 영향을 미치기 시작하였다. 이후로 공간계량분석 방법에 관한 많은 연구들이 진행되면서 이와 관련된 논문, 통계 프로그램등도 계속 소개되고 있다. 이후에 저명한 경제학자인 Krugman(1991)이 신경제지리(new economic geography)에 대해서 논의하기 시작하면서 공간의 영향에 대한 관심이 주류 경제학에서도 퍼지기 시작하였다.[9]

공간계량경제에서 다루는 핵심 문제는 바로 공간효과 때문이었다.

8) Paelinck and Klaassen, *Spatial econometrics*, Farnborough: Saxon House, 1979, pp.5-11.
9) Krugman, P.R, *Geography and Trade,* Cambridge: MITPress, 1991.

공간효과는 다시 공간의존성(Spatial Dependence)과 공간이질성(Spatial Heterogeneity)으로 분류할 수 있다. LeSage(1999)에 의하면, 공간의존성(Spatial Dependence)의 발생원인을 2가지로 제시하였다. 첫째 원인은 자료 수집의 공간단위 때문에 발생한다고 주장하였다. 연구자가 사용하는 지역 단위는 행정구역 또는 경도-위도 좌표로 구성되는데, 이러한 지역간 구분이 수행할 연구의 바람직한 구분 단위인지는 확실하지가 않다. 따라서 수집된 자료의 지역간 단위가 수집된 지역과 일치하는 않은 경우에 발생한다. 둘째 원인은 인구사회학적인 요인이다. 인간의 행위가 특정 공간에 고정된 것이 아니라 여러 공간들을 이동하면서 이루어지고 있기 때문이다. 공간이질성(Spatial Heterogeneity)은 공간이 종속변수의 결정에 미치는 영향이 균일하지 않다는 것을 뜻하며, 중심지와 배후지의 존재, 선도 및 낙후 지역의 존재 등을 들 수 있다.[10]

그리하여 공간계량모형에서는 바로 공간의존성(Spatial Dependence)과 공간이질성(Spatial Heterogeneity)의 문제를 해결하기 위한 방법들을 제시하고 있다. 그 중의 하나가 바로 공간 가중치 행렬(Spatial Weighted Matrix)를 이용하는 방법이다.[11]

공간계량경제학의 주요 4요소는 바로 ① 모델 사양(Model Specification) ② 추정(Estimation) ③ 검증(Specification testing) ④ 공간예측(Spatial Prediction)이다. ① 모델 사양(Model Specification)은 공간 이질성이 이산형(discrete) 또는 연속형(continuous)인지를 판단한다. ② 추정(Estimation)은 판단된 공간 이질성의 특징에 따라 알맞은 분석방법을 선택한다. ③ 검증(Specification testing)은 일반 계량모델에서 공간효과가 있는 지

10) 이성우, 『공간계량모형응용』, 서울: 박영사, 2006, 172-173쪽; LeSage, *Spatial econometrics, The Web Book of Regional Science*, Regional Research Institute, Morgantown, WV: West Virginia University, 1999.

11) 이성우, 앞의 책, 172-173쪽.

를 측정하는 검증방법이다. 대표적인 예로 Moran's I가 있다. 공간자기상
관을 측정하는 척도로 인접해 있는 공간 단위들이 갖는 값을 비교하여
산출하게 된다. ④ 공간예측(Spatial Prediction)은 비교적 덜 주목받는 분
야인데 지구통계학(Geostatistics)에서 많이 실행되고 있다.[12]

실제로 2009년 구글 검색자료로 의하면 공간계량경제학(Spatial
Econometrics)이 949,000페이지가 검색되는 것에 비해 공간통계학(spatial
statistics)은 26,400,000번, 계량경제학 3,960,000번, 미시계량경제학(micro
econometrics) 494,000번, 패널 계량경제학 755,000번이 검색되었다.[13]
결론적으로 공간효과(spatial effects)는 더 이상 낯설은 주제가 아니며 이
미 계량경제학의 한 분야로 자리 잡게 되었다.

3. 공간계량경제 모형의 발전 단계

1978년 이후로 공간계량경제학의 발전 3단계를 요약해 보면 다음과 같
다. 먼저 1단계는 성장을 위한 도입기로 1970년 중반부터 1980년대 후반
까지의 기간을 지칭한다. 새로운 움직임은 바로 지리학과 지역과학 및 도
시경제학에서 일어났다. 지리학에서 정량적인(Quantitative) 분석이 시도
되었고, 지역과학이나 도시경제학에서는 기존의 모델에 공간효과를 반영
시키려고 노력하였다. 1단계에서 공간자기상관을 측정하는 테스트, 공간
모델의 종류, 기본적인 회귀분석 방법, 차별적인 모델과 구체적인 테스
트, 그리고 시공간(space-time) 모델 등에 많은 관심이 집중되었다. 공간
자기상관을 측정하는 대표적인 테스트는 주로 Moran's I 계수이며, 이를
시작으로 후에 공간효과를 측정하는 많은 테스트들이 개발되었다.[14] 공

12) Anselin, *Ibid.*, pp.6-7.
13) Anselin, *Ibid.*, pp.7.

간오차모형(SEM, Spatial Error Model)과 공간시차모형(SAR, Spatial Lag Model)와 같은 기본적인 공간모델도 Ord(1975)에 의해서 처음으로 소개되었으며 Cliff and Ord(1981)에 의해서 보편화되었다. MLE, IV, 베이지안 분석과 같은 방법도 소개되었다.[15)]

〈표 1〉 공간계량학경제의 발전단계

도입기 (1단계)	특징	- 1970~1980년대를 지칭 - 지리학에서 정량적인(Quantitative) 분석이 시도되었고, 지역과학이나 도시경제학에서는 기존의 모델에 공간효과를 반영 - 공간자기상관을 측정하는 테스트, 공간 모델의 종류, 기본적인 회귀분석 방법, 차별적인 모델과 구체적인 테스트, 그리고 시공간(space-time) 모델 - Moran's I 계수, 공간오차모형(SEM), 공간시차모형(SAR)와 같은 기본적인 공간모델이 소개 - 주로 유럽의 연구자들이 많은 기여를 함.(경제학과 계량경제학을 배경으로 하는 네덜란드의 학자들이 중심)
	주요 논문들	Cliff and Ord(1973), Paelinck and Klaassen(1979), Anselin(1980,1988), Cliff and Ord(1981) Griffith(1988,1990)
성장기 (2단계)	특징	- 1990년대를 지칭 - 네덜란드 지역 연구자들, 공간회귀모델로 관심을 돌린 지리학자들, 미국의 응용경제학자들 등이 참여하기 시작 - 특히 발전경제학, 도시경제학, 재정학, 부동산 경제, 노동 경제학 등에 적용시키는 응용경제학자들 중심으로 공간계량모형이 응용되기 시작 - SpaceStat, S+SpatialStats, Matlab 툴박스 등의 소프트웨어의 비약적인 발전
	주요 논문들	Getis(1990), Tiefelsdorf and Boots(1995), Fotheringham et al.(1998), Can(1992), Florax(1992), Anselin and Rey(1991), Kelejian and Prucha(1998, 1999), Conley(1999)
성숙기 (3단계)	특징	- 2000년 이후 - 공간계량경제학협회 창설, 많은 텍스트북 출간, 저명한 이론 계량경제학자들의 연구 참여등으로 주류로 편입 - 특히 저명한 계량경제 이론경제학자들이 공간계량경제학과 관련된 이슈들을 연구하기 시작 - 1,2단계에서 보이던 매우 혁신적이며 참신하고 새로운 주제들이 소개되었다기보다는 이 주제들이 이론적으로 확립되면서 정리되는 시기 - 공간패널모델, 공간잠재변수 모델, 기원지-목적지 모델과 같은 새로운 모델들이 연구
	주요 논문들	Arbia(2006), LeSage and Pace(2009), Anselin et al. (2004a); Getis et al.(2004); LeSage and Pace(2004), Arbia and Baltagi(2009), Baltagi(2001), Lee(2002)

출처 : Anselin(2010)와 본문내용 등을 기초로 저자 정리

----

14) Cliff A, Ord JK, "Testing for spatial autocorrelation among regression residuals", *Geographical Analysis*, 1972.

15) Anselin, *op. cit.*, pp.10-13.

이 기간 동안에는 유럽의 연구자들이 많은 기여를 하였는데, 특히 경제학과 계량경제학을 배경으로 하는 Paelinck, Klassen, Hordijk, Brandsma, Bartels, Blommestein, Folmer 등의 네덜란드 학자들이 뛰어난 활약을 하였다. 반면에 미국과 유럽에서는 전통지리학을 배경으로 하는 Bennett, Bivand, Cliff, Fingleton, Haining, Hepple, Marin와 같은 학자들에 의해서 많은 연구를 하였다. 미국에서는 수학을 배경으로 하는 사회 네트워크 분석에 관한 소모임이 존재하였지만, 유럽과 비교해서는 상대적으로 경제학자들은 전무하였다.[16]

2단계는 성장기로 1990년대를 지칭한다. 이 단계에서는 네덜란드 지역연구자들[17], 공간회귀모델로 관심을 돌린 지리학자들[18], 새로운 세대들[19] 등이 참여하기 시작하면서 연구의 폭은 더욱 넓어진다. 그러나, 역시 가장 큰 기여를 한 연구그룹은 바로 미국의 경제학자들이다. 이론경제학자들보다는 주로 발전경제학, 도시경제학, 재정학, 부동산 경제, 노동경제학 등을 연구하는 응용경제학자들 중심으로 공간계량모형이 응용되기 시작한다. 또한 계량학자들이 보다 정확한 분석방법을 연구하면서

---

16) Anselin, *op. cit.*, pp.10-13.

17) Rietveld Rietveld P and Wintershoven P, "Border effect and spatial autocorrelation in the supply of network infrastructure" *Papers in Regional Science*, 1998.

18) Getis A, "Screening for spatial dependence in regression analysis", *Papers in Regional Science*, 1990; Tiefelsdorf M, Boots B, "The exact distribution of Moran's I", *Environment and Planning A*, 1995; Fotheringham AS and Brundson C and Charlton M, "Geographically weighted regression: A natural evolution of the expansion method for spatial data analysis", *Environment and Planning A*, 1998.

19) Can A, "Specification and estimation of hedonic housing price models", *Regional Science and Urban Economics*, 1992; Florax R, Folmer H, "Specification and estimation of spatial linear regression models: Monte Carlo evaluation of pre-test estimators", *Regional Science and Urban Economics,* 1992; Anselin L, Rey SJ, *Properties of tests for spatial dependence in linear regression models*, Geographical Analysis, 1991.

GMM 방법 등이 소개된다.[20] 이 기간 동안 다양한 분석방법과 검증 테스트 등이 소개되면서 많은 발전을 하게 된다. 무엇보다 많은 발전을 한 부분은 SpaceStat, S+SpatialStats, Matlab 툴박스 등등의 관련된 소프트웨어 부문이다. 이러한 많은 발전을 토대로 90년대 후반에서는 기존의 많은 응용계량경제학 학술지에서도 공간계량과 관련된 논문들을 많이 받아들이고 출판하게 된다.[21]

3단계는 성숙기를 지칭하며 주류로 편입되는 시기인 2000년 이후를 지칭한다. 공간계량경제학이 주류로 편입했다고 보는 근거는 공간계량경제학협회 창설, 많은 텍스트북 출간, 저명한 이론 계량경제학자들의 연구 참여 등이다. 많은 학술지에서 특별판 등으로 공간계량경제학을 다루기 시작하고 2006년에는 정식으로 공간계량경제학협회(Spatial Econometrics Association)도 조직된다. 공간계량경제학과 관련된 많은 텍스트북들도 출간하게 된다.[22] 또한 이 시기에는 저명한 계량경제 이론경제학자들이 공간계량경제학과 관련된 이슈들을 연구하기 시작하면서 검증 테스트나

20) Kelejian HH, Prucha I, "A generalized spatial two stage least squares procedures for estimating a spatial autoregressive model with autoregressive disturbances", *Journal of Real Estate Finance and Economics*, 1998; Kelejian HH, Prucha I, "A generalized moments estimator for the autoregressive parameter in a spatial model", *International Economic Review*, 1999; Conley TG, "GMM estimation with cross-sectional dependence", *Journal of Econometrics*, 1999.

21) Anselin, *op. cit.*, pp.13-15.

22) Arbia G, *Spatial econometrics: Statistical foundations and applications to regional convergence*, Berlin: Springer Verlag, 2006; LeSage JP, Pace RK, *Introduction to spatial econometrics*, Boca Raton, FL: CRC Press, 2009; Anselin L, Florax R J, Rey S J, *Advances in spatial econometrics : Methodology tool sand applications*, Berlin: Springer Verlag, 2004. ; Getis A, Mur J, Zoller HG, *Spatial econometrics and spatial statistics*, London: Palgrave Macmillan, 2004; LeSage JP, Pace RK, "Advances in econometrics: Spatial and spatio-temporal econometrics", *Elsevier Science*, Oxford, 2004; Arbia G, Baltagi BH, *Spatial econometrics: Methods and applications*, Heidelberg: Physica-Verlag, 2009.

회귀분석방법에 대한 새로운 관점들을 제시하게 된다.[23] 3단계에서는 1,2단계에서 보이던 매우 혁신적이며 참신하고 새로운 주제들이 소개되었다기보다는 이 주제들이 이론적으로 확립되면서 정리되는 시기라고 할 수 있다. 그럼에도 불구하고 공간패널모델(spatial panel models), 공간잠재변수 모델(spatial latent model), 기원지-목적지 모델(origin-destination flow model)과 같은 새로운 모델들이 연구되었다. 중국 국내에서 공간계량경제학이 소개되고 본격적으로 전파되는 시기는 바로 이 3단계인 성숙기였다.[24]

Ⅲ. 중국과 공간

본 절에서는 중국내에서 공간이 가지는 의미를 먼저 공간사회학의 관점에서 살펴보고, 이를 토대로 공간의 확장이 중국의 경제정책에서 어떻게 진행되었는지를 정리하겠다.

1. 공간과 사회주의 : 공간사회학

중국은 기본적으로 중국 특색의 사회주의를 표방하는 나라이다. 사회주의와 공간은 밀접한 관계로 많은 연구가 존재하였다. 특히 공간사회학은 주로 공간과 사회주의를 연구했던 분야이다. 사회학에서 공간의 취급과 관련하여 앙리 르페브르는 소비에트식 모델과 중국식 모델을 비교분

---

23) Baltagi BH, *A companion to theoretical econometric*, Oxford: Blackwell, 2001. ; Lee L.F., "Consistency and efficiency of least squares estimation for mixed regressive, spatial autoregressive models", *Econometric Theory*, 2002.

24) Anselin, *op. cit.*, pp.15-16.

석하였다. 소비에트식 모델은 자발적으로 대기업이나 대도시 등 강력한 곳에 특혜적인 지위를 부여함으로써 빠른 성장을 추구하였다. 그 결과, 다른 지역들은 중심에 비해서 수동적인 주변적인 상태로 남게 되었다. 이러한 모델은 강한 지역은 점점 더 강해지고, 약한 지역은 점점 더 약해지는 것이다. 현상유지와 후퇴를 감수해야 하는 주변공간은 점점 더 억압당하고 통제받으면서 착취되었다. 이와 반대로 중국식 모델은 인민과 전체 공간을 다른 사회로 이끌어 가려는 고심의 표현이라고 정의하였다. 이러한 고민에서 부의 생산, 경제 성장뿐만 아니라 사회적 관계의 발전과 성숙, 공간 안에서의 다양한 재화의 생산, 점점 더 전유되어가는 사회적 공간 전체의 생산 등 수많은 과정을 통해서 실현된다고 하였다. 강한 지역과 약한 지역 사이의 분리는 와해되고 불평등한 발전은 사라지거나 사라지는 경향을 보인다. 이러한 전략은 농업도시, 중소규모 도시, 가장 작은 단위에서부터 가장 큰 단위에 이르기까지 모든 생산단위에 기대를 건다는 것을 전제로 삼고 있는 것이다.[25]

이와 같이 중국의 사회주의는 이러한 기본적인 생산단위를 중요시함으로써 중국식 노선을 발전시켜왔는데, 1978년 개혁개방이후 기본 생산단위가 단위에서 사구로 변하게 된다. 단위가 가진 공간적인 개념에 변화가 찾아온 것이다. 김인(2014)은 단위(單位)[26]와 사구(社區)[27] 중심으로 중국 도시 공간의 재구성과 지배구조 변화를 분석하였다. 개혁개방정책 이후 단위가 해체되면서 대체할 수 있는 정책수행 도구로 사구를 새롭게

25) 앙리 르페브르 저, 양영란 옮김, 앞의 책, 589-590쪽.
26) 단위는 원래 회계계산의 기준이 되는 개별 직장을 가리키는 말로 기업단위, 사업단위, 국가기관 단위 등으로 나뉨, 성균중국연구소, 2014, 246쪽.
27) 사구는 커뮤니티(Community)의 번역어로 예전부터 존재했음. 개혁개방이후인 1980년 중반부터 주민에 대한 행정복지서비스 제공이라는 차원에서 사구건설이 추진되면서 일반적으로 쓰이는 용어로 보편화됨, 박철현, 2015, 134쪽.

구성하였다는 것이다. 도시관리체제의 사구를 국가 권력의 침투와 관리를 수행할 새로운 통로로 활용함으로써 사회 기층관리 정당성을 확보한 것이다. 단위해체에서 발생한 국가와 사회의 분리현상을 기층 권력 기제의 재구성으로 해석하였다.[28]

단위와 사구 변화라는 관점에서 박철현(2015)은 개혁기 중국의 도시변화를 공간생산(지식)의 관점에서 연구하였다. 상하이 푸동지역 개발을 국가적 차원에서 수행된 하나의 공간생산의 과정으로 파악하고 그 과정에서 공간생산에 관련된 지식에 주목하였다. 공간생산 지식이 중국 국내외의 지식네트워크에 의해서 투사되고 교류되는 양상을 분석하고 구축된 사회관리체제와 정부 역할의 변화를 분석하였다. 공간생산을 국가와 자본이 주도하는 물리적 환경의 생산으로 보고 그 과정에서 사회 내 여러 집단들이 기존에 가지고 있던 이해관계의 변화와 조정이 수반된다고 해석하였다.[29]

상하이 푸동지역 뿐만 아니라 박철현(2015)은 이러한 관점에서 톄시구의 국유기업 개혁도 주목하였다. 산업구조조정과 기업소유권개혁을 목표로 진행된 톄시구의 국유기업 개혁이 공간(Space)을 매개로 진행되었다고 주장하였다. 당시 국유기업 개혁을 추진한 톄시구 정부는 공장이 있던 장소에서 산업구조조정과 기업소유권개혁을 진행했던 것이 아니라 선양 경제기술개발구라는 경제개발지구를 톄시구 옆에 확정하고 기존의 톄시구에 있던 국유기업들을 이전시켜 기존 기업부지의 토지사용권을 매각하여 대량의 자금을 확보하였다. 즉 국유기업의 공간이전을 통해서 상대적으로 수익이 떨어지는 업종을 민영화(privatization)시키고 소수의 기업만

---

28) 김인, 「중국 도시 공간 재구성과 지배구조 변화: 단위와 사구변화를 중심으로」, 중소연구, 제38권 제1호, 2014 봄, 121~138쪽.
29) 박철현, 「중국 개혁기 사회관리체제 구축과 지방정부의 역할 변화: 1990년대 상하이 푸동개발의 공간생산과 지식」, 『공간과 사회』, 제25권 2호(통권52호), 2015, 115-152쪽.

을 국가가 보유하였다는 것이다. 이러한 공간생산(production of space)의 방식을 통한 국가주도의 국유기업 개혁은 토지소유권을 지방정부가 보유하고 있다는 사실이 전제될 때에 비로소 가능하다고 주장하였다.[30]

2. 공간의 확장 : 1978년 개혁개방 정책

중국 사회주의의 공간은 생산단위뿐만 아니라 작은 단위에서부터 큰 단위로 확장하게 된다. 중국의 개혁개방은 11기 3중전회[31]에서 시작되었다. 전체 시스템을 전환하는 급진적인 방법보다는 부분적으로 새로운 방식을 도입하는 점진적인 방법을 선택하였다. 중국의 개혁개방정책을 공간의 확장이라는 측면에서 살펴보면, 지역발전 전략과 단계적 발전전략이다. 지역적으로 동부연해 지역을 우선적으로 개방하려하는 원칙하에 시장경제 체제를 구축하고, 단계적으로 발전시켰다. 남쪽에서 북쪽으로, 동쪽에서 서쪽으로, 연해에서 내륙지역으로 점차 공간적으로 확대되었다.

개혁개방정책의 시작은 점-선-면 전략을 통해서 개방체제로 이행하는 지역을 점차 확대하였다. 1단계인 점 개방은 주로 1979-1984년까지의 기간동안 실시된 경제특구를 상징한다. 1980년 8월 26일에 광둥성 경제특구 조례에서 의해서 선쩐, 주하이, 산터우를 경제특구로 지정하고 샤먼경제특구조례에 의해서 푸젠성의 샤먼을 경제특구로 지정하였다. 남쪽의 광둥성과 푸젠성을 경제특구로 지정한 이유는 주변의 홍콩, 마카오, 대만을 우선 고려한 지정학적 요인과 개혁개방이 실패할 가능성에 대비하여 중앙정부와 가장 멀리 떨어진 지역을 선택한 정치적인 요인 때문이다. 2

30) 박철현, 「중국의 사회 변화, 도시 변화를 봐야 한다」, 프레시안 차이나 프리즘, 2014.
31) 중국공산당 제11기 중앙위원회 3차 전체회의.

단계인 선 개방은 1984-1987년에 실시된 14개 연안도시와 연해개방구를 의미한다. 4대 경제특구의 성공으로 인해서 1984년에는 14개(상하이, 광저우, 다롄, 진황도, 톈진, 옌타이, 칭다오, 연운항, 난통, 닝보, 원저우, 푸저우, 진장, 베이하이)의 연해도시로 개방을 확대하기 시작한다. 1985년 2월에는 연해개방도시를 중심으로 연해개방구(수저우, 우시, 창저우, 장저우, 췐저우, 선전, 포산, 장먼 등)가 조성된다. 3간계인 면 개방은 1988~1991년에 실시된 경제개방구를 지칭한다. 1988년 4월에 개방지역을 동부 연안지방 전체로 확대할 것으로 발표하면서, 점차 연해해서 내륙으로 확대되기 시작하였다. 연해지역발전전략에 의해서 광둥성, 푸젠성전 지역과 요녕반도와 산둥반도 지역을 경제개방구로 정하고 하이난다오를 성으로 승격시켜 전 지역을 경제특구로 지정한다. 1991년에 국경도시개방(13개)을 발표하고 10월에는 '4연 개방'(기존의 동부연해 지방 개방심화, 상하이부터 충칭까지의 장강유역 개방, 리엔위강에서 란저우, 우루무치에 이르는 유라시아 대륙종단철도에 따른 개방, 13개 국경도시 개방)이라는 전방위 개방정책을 발표하면서 중국의 개혁개방 정책은 전면적인 개방 단계에 이르게 된다.[32) 그리고 이러한 점-선-면이라는 실험정책과 공간의 확장이라는 정책의 일관성은 지금까지도 유지되고 있다.

3. 자유무역시범구

위에서 서술한 공간의 확장과 개혁개방정책은 지금까지도 정책의 일관성을 유지하고 있다. 현재 제2의 개혁개방 선도모델로 평가받는 자유무역시범구 정책을 살펴보자. 현재 중국 정부는 총 11개의 자유무역시범구를 운영하고 있다. 2013년 9월에 최초로 설립된 중국 상하이 자유무역시

---

32) 유희문외, 『현대중국경제』, 교보문고, 2003, 420~425쪽.

범구는 금융제도, 외국인 투자 영역, 무역정책 등 주요 무역투자 인프라를 국제수준으로 제고하려는 목적에서 설립되었다. 2년 후인 2015년 4월에 상하이 자유무역시범구의 성과를 확대하기 위해서 광둥, 텐진, 푸젠 등의 3대 시범구를 추가 조성하였다. 이들 3개 지역들 중에서 광둥성은 홍콩과 마카오, 푸젠성은 대만, 텐진은 실크로드 경제벨트와 연동을 목적으로 한다. 자유무역시범구의 확대 조치는 지속적으로 실시되어 중국 정부는 20개 이상의 성에서 자유무역시범구 신청을 받았다.

1년 후인 2016년 9월에 3번째로 랴오닝, 쓰촨, 충칭, 저장, 허난, 후베이, 산시의 7대 지역을 자유무역시범구로 지정하였다. 새로 설정된 7대 지역은 연안보다는 내륙도시 위주로 선정되었다. 과거의 상하이, 광둥, 텐진, 푸젠 등이 종합적인 시범개혁의 성격이었다면, 3차로 선정된 7대 지역은 각기 다른 지역적인 특색이 가미된 특징을 가지고 있다.

랴오닝 성은 동북 옛 공업기지의 경쟁력과 대외개방수준을 제고하는 데에 목적으로 하고 있다. 핵심인 다롄 자유무역시범구는 싱가포르 항구를 벤치마킹하여 투자, 무역, 금융, 창업 등을 중심으로 동북경제 요지의 역할을 수행하기를 기대하고 있다. 쓰촨 성은 서부지역 관문도시로 내륙개방형 경제중심지로 조성되었다. 서부대개발, 일대일로 전략과 연결하여 서비스무역자유화 시범구역, 창업육성지역 등의 종합 개혁구역으로 자리 잡을 것이다. 특히 청두의 톈푸 고신구는 국가급 개발지역으로 향후 창업, 혁신과 관련하여 매우 중요한 역할을 수행할 것이다. 충칭시도 서부지역의 관문도시로 일대일로, 장강 경제권을 중심으로 동부와 서부를 연결하고 남부와 북부를 이어주는 중요한 허브지역이다. 저장성은 저우산 자유무역시범구 중심으로 벌크화물자유무역구로 발전시키려 한다. 허난성은 종합물류허브 서비스를 목표로 하고 있으며, 정저우 지역, 카이펑 구역, 뤄양 지역의 3개 지역이 각기 다른 역할을 할 것으로 보인다. 정저우 지역은 전자상거래 등을 중심으로 하는 물류허브, 카이펑 지역은 문화산업 중심으로, 뤄양 지역은 신재료, 스마트설비제조 등의 2,3차 산업을 중심으로 한다. 후베이 지역은 중부굴기 전략과 창장경제벨트전략과 결부하여 발전하여 전략적 신흥산업 및 첨단기술 산업기지 건설에 집중할 것이다. 산시성은 서부대개발과 일대일로와 융합하여 내륙형 개혁개방의 새로운 중심지를 구축할 것이다.[33]

자유무역시범구 정책도 초기의 개혁개방 정책처럼 1개, 3개, 7개로 점차 확대되면서 증가하고 있다. 그러나, 초기의 개혁개방 정책이 성공적인 결과를 토대로 점차 확대된 반면에, 자유무역시범구는 성공된 결과를 토대로 확대된 것이라고 보기는 어렵다. 이외에도 많은 역효과 또는 우려가 제기된다. 예를 들면, 상하이 자유무역시범구는 금융허브 지위를 활용하여 역외금융 관련 개혁조치가 실시되었으나, 다른 지역에서는 자유무역시범구 정책의 반대 효과가 나올 가능성도 있다. 현재로서 자유무역시범구 정책이 성공이었다고 판단하기에는 다소 이르다.

IV. 중국내 지역연구에서의 공간계량모형 확산

본 절에서는 공간계량경제학 모델이 중국 국내에서 어떤 경로로 확산되었고, 주요 연구자 등을 분석할 것이다.

1. 중국 국내로의 확산

앞서 공간계량경제학이 전 세계적으로 어떻게 보편화되었지를 살펴보았다면, 이번 절에서는 공간계량경제학이 중국 국내에서 어떤 방식으로

---

33) 자유무역시범구 홈페이지 참고.

발전하게 되었는 지를 정리해 볼 것이다.

공간계량경제학을 응용한 중국 국내 연구들이 증가하면서 해외의 공간계량경제학을 정리하고 현황, 향후 발전등을 소개하는 논문들도 있다. 張可雲과 楊孟禹(2016)은 『산업평론』의 특별기고편에서 공간계량경제학의 흐름을 회고하고 발전 등을 정리하였다. 공간계량경제학의 응용은 매우 광범위하지만, 최근에는 기존의 중력모형에 접목시켜 무역, 물류, 인구이동, 상품이동, 네트워크분석 등에 응용되었다. 특히 중국 국내에서는 복잡한 지형이 물류네트워크에 미치는 영향, 호구정책변화, 고속철도가 미치는 영향 등에 대한 연구가 활발하다고 분석하였다. 마지막으로, 중국이 개혁정책과 지역경제발전이라는 관점에서 시장경제체제를 완벽하게 하여 정보나 금융유통이 투명하게 이루어진다면, 공간상호의존성이 중국경제에서 중요한 역할을 할 것이라고 주장하였다.

중국 국내연구에 공간계량경제학이 확산된 이유는 다음과 같이 유추해 볼 수 있다. 먼저 앞에서 서술한 바와 같이, 중국에서 공간이 가지는 개념은 무척 중요하다. 또한 개혁개방이 실시되면서 점-선-면 전략에 의해서, 개혁개방에서의 지역적 차이가 발생한 것이다. 개혁개방이 공간적인 순서를 두고 진행되었기 때문에, 중국의 3개 격차인 계층 격차, 도시-농촌 격차, 지역간(내륙-연해지역) 격차가 발생해 버렸다. 결국 공간으로 발생한 문제를 해결하기 위해서 공간에 대한 연구가 중요하게 된 것이다. 현재의 중국이 가지고 있는 3대 격차는 공간적 이질성(Spatial Heterogeneity)이라는 가정으로 해석해 버리면 된다. 이를 해결하기 위해서 중국 정부는 인간 중심의 신형 도시화 정책을 새롭게 실시하고 있다. 따라서 신형도시화 정책이 가져올 지식파급효과가 중요하게 된 것이다. 즉 공간적 의존성(Spatial Dependence)을 해석하고 예측하는 연구에 따라 정책의 파급력이 달라지게 된다.

이외에도 공간계량경제학은 중국에서 지역경제를 분석하는 데에 폭넓게 응용될 잠재력을 가지고 있다. 첫째, 먼저 31개 성으로 이루어진 중국은 지역적 데이터가 풍부하고 점차 신뢰성을 확보하면서 기초자료가 방대해 지고 있다. 둘째, 중앙정부-지방정부 시스템에 의해서 강력한 중앙정부 아래에 향후 점차 지방정부의 자치성이 상당히 보장받을 것이다.

위에서 언급한대로 대부분의 논문들이 해외의 공간계량경제학을 소개하고 관련된 이론들을 번역하는 데에 그쳤다. 공간계량경제학을 지식 확산 관점에서 정리한 논문들은 거의 없다. 본 연구의 차별성은 바로 공간계량경제학이 중국 국내에서 어떤 방식으로 파급되고 연구의 현황을 소개하는 데에 있다.

2. 연구방법의 활용도 : CNKI를 이용한 네트워크 분석

(1) CNKI를 이용한 기본적인 분석

중국 국내의 대부분 논문들이 해외의 공간계량경제학을 소개하고 관련된 이론들을 번역하는 데에 중점을 두고 있다. 따라서 본 절에서는 공간계량경제학이 중국 국내에서 어느 학자들을 중심으로 연구되고 있으며, 어떠한 경로를 통해서 점차 보편화되고 있는 지를 분석할 것이다. 이를 위해서 CNKI(www.cnki.net)에서 '공간계량(空間計量)'이라는 검색어를 통해서 검색된 학술논문(學術期刊) 수를 중심으로 분석하였다. 〈표 2〉를 살펴보면, 공간계량과 관련된 학술논문수는 2001년 23개에서 2016년 649개로 양적인 증가를 보였다. 이는 중국내 연구에서 점차 보편적인 방법으로 자리잡고 있음을 뜻한다. 중국내에서 공간계량경제 논문수가 증가한 시점은 38편에서 66편으로 증가한 2005년으로 추측되어 진다. 성숙기에 진입한 공간계량경제학이 중국 국내에 소개되면서 2000년 중반이후에 관련된 연구들이 본격적으로 증가했다고 판단되어 진다. 2007년에 100편을 돌파한 논문수는 지속적으로 증가하였고 현재도 증가추세이다. 2017년 4

월까지의 논문수는 192개로 올해도 전년도와 비슷한 수준이거나 증가할 것으로 전망된다.

〈표 2〉 계량경제관련 연도별 발표 논문 수

연도	2001	2002	2003	2004	2005	2006	2007	2008	2009	2010
논문수	23	29	37	38	66	74	132	147	182	245
연도	2011	2012	2013	2014	2015	2016	2017			
논문수	315	356	443	499	614	649	192			

자료 : CNK (검색일: 2017.4.8)

먼저 CNKI에서 공간계량으로 검색된 전체 4,293편을 토대로, CNKI에서 제공하는 키워드를 분석하였다. 〈표 3〉에 관련된 키워드를 1위부터 10위까지 나열하였다. 1위와 2위를 차지한 키워드는 바로 공간계량(空間計量), 공간계량모형(空間計量模型)이다. 이는 공간계량경제학을 직접 뜻하는 키워드이므로, 실질적으로 제일 중요한 키워드는 바로 3위를 차지한 '경제성장'이다. 이는 지역 내 성장모델과 공간계량모형이 결합한 논문들이 다수 존재한다는 사실을 의미한다. 중국내에서 공간계량경제모델이 가장 많이 응용된 분야가 경제학의 지역 내 경제성장 모델로 추측된다. 이외에 영향인수(影響因素), 공간자기상관(空間自相關) 등 4위~10위까지의 관련어는 공간계량경제학의 구체적인 이론이나 용어를 의미하고 있다.

검색된 전체 4293편 중에서 중국 핵심학술지(核心期刊, Core Journal)가 1807편을 차지하고 있었고 중문사회과학인용문색인(中文社會科學引文索引,CSSCI)이 895편이었다. SCI도 25편을 차지하고 있는 것으로 분석되었다.[34] CNKI에서 제공하는 학문 분류에 의하면, 거시경제관리 및 지

---

34) 중국의 학술지 평가방법은 정부기관이 아닌 대학교 및 연구소에서 담당하며 평가체계

속적인 발전(1510편), 경제체제개혁(858편), 금융(353편), 농업경제(294편), 수학(265편)을 차지하고 있었다.

〈표 3〉 관련된 키워드

순위	관련 키워드	문헌수
1위	공간계량(空間計量)	412
2위	공간계량모형(空間計量模型)	258
3위	경제성장(經濟增長)	231
4위	영향인수(影響因素)	116
5위	공간자기상관(空間自相關)	114
6위	공간효과(空間效應)	106
7위	공간계량경제학(空間計量經濟學)	94
8위	공간상관성(空間相關性)	91
9위	공간 파급효과(空間溢出效應)	87
10위	공간 파급(空間溢出)	84

자료 : CNKI (검색일: 2017.4.18)

저자별 논문수를 살펴보도록 하자. 〈표 4〉는 전체 저자 중 공간계량경제학에 관한 논문을 가장 많이 발표한 저자들을 나타내고 있다. 가장 많은 논문에 참여한 저자는 롱즈허(龍志和)로 총 21편을 발표하였다. 롱즈허(龍志和)는 화남이공대학 경제 및 무역관리학원의 교수로 2005년부터 주로 린광핑(林光平)과 함께 공간계량방법을 응용한 논문들을 다수 발표하였다. 린광핑(林光平, Kuan-Pin Lin)은 미국 포틀랜드 주립대학 (Portland State University)의 교수로 중국 국내에 이미 14편의 논문들을 발표하였다. 개인적인 관계는 자세하게 알 수는 없으나, 미국의 린광핑

도 평가기관마다 다르다. 핵심(核心期刊)은 가장 오랜 역사를 지니고 있으며, 북경대학이 1990년부터 평가하고 있으며, 가장 권위 있는 지표로 알려져 있다. CSSCI (Chinese Social Sciences Citation Index)는 중국 교육부의 위탁을 받아서 남경대학이 운영 중이며 최근 학술지 평가기준으로 많이 사용되고 있다.

(林光平, Kuan-Pin Lin)로부터 공간계량방법을 소개받아서 롱즈허(龍志和)가 초창기에 중국국내에서 연구한 것으로 추측해 볼 수 있다.

우위밍(吳玉鳴)은 총 18편을 발표하여 2번째로 많은 논문을 발표한 것으로 조사되었다. 우위밍(吳玉鳴)은 광서사범대학 서남도시 및 지역발전연구센터의 교수로 칭화대학교 박사후 과정에서 공간계량학을 접하고 본격적으로 연구한 것으로 알려져 있다. 2007년 12월 1일에 공간계량경제연구(空間計量經濟研究)라는 책을 출판하여 중국 국내에 일찍이 지식을 전파하는 선구자의 역할을 하였다.

구궈오펑(穀國鋒)은 총 13편을 발표하였고, 동북사범대학교 지리과학학원에 재직하고 있다. 중국 지역별 경제성장을 오랫동안 연구해 온 학자로 2010년부터 공간계량방법을 활용한 연구를 해 온 것으로 보인다. 동북사범대학에서 학부, 석박사를 모두 마친 국내 박사 출신이며, 8편의 논문들을 발표한 야오리(姚麗)와 4편의 공저를 서술하였다. 왕젠캉(王健康)도 총 11편을 발표하였고, 동북사범대학교 소속으로 구궈오펑(穀國鋒) 교수와 합작으로 총 7편의 논문을 발표하였다. 동북사범대학교에서 공간계량경제를 연구하는 하나의 학파를 형성한 것으로 추측된다.

〈표 4〉 논문별 저자수

저자	논문수	저자	논문수	저자	논문수
龍志和	21	石培基	8	顧佳峰	7
吳玉鳴	18	白俊紅	8	湯子隆	7
林光平	14	胡宗義	8	張文忠	7
穀國鋒	13	姚麗	8	於偉	7
王建康	11	李斌	8	蒲勇健	7
程中華	10	潘竟虎	7	任曉怡	7
李國平	9	張可雲	7		

자료 : CNKI (검색일: 2017.4.18)

리궈핑(李國平)은 총 9편의 논문을 발표하였고 베이징대학교 정부관리학원에 재직하고 있다. 엄밀한 의미로는 공간계량경제학이라고 분류하기에는 다소 무리가 있지만, 기본적으로 경제지리학과 지역경제를 오랫동안 연구해 온 학자이다. 그가 제시하는 공간에 대한 개념과 공간계량경제학에서 제시하는 개념은 기본적으로 같다고 할 수 있다.

〈표 5〉는 공간계량경제학 논문들을 발표한 기관들을 논문수를 기준으로 정리한 표이다. CNKI 홈페이지에서 제공하는 프로그램에 의해서 순위를 부여하였다. 1위는 113편을 발표한 후난대학(湖南大學)이다. 2위는 베이징대학, 3위는 인민대학이 차지하였다. 중국의 저명한 대학들이 상위권을 포진되어 있었으며, 순위가 내려갈수록 지방의 명문대학들이 차지하였다.

〈표 5〉 공간계량경제학 관련 논문발표기관들

순위	발표기관	발표 논문 수	순위	발표기관	발표 논문 수
1	후난대학(湖南大學)	113	10	화동사범대학(華東師範大學)	51
2	베이징대학(北京大學)	97	10	시베이사범대학(西北師範大學)	51
3	인민대학(中國人民大學)	83	11	중난재경정법대학(中南財經政法大學)	47
4	난징대학(南京大學)	79	12	지난대학(暨南大學)	46
5	충칭대학(重慶大學)	78	13	동베이재경대학(東北財經大學)	43
6	난카이대학(南開大學)	76	14	상하이재경대학(上海財經大學)	42
7	중국사회과학원(中國科學院)	54	14	베이징사범대학(北京師範大學)	42
8	칭화대학(清華大學)	53	15	난징사범대학(南京師範大學)	41
8	중산대학(中山大學)	53	16	난징농업대학(南京農業大學)	38
9	화난이공대학(華南理工大學)	52	17	장시재경대학(江西財經大學)	37
9	우한대학(武漢大學)	52	17	동베이사범대학(東北師範大學)	37

자료 : CNKI (검색일: 2017.4.18)

〈표 6〉은 공간계량경제 논문을 발표한 학술지들을 논문 수에 의거하여 정리하였다. 지리학과 관련된 학술지가 3개, 경제학 또는 통계학과 관련

된 학술지가 6개, 소프트웨어와 관련된 학술지가 1개였다. 지리학과 경제학 학술지에 골고루 나뉘어서 발표되고 있음을 알 수 있다. 1위는 106편을 발표한 핵심(核心)학술지인 경제지리(經濟地理)였다. 2위는 84편을 발표한 핵심(核心)학술지인 통계 및 정책(統計與決策)이다. 1~10위를 차지한 대부분의 학술지들이 핵심(核心)이나 CSSCI(Chinese Social Sciences Citation Index)로서, 중국 국내에서 권위 있는 학술지들이었다.

〈표 6〉 공간계량경제 논문을 발표한 학술지 순위

순위	학술지	학술지 평가지표	발표 논문수
1	경제지리(經濟地理)	핵심	106
2	통계및정책(統計與決策)	핵심, CSSCI	84
3	중국인구자원및환경(中國人口資源與環境)	CSSCI	49
4	상업경제연구(商業經濟研究)	핵심	39
4	수량경제기술경제연구(數量經濟技術經濟研究)	핵심	39
6	지리학보(地理學報)	CSCD	37
7	통계 및 정보논단(統計與信息論壇)	CSSCI	35
8	경제문제탐구(經濟問題探索)		34
9	지리연구(地理研究)	핵심	31
10	소프트과학(軟科學)	CSSCI	27

자료 : CNKI (검색일: 2017.4.18)

(2) 저자와 관련된 네트워크 분석

보다 정밀한 분석을 위해서 〈표 4〉에서 논문을 9번 이상 출판한 리궈핑(李國平)보다 상위에 있는 저자들(7명)을 종합하여 네트워크 분석을 실시하였다. CNKI에서 검색한 주요 저자, 제목, 연도, 기관, 키워드 등의 서지정보를 바탕으로 NodeXL 프로그램을 사용하였다. 네트워크 분석은 그래프 이론(Graph Theory)을 바탕으로 방대한 데이터를 분석하는 도구이다. 대표적인 예는 사회관계분석(Social Network Analysis)이며, 학술연구분야에서는 연구의 패턴이나 형태를 분석하여 지식지도 형태로 연구

특징들을 분석한다. 〈그림 1〉을 살펴보면, 중요 인물은 바로 롱즈허(龍志和), 우위밍(吳玉鳴), 구궈오펑(穀國鋒), 리궈핑(李國平)이며, 이들을 중심으로 군집이 형성되어 있다.

다음 단계는 중국내 공간계량경제학이 점차 활용되어지는 데에 크게 기여를 한 논문들을 파악하기 위해서 피인용도가 높은 논문들을 분석하였다. CNKI에서 공간계량학으로 검색한 후에 나오는 자료들 중에서 피인용수가 높은 순으로 정리하였다. 이를 토대로 2000년 이후에 나오는 자료들과 제목 등을 비교하면서 직접 데이터를 정리하였다.[35]

〈그림 1〉 저자 네트워크

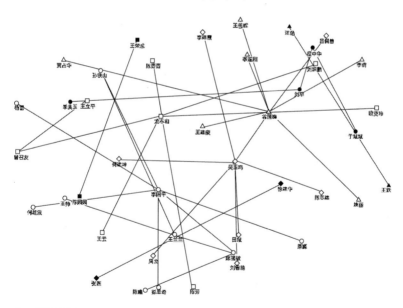

자료 : CNKI (검색일: 2017.4.21)

---

35) CNKI(검색일: 2017.4.22)

가장 많은 피인용수를 기록한 논문들은 우위밍(吳玉鳴)의 논문들이다. 우위밍(吳玉鳴)은 피인용수 상위 10개 논문에 4개나 되는 논문들을 올려 놓았다. 많은 중국 지역 내 연구자들이 그의 논문들을 참조해서 연구를 확대시켜 나갔다. 판원칭(潘文卿)은 유일하게 2012년 논문을 위의 10대 순위위에 올려놓았으며, 다운로드 수로는 12,713번으로 1위를 차지하였다. 판원칭(2012)은 지역별 경제성장의 공간파급효과를 분석하였다. 발표된 학술지 기준으로는 수량경제기술경제연구(數量經濟技術經濟研究)에서 발표된 논문들이 4개로 가장 많았다. 이는 바로 수량경제기술경제연구(數量經濟技術經濟研究)이 공간계량경제학이 확산하는 데에 가장 중요한 역할을 하였음을 알 수 있다.

〈표 7〉 가장 많은 피인용수를 기록한 논문 10위

순위	논문명	저자	피인용수	학술지	발표일
1	中國區域經濟增長集聚的空間統計分析	吳玉鳴; 徐建華	412	地理科學	2004
2	空間計量經濟模型在省域研發與創新中的應用研究	吳玉鳴	402	數量經濟技術經濟研究	2006
3	我國地區經濟收斂的空間計量實證分析: 1978—2002年	林光平; 龍志和; 吳梅	321	經濟學(季刊)	2005
4	中國省域經濟增長趨同的空間計量經濟分析	吳玉鳴	301	數量經濟技術經濟研究	2006
5	中國地區經濟σ-收斂的空間計量實證分析	林光平; 龍志和; 吳梅	296	數量經濟技術經濟研究	2006
6	交通基礎設施與中國全要素生產率增長——基於省域數據的空間面板計量分析	劉秉鐮; 武鵬; 劉玉海	243	中國工業經濟	2010
7	縣域經濟增長集聚與差異:空間計量經濟實證分析	吳玉鳴	241	世界經濟文彙	2007
8	中國區域創新生產的空間計量分析——基於靜態與動態空間面板模型的實證研究	李婧; 譚清美; 白俊紅	236	管理世界	2010
9	中國的區域關聯與經濟增長的空間溢出效應	潘文卿	228	經濟研究	2012
10	金融集聚影響因素空間計量模型及其應用	任英華; 徐玲; 遊萬海	226	數量經濟技術經濟研究	2010

자료 : CNKI (검색일: 2017.4.21)

피인용수 상위 50개의 논문들을 가지고 CNKI에서 제공하는 네트워크 분석을 실시하였다. 아래의 〈그림 2〉는 관련키워드 네트워크 분석을 실시한 결과이다. 가장 중심이 되는 단어는 바로 공간자기상관(空間自相關)과 공간의존성(空間依賴性)이었다. 공간계량경제학의 기본적인 가정들이 가장 중요하다는 키워드였다. 또한 다음으로는 지역경제가 중요하게 중심이 된 것으로 미루어 보아, 결국 공간계량경제학이 가장 많이 응용된 분야가 바로 중국 국내의 지역경제 연구분야임을 추론하게 된다.

〈그림 2〉 상위 50개의 논문들을 대상으로 관련키워드 네트워크 분석

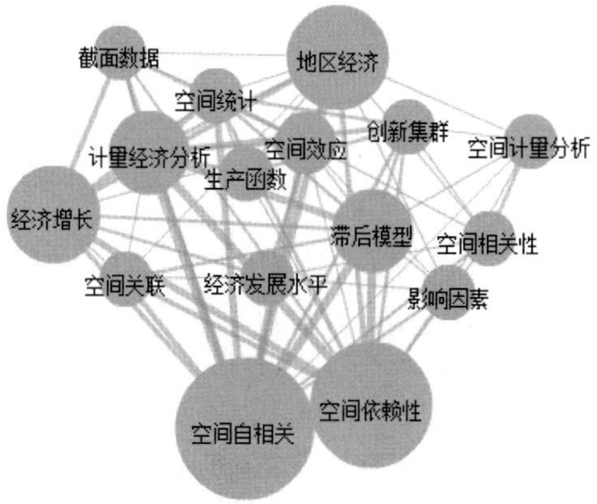

자료 : CNKI (검색일: 2017.4.21)

3. 해외학술지 발표

최근에는 중국내 연구들을 영문으로 해외 학술지에 발표하는 학자들도 증가하고 있다. 2003년에 일찍이 화동사범대학(華東師範大學)의 long gen ying(2003)은 중국의 1978~1998년 지역자료를 이용하여 경제성장원인을 분석하였다. 공간시차모형(SAR) 모델로 노동, 상품, 자본, FDI가

GDP에 미치는 영향을 회귀분석하였다. 이외에도 시장화 정도, 요소 이동성에 의한 파급효과, 기술이전효과 등이 한계 노동/자본 비중을 향상시키는 것으로 나타났다. 이외에도 중국 국내자료뿐만 아니라 2005년에는 123개 국가들의 자료들을 이용하여 제도와 경제성장간의 관계를 공간계량모형을 이용하여 분석하였다.

대표적인 국제적인 중국경제 학술지(SSCI)인 차이나 이코노믹 리뷰(China Economic Review)에도 공간계량모델을 이용한 논문이 2012년 2개가 처음 소개된 이후로, 2013년 1개, 2014년 2개, 2015년 2개, 2016년 2개, 2017년 1개 등으로 꾸준히 실리고 있다.

칭화대학의 白重恩(Bai, 2012)는 1998-2008년동안의 자료를 이용하여 중국의 성(省)별 경제성장과 공간적 지식파급효과(spatial spillover)를 분석하였다. 먼저 Moran 지수를 이용하여 성별간에 공간의존성을 밝혀내고, 경제오차 모델을 이용하여 시장 잠재력이 경제성장에 미치는 영향을 분석하였다. 분석결과로 시장잠재력이 10% 증가할 때에 3~5%정도의 1인당 GDP 증가를 가져온 것으로 나타났다.

여기서 흥미로운 사실은 발표학술지에 1위를 차지한 후난대학의 연구자들이 적극적으로 해외에 논문을 발표하고 있다. 후난 대학의 Huang jianhua, Chen Xudong, Huang bihong, Yang Xiaoguang(2016)은 외국인 직접투자(FDI)가 미치는 경제적인 영향과 환경적인 영향을 분석하였다. 2001년부터 2012년까지의 성(省)별 자료를 이용하여 공간더빈모델(Spatial Durbin Model)로 실증분석하였다. 분석결과를 살펴보면, 외국인 직접투자의 지식파급효과는 환경을 개선시키고 경제성장을 견인하는 데에 긍정적인 영향을 미쳤다. 후난대학의 Li Bin et al.(2017)도 2001-2013년 동안의 중국의 성(省)별 자료를 이용하여 공공 서비스가 지역별 격차에 미치는 영향을 분석하였다. 실증분석한 결과, 공공 서비스를 평준화시킴으로써 지역 간 소득격차와 소비를 향상시키는 것으로 나타났다.

중국 국내의 연구뿐만 아니라 중국이외의 국가에서 공간계량모델을 이용하여 중국 경제를 연구하는 논문들도 증가하고 있다. 주로 해외의 연구자와 중국 국내의 연구자들이 공동저자 형식으로 많이 이루어지고 있다. Scherngell(2014)은 지식 자본이 총요소생산성에 미치는 영향을 공간더빈 모델(Spatial Durbin Model)로 실증분석하였다. 1988-2007년 동안의 중국의 성(省)별 자료를 이용하여 분석한 결과, 1998년 이후로 지식자본이 경제성장에 기여한 것으로 나타났다. 특히 지역간 지식파급효과뿐만 아니라 같은 지역 내의 지식파급효과도 존재한 것으로 나타났다.

특히 국제적으로 무역이론에 접목시키는 시도들이 다양하게 이루어지고 있는데, 최근에는 기존의 중력이론[36]에 공간계량경제학을 도입한 모델이 연구 중이다. 대만의 연구자인 chou(2015)은 공간계량경제학을 무역이론에 적용시켜 중국 수출에 미치는 요인들을 분석하였다. 공간계량모델을 이용하여 중국의 수출이 정치적인 리스크, 경제적 통합, 공간효과에 받는 영향을 분석하였다. 분석결과, 중국경제의 성장은 내수시장효과(a home market effect)가 명확한 것으로 나타났다. 경제적 통합이 진행될수록 중국 수출에는 도움이 되는 것으로 나타났다. 중국의 외국인직접투자(FDI)와 수출은 보완적(substitutive)인 관계가 있는 것으로 나타났다. 교역 상대국의 1인당 GDP가 증가하고 경제개방이 높아질수록, 중국 수출에는 도움이 되는 것으로 분석되었다. 중국과의 교역비중이 높은 국가일수록 낮은 정치적 리스크를 지니고 있는 것으로 나타났다.

---

36) Frankel-Romer(1999)에 시작된 이론으로, '두 물체가 서로 당기는 힘은 두 물체의 질량의 곱에 비례하고, 둘 사이의 거리의 제곱에 반비례한다'는 뉴턴의 중력의 법칙을 응용한 이론이다. 즉, 두 국가 간 무역의 양은 두 국가의 크기의 곱에 비례하고, 둘 사이의 거리에 반비례하는 경향이 존재한다고 주장하는 이론이다. 크기가 큰 국가들과 인접해 있는 나라는 국내 생산량에 비해 많은 무역을 하고 세계의 중심에서 멀리 떨어져 있는 나라는 무역의존도가 낮다는 특징이 있다.

마지막으로 해외에서 공간계량경제학을 공부하고 귀국하여 활발히 연구하는 학자도 있다. 베이징 대학교의 虞吉海(Yu jihai)는 오하이오 주립대학교에서 리렁페이(Lee Lung Fei)와 함께 공간계량경제학으로 박사논문을 쓰고 계량경제학 탑 저널에 여러편의 논문을 발표하였다.[37] 2010년 베이징대학교에 돌아온 후에도 매년 4~5편의 공간계량경제 이론에 관한 논문들을 해외에만 발표하고 있다. 그가 연구하는 분야는 완전히 이론 측면이어서 향후 이 이론들을 이용하여 응용할 수 있는 후속 연구들이 많이 기대되고 있다.

글로컬리티의 관점에서 보면, 현재 중국은 공간계량경제학의 지식파급 효과가 국내외적으로 활발하게 진행되면서 세계화와 현지화를 함께 추구하고 있다고 해석할 수 있다. 즉 세계적인 보편성과 지역적인 특수성을 동시에 함의하고 있다.

V. 결론

본 연구는 중국 연구에 있어서 공간이 가지는 의미를 고찰하고, 공간의 개념을 재해석하여 주변부에서 점차 주류로 편입한 공간계량경제학을 주목하였다. 공간계량경제학이 비주류에서 주류로 편입되는 과정을 정리하고, 주류가 된 공간계량경제학이 중국 국내에 전파 및 소개되는 과정을 분석하였다. 이러한 지식파급과정을 글로컬리티(Glocality) 관점에서 정리하고자 네트워크 분석을 실행하였다.

---

37) 최고의 권위를 인정받는 계량경제학술지인 저널 오브 이코노메트릭스(Journal of Econometrics)에만 지도교수인 리렁페이(Lee lung fei) 교수와 함께 2008년부터 2015년까지 총 5편의 논문을 발표함. 목록은 참고문헌을 참고하기 바람.

본문을 요약해 보면 다음과 같다. 첫째, 공간에 대한 일괄적인 정의는 매우 어렵지만, 많은 학문에서 공간의 개념을 도입하여 연구하여 왔다. 계량경제학에서도 시간과 공간을 포함하는 방법에 대해 지속적으로 연구해 왔다. 시간의 흐름을 포함하는 시계열 분석이 엄청나게 발전한 반면에, 공간 개념을 활용하는 연구는 상대적으로 도외시되었다. 공간의 개념을 도입한 공간계량경제학이 1970년대에 처음으로 제시되면서, 3단계에 걸쳐서 현재는 주류 계량경제학에 편입되었다. 공간계량경제학을 간단히 요약하자면, 공간이질성과 공간이질성으로 대표되는 공간효과를 사전에 탐지하고 이를 반영하는 모델이다. 1단계인 도입기에는 주로 유럽의 지리학자와 경제학자들을 중심으로 공간자기상관을 탐지하는 테스트, 공간오차모형, 공간시차모형과 같은 기본적인 공간모델 등이 소개되었다. 2단계인 성장기에는 1990년대부터 미국의 응용경제학자들이 참여하면서 경제학의 여러 분야에서 공간계량모형이 응용되기 시작하였다. 3단계인 성숙기에는 계량경제학 이론경제학자들이 연구하기 시작하면서 주류로 편입되었다. 공간계량경제학협회 창설, 텍스트북 출간, 소프트웨어의 발전 등으로 인해 이론이 확립되고 정리되는 시기이다.

둘째, 사회주의 시장경제체제를 표방하는 중국에 있어서의 공간의 개념을 정리하였다. 공간사회학의 관점에서 중국식 모델은 인민과 전체 공간을 다른 사회로 견인하는 고민의 표현이다. 기본적인 생산단위를 중요시함으로써 중국식 노선을 발전시켜왔으며, 단위, 사구 등이 공간생산 지식의 관점에서 재해석하였다. 1978년 개혁개방 정책이 시작되면서, 공간의 확장이 지역발전 전략과 단계적 발전전략에 의해서 진행되었다. 점-선-면 전략의 성공으로 인해서 공간이 확장되고 향후 이러한 정책은 일관성을 유지한다. 제2의 개혁개방 선도모델로 불리우는 자유무역시범구 정책도 공간의 확장이라는 측면에서 1개, 3개, 7개 등으로 점차 확대되고 있다.

셋째, 개혁개방이 공간적인 순서를 두고 진행되었기 때문에, 중국의 3

개 격차인 계층 격차, 도시-농촌 격차, 내륙-연해지역 격차가 발생하였다. 이러한 3대 격차를 공간적 이질성(Spatial Heterogeneity)이라는 가정으로 해석하고, 이를 공간적 의존성(Spatial Dependence)을 이용하여 효율적으로 해결할 수 있다. 31개 성의 풍부한 지역 데이터, 중앙정부-지방정부 시스템에 의한 지방정부의 자치성등으로 인해서 관련된 공간계량경제학 응용연구가 현재 활발하게 진행 중이다. 공간계량과 관련된 학술논문 수는 2001년 23개에서 2016년 649개로 양적인 증가를 보였다. 국제적으로 성숙기에 진입한 공간계량경제학이 2005년을 기점으로 중국 국내에 본격적으로 소개되었다. 많이 응용된 분야는 지역별 경제성장에 관한 연구이다. 주요 연구자는 롱즈허(龍志和), 린광핑(林光平, Kuan-Pin Lin), 우위밍(吳玉鳴), 구궈오펑(穀國鋒), 리궈핑(李國平) 등이다. 가장 많은 피인용수를 기록한 논문을 중심으로 분석해 보면, 우위밍(吳玉鳴)의 논문들이 중국 국내에 끼친 영향이 매우 크다.

중국 내의 공간계량경제학이라는 지식이 파급된 경로는 다음과 같이 3가지로 정리된다. 첫째는 바로 국내에서 석박사를 공부한 학자가 독학으로 연구하여 지식을 전파하였다. 우위밍(吳玉鳴), 구궈오펑(穀國鋒), 리궈핑(李國平)와 같은 학자들이 해당된다. 특히 우위밍(吳玉鳴)은 칭화대학 박사후과정에서 공간계량경제학을 접하고 많은 논문들을 집필했다. 피인용수 상위 10개 논문에 4개나 될 정도로, 많은 연구자들이 참고하여 연구를 확대시켜 나갔다. 2007년에는 공간계량경제연구(空間計量經濟研究)라는 책을 출판하여 지식을 전파하는 선구자의 역할을 했다. 동북사범대학교에 재직한 구궈오펑(穀國鋒)은 오랫동안 지역별 경제성장을 연구하다가 2010년부터 공간계량방법을 활용한 논문을 13편 출판하였다. 특히 왕젠캉(王健康), 야오리(姚麗) 등의 학자들과 협업하였다. 베이징대학교의 리궈핑(李國平)은 총 9편의 논문을 발표하였다. 둘째, 해외학자들와의 협업을 통해서 공간계량경제학을 국내에 전파하였다. 대표적인 예가 롱즈허(龍志和)와 린광핑(林光平, Kuan-Pin Lin)의 공동저자 논문들이다. 2005년부터 화남이공대학의 롱즈허(龍志和)와 미국 포틀랜드 주립대학(Portland State University)의 린광핑(林光平)이 함께 공간계량방법을 응용한 논문들을 다수 발표하였다. 셋째는 바로 해외에서 공간계량경제학을 공부하고 중국 국내로 귀국하여 관련된 연구를 지속하는 경우이다. 최근에 일어나는 현상으로 향후 큰 파급력을 지니고 있다. 바로 베이징 대학교의 虞吉海(Yu jihai) 교수가 여기에 해당된다. 그는 오하이오 주립대학교에서 리렁페이(Lee Lung Fei)와 함께 공간계량경제학으로 박사논문을 쓰고 계량경제학 탑 저널에 여러 편의 논문을 발표하였다. 2010년 베이징대학교에 돌아온 후에 매년 4-5편의 공간계량경제 이론에 관한 논문들을 해외에만 발표하고 있다. 주로 공간계량경제학 이론과 관련된 논문들을 발표하고 있으며, 향후 응용연구들이 많이 나올 것으로 기대되고 있다. 무엇보다 국내외적으로 향후 지식파급효과가 클 것으로 예상된다.

본 연구의 한계는 CNKI로 제공하는 한정적인 데이터를 사용하였다는데에 있다. 공간계량이라는 검색어를 통해서 나온 결과로만 네트워크 분석을 하였지만, 데이터가 가지는 기본적인 한계가 존재한다. 그리고, 해외 학술지에 발표되는 중국 지역연구와 공간계량경제을 접목시키는 논문들을 대표적인 예로만 설명하였다. 향후 영문 논문검색엔진을 통한 연구는 후속 연구로 남겨둔다.

사회주의 시장경제체제를 유지하고 있는 중국은 앞으로도 많은 지식과 학문을 받아들이고 점차 자체적으로 발전시킬 것이다. 새롭게 공간을 중요시하는 공간계량경제학이 유럽에서 시작되고 미국에서 발전하고 중국에서 많은 분야로 응용될지도 모른다. 중국이라는 새로운 공간이 가지고 있는 잠재력이 그만큼 풍부하기 때문이다. 주로 기존의 모형에 접목시켜 중국의 무역, 물류, 인구이동, 상품이동, 네트워크분석 등에 광범위하게 응용될 것으로 전망된다.

| 참고문헌 |

알베르트 아인슈타인, 장헌영 역, 『상대성 이론: 특수 상대성 이론과 일반 상대성
　　　　이론』, 지식을 만드는 지식, 2012.

앙리 르페브르 저, 양영란 옮김, 『공간의 생산』, 서울: 에코리브르, 2011.

이성우·윤성도·박지영·민성희, 『공간계량모형응용』, 서울: 박영사, 2006.

앨빈 토플러 및 하이디 토플러, 김중웅 역, 『부의 미래』, 서울: 청림출판, 2006.

유희문 외, 『현대중국경제』, 교보문고, 2004.

이정동·서울대학교 공과대학 저, 『축적의 시간』, 지식노마드, 2015.

성균중국연구소 엮음, 『차이나핸드북』, 김영사, 2014.

김광구, 「공간자기상관의 탐색과 공간회귀분석의 활용」, 『정책분석평가학회보』,
　　　　13(1), 2003.

김인, 「중국 도시 공간 재구성과 지배구조 변화: 단위와 사구변화를 중심으로」,
　　　　『중소연구』, 제38권 제1호, 2014. 봄.

박철현, 「중국 개혁기 사회관리체제 구축과 지방정부의 역할 변화: 1990년대
　　　　상하이 푸동개발의 공간생산과 지식」, 『공간과 사회』, 제25권 2호(통권
　　　　52호), 2015.

＿＿＿, 「중국의 사회 변화, 도시 변화를 봐야 한다」, 프레시안 차이나 프리즘,
　　　　2014.

＿＿＿, 「중국 사구모델의 비교분석: 상하이와 선양의 사례-사회정치적 조건과
　　　　국가기획을 중심으로」, 『중국학연구』, 69집, 2014.

이재정, 「네트워크 분석을 통한 최근 5년간 중국내 미병 연구동향 고찰」, 『동의
　　　　생리병리학회지』, 제26권 5호, 2012.

최은진, 「중국의 '중국학' 연구의 지적구조와 네트워크: 텍스트 마이닝 기법을
　　　　활용한 새로운 분석방법의 모색」, 『한국동북아논총』, 제79호, 2016.

潘文卿, 「中國的區域關聯與經濟增長的空間溢出效應」, 『經濟研究』, 第1

期, 2012.

周建·高靜·周楊雯倩,「空間計量經濟學模型設定理論及其新進展」,『經濟學報』, Vol.3, No.2, 2016.

張可雲·楊孟禹,「國外空間計量經濟學研究回顧, 進展與述評」,『産經評論』, 2016年1月 第1期.

孫久文·姚鵬,「空間計量經濟學的研究範式與新進展」,『經濟學家』, 2014.7.

Anselin, *Spatial Econometrics : Methods and Models*, Dordrecht: Kluwer Academic Publishers, 1988.

Anselin L, Rey SJ, *Properties of tests for spatial dependence in linear regression models*, Geographical Analysis, 1991.

Anselin L, Florax R J, Rey S J, *Advances in spatial econometrics : Methodology tool sand applications* , Berlin: Springer Verlag, 2004.

Arbia G, *Spatial econometrics: Statistical foundations and applications to regional convergence*, Berlin: Springer Verlag, 2006.

Arbia G, Baltagi BH, *Spatial econometrics: Methods and applications*, Heidelberg: Physica-Verlag, 2009.

Baltagi BH, *A companion to theoretical econometric*, Oxford: Blackwell, 2001.

Bartels CP, Ketellapper R, *Exploratory and explanatory analysis of spatial data*, Boston: Martinus Nijhoff, MA, 1979.

Bennett R, *Spatial time series*, London: Pion, 1979.

Cliff A, Ord JK, *Spatial processes: Models and applications*, London: Pion, 1981.

Getis A, Mur J, Zoller HG, *Spatial econometrics and spatial statistics* , London: Palgrave Macmillan, 2004.

Krugman, P.R., *Geography and Trade*, Cambridge: MIT Press.

LeSage JP, Pace RK, *Introduction to spatial econometrics*, Boca Raton, FL: CRC Press, 2009.

LeSage, *Spatial econometrics*, *The Web Book of Regional Science*, Regional Research Institute, Morgantown, WV: West Virginia University, 1999.

Paelinck, J. and L. Klaassen, *Spatial Econometrics,* Farnborough: Saxon House,

1979.

Anselin, "Thirty years of spatial econometrics", *Papers in Regional Science*, Vol.89, No.1, March, 2010.

Bai, Chong-En and Ma, Hong, Pan Wenqing, "Spatial spillover and regional economic growth in China", *China Economic Review*, 2012.

Can A, "Specification and estimation of hedonic housing price models", *Regional Science and Urban Economics*, 1992.

Chou, Kuang-Hann and Chen, Chien-Hsun and Mai, Chao-Cheng, "Factors Influencing China's Exports with a Spatial Econometric Model ", *The International Trade Journal*, 2015.

Cliff A, Ord JK, "Testing for spatial autocorrelation among regression residuals", *Geographical Analysis*, 1972.

Conley TG, "GMM estimation with cross-sectional dependence", *Journal of Econometrics*, 1999.

Florax R, Folmer H, "Specification and estimation of spatial linear regression models: Monte Carlo evaluation of pre-test estimators", *Regional Science and Urban Economics*, 1992.

Fotheringham AS and Brundson C and Charlton M, "Geographically weighted regression: A natural evolution of the expansion method for spatial data analysis", *Environment and Planning A*, 1998.

Getis A, "Screening for spatial dependence in regression analysis", *Papers in Regional Science*, 1990.

Hordijk L, "Problems in estimating econometric relations in space", *Papers in Regional Science, 42*, 1979.

Huang Jianhuan and Chen xudong and Huang bihong and Yang xiaoguang, "Economic and environmental impacts of foreign direct investment in China: A spatial spillover analysis", *China Economic Review*, 2016.

Kelejian HH, Prucha I, "A generalized spatial two stage least squares procedures for estimating a spatial autoregressive model with autoregressive disturbances", *Journal of Real Estate Finance and Economics*, 1998.

_____, "A generalized moments estimator for the autoregressive parameter in a spatial model", *International Economic Review*, 1999.

Lee L.F., "Consistency and efficiency of least squares estimation for mixed regressive, spatial autoregressive models", *Econometric Theory*, 2002.

Lee, L.F and J. Yu, "Estimation of Spatial Autoregressive Panel Data Models with Fixed Effects", *Journal of Econometrics*, 154, 2010.

_____, "Efficient GMM Estimation of Spatial Dynamic Panel Data Models", *Journal of Econometrics*, 180, 2014.

_____, "Estimation of Fixed Effects Panel Regression Models with Separable and Nonseparable Space-time Filters", *Journal of Econometrics*, 184, 2015.

LeSage JP, Pace RK, "Advances in econometrics: Spatial and spatio-temporal econometrics", *Elsevier Science*, Oxford, 2004.

Li Bin, Li Tuo, Yu Man, Chen Bin, "Can equalization of public services narrow the regional disparities in China? A spatial econometrics approach", *China Economic Review*, 2017.

Ord JK, "Estimation methods for models of spatial interaction", *Journal of the American Statistical Association*, 70, 1975.

Rietveld Rietveld P and Wintershoven P, "Border effect and spatial autocorrelation in the supply of network infrastructure" *Papers in Regional Science*, 1998.

Thomas Scherngell, Martin Borowiecki and Yuanjia Hu, "Effects of knowledge capital on total factor productivity in China : A spatial econometric perspective", *China Economic Review*, 2014.

Tiefelsdorf M, Boots B, "The exact distribution of Moran's I", *Environment and Planning A*, 1995.

Ying, Long Gen, "Understanding China's recent growth experience : A spatial econometric perspective", *The Annals of Regional Science*, 2003.

_____, "From physical to general spaces : A spatial econometric analysis of cross-country economic growth and institutions", *The Annals of Regional Science*, 2005.

Yu, J., R. de Jong and L.F. Lee, "Quasi-Maximum Likelihood Estimators for Spatial Dynamic Panel Data With Fixed Effects When Both n and T Are Large", *Journal of Econometrics*, 2008.

_____, "Estimation for Spatial Dynamic Panel Data with Fixed Effects: the Case of Spatial Cointegration", *Journal of Econometrics*, 167, 2012.

CNKI www.cnki.net

www.china-shftz.gov.cn

자유무역시범구 홈페이지

중국 매체지식인 연구의 지적 구조와 지식의 글로컬리티화

● 최은진 ●

Ⅰ. 머리말

1990년대 후반 중국의 학술체계가 제도화 되고 학계내의 학술체계가 형성되면서 지식인들과 대중이 연계하여 활동했던 1980년대의 모습은 사라지고 대중과 단절된 상업화된 지식생산 체제가 구축되어 갔다. 다양한 학문분야가 생겨나고 실용적 학문에 대한 요청이 생겨나면서 전공과 학과를 명확히 구분하는 전문적 지식인이 양성되기 시작한 것이다. 이 과정에서 인문학은 주변화 되고 분절화 된 실용적 지식이 더 유용한 것으로 소비되기 시작했다. 이러한 지식생산의 변화과정은 크게 중국사회의 소비사회의 출현과 대중문화의 확산과도 관련이 있다. 지식이 다양한 경로로 형성되고 소비될 수 있게 되면서 문화도 상품으로 간주된 것이다. 매체환경의 변화도 함께 이루어졌다. 문화의 상품화와 매체환경의 변화는 긴밀한 관련을 갖는데 특히 1980년대 이래 매체의 상업화는 기구의 수와 다양성 면에서 폭발적이었고 잡지나 신문의 수적 확대 뿐 아니라 TV매체나 라디오, 인터넷, 핸드폰 등 소위 매체나 매개물이 정보기술의 발전에

이 글은「중국 매체지식인 연구의 지적 구조와 사회적 함의」,『중국학연구』, 제77집, 2016을 수정·보완한 것이다.
국민대학교 중국인문사회연구소 HK교수.

힘입어 급속히 확대되었다. 이는 대중문화를 소비하는 대중을 출현시켰으며 대중의 요구에 부합하는 문화적 내용이 풍부하게 제공되어야 했으며 그 일환으로 전문적 지식에 대한 대중의 욕구에 부응하려는 상업적 매체의 작용도 동반되어 나타났다.

개혁개방이후 본격화 된 매체환경의 변화는 양적증가와 상업화를 특징으로 한다. 그러므로 매체를 통해 지식을 전파할 수 있는 여지는 커졌지만 여전히 정부와 국가의 매체기구와 정보에 대한 통제나 관리는 아직도 강하게 작동하고 있다. 그런 가운데 1990년대 후반 인터넷의 보급은 전통매체와 신매체가 상호작용을 하면서 지식의 생산과 전파 확산을 더욱 확대시키게 되면서 다양한 언론형성의 공간이 형성될 것이라는 기대를 낳았다.

2004년 『남방주말(南方週末)』은 매체 즉 잡지나 인터넷 공간 등을 통해 공공의 의제를 논하고 이를 이끄는 지식인을 '공공지식인'으로 지칭하였는데 공공지식인은 전반적으로는 매체지식인으로 인식되기도 했다. 그러므로 매체 지식인은 매체가 급격히 확대되고 변화된 환경 속에서 탄생된 지식인이라고 볼 수 있고 공공지식인이나 TV지식인은 모두 매체지식인의 범주에서 논의될 수 있다. 이외 매개(媒介) 지식인, 매체(媒體)지식인, 공공 지식인은 2000년대 이후 널리 회자되게 되었는데 이는 매체와 긴밀한 관련이 있는 지식인을 의미한다. 매체가 늘어나며 이에 종사하는 사람들을 매체인으로 부르지만 이들을 지식인으로 부르는 것은 아니다. 그러므로 매체지식인을 이해하기 위해서는 중국의 사회변화 속에서 지식인의 궤적을 이해하는 속에서 또한 매체환경의 변화와 이것이 끼친 사회적 영향과 그 함의를 함께 고려해야 한다고 본다. 이를 통해 매체와 관련된 기존의 연구가 지니는 양면을 종합적으로 이해할 수 있을 것이다. 또한 이러한 연구는 연구현황의 분석을 통해 매체지식인 연구라는 주제가 어떠한 외부적인 지적 수용과정을 거치며 그것이 어떻게 받아들여졌는가

를 보여줄 수 있다. 이는 지식의 중국내부에서의 글로컬리티라는 부분을
구조적으로 보여줄 수 있는 사례가 될 수 있는 것이다.

이를 위해 본고에서는 중국의 지식인을 둘러싼 새로운 변화상황을 매
체환경의 변화와 의미를 함께 고찰하기 위해 매체지식인 연구의 현황을
파악하는데 초점을 두고자 한다. 현재 신문과 잡지, TV, 인터넷 등 각종
매체내의 지식인의 문제와 관련되어 발생된 개별 사례연구도 진행되는 등
다양한 차원의 연구가 이루어지고 있지만 본고에서는 이를 포함하는 매체
지식인 연구가 가지는 의미를 포착하고자 한다.[1] 연구의 동향과 현황을
분석하여 그 사회적 함의를 추출하는 것을 연구의 목적으로 하고자 한다.

이를 위해 매체지식인을 연구한 중국내의 문헌자료를 분석하되 질적인
분석과 함께 양적 분석을 시도해 보고자 한다. 이를 위해 연구동향과 지
적구조 분석에 활용되는 키워드 동시출현분석과 저자 프로파일링 분석방
법을 시행할 것이다.[2] 이는 현재 중국에서 이루어지고 있는 매체지식인
연구의 지적구조를 시각화하고 그 네트워크를 파악하도록 이끌어 주고
이를 기반으로 이러한 연구들이 지니는 함의를 분석하여 중국의 전환기
사회변화 속에서 매체지식인의 연구를 통해 드러난 매체와 지식인의 현
황 및 지식생산체제의 기제 등을 파악할 수 있게 될 것이다.

---

1) 본고의 문제의식과 관련 담론연구가 관련이 있다고 보이는데 담론연구는 대중미디어
   즉 텔레비전, 라디오, 신문 등의 내용, 광고, 신문보도와 관공서의 문서 등을 분석하여
   객관화 하고 그 안의 언어, 개인의 의식형태, 사회 권력 간의 상호관계를 밝히며 의식
   형태와 담론의 형성이 서로 영향을 끼치고 이 둘의 관계가 사회구조와 권력의 관계에
   서 어떻게 생성되고 상호작용하는가를 밝히는 것이나 중국의 매체연구는 아직 본격적
   인 담론연구가 이루어지지는 못하고 있다고 본다. 주민욱, 『중국의 담론 연구』, 서울:
   커뮤니케이션북스, 2015, 2-3쪽.
2) 현재까지 데이터베이스로부터 지식 구조를 발견하기 위한 도구로 인정받아 온 방법이
   다. 키워드로 관계를 밝혀 구조를 형성하는 방식이다. 최은진, 「중국의 '중국학'연구의
   지적구조와 네트워크: 텍스트 마이닝 기법을 활용한 새로운 분석방법의 모색」, 『한국
   동북아논총』, 통권 79호, 2016, 73-74쪽.

II. 매체지식인 연구의 지적구조

1. 키워드 동시출현방법론 분석 결과

(1) 키워드 네트워크

중국즈왕(中國知網(CNKI))에서 매체지식인(媒體知識分子)을 주제로 하는 문헌 가운데 2편 이상의 글을 작성한 주요저자의 글을 모아 키워드 정보가 있는 자료에 국한하고 저자의 정보가 없는 경우를 제외한 나머지 논문을 정리하면 261개가 된다.[3] 본고에서는 키워드 동시출현관계를 살펴보는 것이라 공저자의 경우 앞에 있는 저자만으로 정리하였다.[4]

우선 전체적으로 키워드 동시출현관계를 살펴보았는데 키워드의 종수는 1248개, 전체 출현빈도는 1504회로 3회 이상 출현한 키워드는 36개로 정리되었다.

이를 주요저자의 논문 261개의 논문 키워드 벡터와 주요 키워드 36개와 공유정도를 코사인 유사도로 산출한 다음 NodeXL 프로그램을 통해 패스파인더 네트워크(pathfinder network)로 그려 보았다.[5] 이러한 방법을 택한 것은 이진 네트워크 분석인 연결망 분석과 비교해 연구 주제의 위치와 관계에 대해서 보다 분명하게 인식하도록 돕기 때문에 키워드 간 분석에 적절하다고 보기 때문이다. 하지만 데이터가 동시출현이 적고 저

---

3) http://www.cnki.net
4) 저자 중 李名亮는 정렬정리가 안되어 수작업을 하였다.
5) 패스파인드 네트워크는 키워드 간의 동시출현 빈도를 코사인 유사도로 정규화 해 상대적인 수치로 변환한 이재윤의 프로그램 WCENT를 실행한 다음 패스파인더 네트워크 알고리즘과 PNNC 알고리즘을 적용한 것이다. 이재윤, 「지적 구조 분석을 위한 새로운 클러스터링 기법에 관한 연구」, 『정보관리학회지』, 23(4), 2006, 215-231쪽; 이재윤, 「tnet과 WNET의 가중 네트워크 중심성 지수 비교 연구」, 『정보관리학회지』, 30(4), 2013, 241-264쪽.

자간의 공유 키워드가 상당히 적은 편이며 4개의 용어는 고립되어 있어서 이진 네트워크로 표현한 후 군집만 시각화하였다. 군집은 관계와 함께 연구의 경향성을 파악하기에 적절하다.

〈그림 1〉은 네트워크상에서 7개의 군집으로 나뉜 키워드 동시출현으로 본 지식구조의 그림이다. 전체적으로 지식인을 중심으로 공공지식인, 공공성, 웨이보, 담론권이 굵게 엮여 있다. 매체는 지식인과 긴밀한 관련이 있는 것으로 보인다. 이는 아래 〈표 1〉의 Cmp정도와 관련이 있다. 매체지식인 연구에서 가장 중요한 연구는 이러한 문제의식이라고 볼 수 있는 것이다. 지식인이 공공성을 확보하고 공공지식인이 되기 위해 웨이보가 어떠한 역할을 하며 이를 담론권의 작용과 어떻게 함께 고려할 것인가가 전반적으로 가장 중요한 연구동향이라고 볼 수 있을 것이다. 그러므로 매체지식인은 지식인의 문제 속에서 연구되고 있고 공공성의 확보 여부가 또한 중요하게 고려되고 있다는 지적 구조가 그려진 것이다. 〈그림 1〉에서 각 노드의 크기는 최접근 이웃중심성(Nearest Neighbor Centerality, NNC)의 크기를 반영하여 나타낸 것이다.[6] 각 그룹의 상황을 살펴보면 전반적으로 영향을 미치는 중요한 그룹은 ⑤④②⑦③그룹이다.

각 그룹의 노드의 크기가 큰 ⑤그룹의 웨이보(微博), 공공성(公共性), 담론권(話語勸), ④그룹의 부르디외(布爾迪厄), TV(電視), ②그룹의 교사와 문화, ⑦그룹은 공공영역, 사회전환(社會轉型) ③그룹은 공공공간(公共空間)과 매개지식인(媒介知識分子)등이 각 그룹의 중심이라고 할 수 있다. ⑥군집은 전환(轉型)이 중심이 되며 ①군집은 지식인으로만 서로 연결되어 있을 뿐이다.

---

6) 이는 국지적 관점의 중심성 측정정도를 의미하는데 지역 중심성이 높은 정도를 나타낸다고 볼 수 있다. 김판준·이재윤, 「연구영역분석을 위한 디스크립터 프로파일링에 관한 연구」, 『정보관리학회지』, 24(4), 2007, 204쪽.

〈그림 1〉 매체지식인 연구의 지적 구조

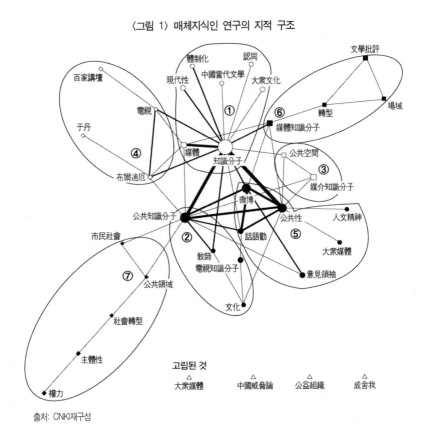

출처: CNKI재구성

　군집의 특성을 좀 더 살펴보면 5군집이 가장 긴밀한 연결망을 보인다고 할 수 있다. 공공성, 웨이보, 담론권 및 의견영수(오피니언 리더)와 인문정신, 대중매체로 군집이 형성되었다. 웨이보의 등장과 공공성의 확보가 담론권을 매개로 연계되어 있다. 웨이보가 오피니언 리더의 문제와 서로 연결되어 있고 공공성과 인문정신, 대중매체가 서로 연결되어 있다. 웨이보의 담론권이 공공성을 확보하는가의 문제 및 공공성은 인문정신을 내용으로 하며 대중매체는 이러한 공공성을 구현하는가, 또한 웨이보의 담론권과 오피니언 리더의 문제가 주요한 주제가 되었다는 것을 보여준다. 리더의 공공성과 담론주도의 문제 등이 주요한 주제라는 것을 의미할 것이다.

이러한 분석은 〈표 1〉을 통해 상세히 살펴볼 수 있다.

〈표 1〉 키워드 동시출현 분석표7)

순서	키워드	빈도	삼각매개 중심성TBC	중립성Cmp (-1~1)	국지적 관점 중심성NNC	최근접이웃1	최근접이웃2
1	지식인(知識分子)	38	92	0.0311	6	매체(媒體)	
2	공공지식인(公共知識分子)	18	45	0.0240	0	교사(敎師)	
3	공공성(公共性)	14	41	0.0264	2	담론권(話語權)	
4	웨이보(微博)	12	10	0.0077	2	담론권(話語權)	
5	TV지식인(電視知識分子)	6	1	-0.0389	0	문화(文化)	
6	담론권(話語權)	6	5	0.0032	2	웨이보(微博)	
7	매개지식인(媒介知識分子)	5	1	-0.0312	1	공공공간(公共空間)	
8	매체(媒體)	5	7	0.0003	1	지식인(知識分子)	
9	매체지식인(媒體知識分子)	5	7	-0.0111	0	전환(轉型)	
10	오피니언 리더(意見領袖)	5	0	-0.0339	0	웨이보(微博)	
11	부르디외(布爾迪厄)	5	5	-0.0061	2	TV(電視)	
12	대중문화(大衆文化)	4	0	-0.0460	0	지식인(知識分子)	
13	문학비평(文學批評)	4	0	-0.0360	0	장역(場域)	전환(轉型)
15	주체성(主體性)	4	1	-0.0401	1	권력(權力)	사회전환(社會轉型)
16	현대성(現代性)	4	0	-0.0396	0	지식인(知識分子)	
17	공공공간(公共空間)	3	2	-0.0284	1	매개지식인(媒介知識分子)	
18	공공영역(公共領域)	3	2	-0.0291	2	사회전환(社會轉型)	시민사회(市民社會)
20	교사(敎師)	3	2	-0.0129	2	문화(文化)	
21	권력(權力)	3	0	-0.0452	1	주체성(主體性)	
23	대중매체(大衆傳媒)	3	0	-0.0419	0	공공성(公共性)	
24	문화(文化)	3	3	-0.0274	2	교사(敎師)	
25	백가강단(百家講壇)	3	0	-0.0392	0	TV(電視)	
26	체제화(體制化)	3	0	-0.0377	0	지식인(知識分子)	
27	사회전환(社會轉型)	3	1	-0.0355	2	공공영역(公共領域)	
28	시민사회(市民社會)	3	0	-0.0341	1	공공영역(公共領域)	
29	위단(於丹)	3	0	-0.0422	0	부르디외(布爾迪厄)	
30	정체성(認同)	3	0	-0.0450	0	지식인(知識分子)	
31	인문정신(人文精神)	3	0	-0.0419	0	공공성(公共性)	
32	장역(場域)	3	0	-0.0350	2	전환(轉型)	
33	TV(電視)	3	5	-0.0072	2	부르디외(布爾迪厄)	
34	전환(轉型)	3	2	-0.0290	3	장역(場域)	
35	중국당대문학(中國當代文學)	3	0	-0.0450	0	지식인(知識分子)	

7) 삼각매개중심성(TBC)은 전역적 측면에서 영향력이 큰 정도를 반영하는 것이며 중립성(Cmp)은 전체 영역에서 중립적 위치인지 여부를 보여주는 것이다. 김판준·이재윤, 앞의 논문, 204쪽.

동시출현관계 키워드는 이하 35개로서 대중매체, 중국위협론(中國威脅論), 공익조직(公益組織), 청셔워(成舍我)는 고립되어 표상에서는 제거하였다. 대중매체(大衆媒體)는 대중매체(大衆傳媒)와 같은 의미이지만 저자가 표현한 의도가 다르다고 보아 통합하지 않았기에 고립되게 두었다.

국지적 관점 중심성(NNC)과 삼각매개중심성(TBC)가 1위인 것은 知識分子이며 Cmp도 1위이다. 지식인은 세부주제로도 영향력이 있음과 동시에 폭넓은 영향력을 지닌 용어라고 할 수 있다. 공공지식인(公共知識分子)은 TBC는 2위인데 NNC는 낮다. 즉 세부주제로의 영향력은 별로 없는 대신 매체지식인 연구에서의 전역적인 영향력이 큼을 의미한다. 공공성(公共性)은 세부주제로서의 영향력과 전역에서의 영향력 모두 높은 편이다. 지식인의 공공성의 문제가 매체지식인 연구에서 주요한 관심을 갖고 진행되었다고 볼 수 있을 것이다. 웨이보(微博)도 세부주제에서의 영향력, 전역 중심성이 모두 높으며 매체지식인 연구에서 주요한 주제가 되었다고 볼 수 있다. 그러므로 웨이보는 매체지식인 연구에서 지식인의 공공성과 관련해서 중시되고 있는 것을 알 수 있다.

한편 세부주제로서의 영향력을 미치는 키워드로는 전환(轉型)이 주목된다. 어떠한 변화 즉 매체환경의 변화와 관련되어 있는지 그 맥락을 살펴볼 필요가 있다.

중립성 즉 Cmp가 높은 키워드를 살펴보면 지식인, 공공지식인, 공공성, 웨이보, 담론권, 매체를 들 수 있다. 매체지식인 연구의 핵심을 이루는 키워드가 될 것이다.

한편 부르디외와 의견영수, 텔레비젼은 문화, 공공영역, 공공공간과 함께 전역중심성이 높고 세부주제로서의 영향력도 적지 않다.

최근접이웃을 보면 공공성과 담론권, 웨이보와 담론권이 가장 가깝게 연계되어 있고 TV와 부르디외, 장역(場域)과 전환(轉型), 사회변화와 공공영역, 공공영역과 시민사회, 권력과 주체성 등으로 나타났다. 매체지식인 연구에서 전통매체인 텔레비전의 파급력과 신매체인 웨이보의 공공영역 창출의 가능성이라는 사회적 환경 속에서 지식인의 역할과 그 공적 역할의 가능성이 주된 연구의 방향이라고 볼 수 있다.

이상의 키워드동시출현분석 결과 중국의 매체지식인 연구는 웨이보와 오피니언 리더라는 연구, TV 즉 백가강단과 관련된 연구, 공공영역과 시민사회와 관련된 연구 등에 집중된 것으로 드러났다.

(2) 시기별 키워드 네트워크의 변화

매체지식인은 매체의 발전과 함께 등장한 연구영역이므로 1990년대 이후 발전해 나간 것으로 파악된다. 그러므로 어떻게 연구가 확장되어 나갔는가를 살핀다면 연구의 관심 영역의 변화가 갖는 의미를 분석할 수 있을 것이다. 전체 연구성과의 수적 변화가 있었던 시기를 선택하여 시기를 구분하였다.

중국에서 매체지식인 연구는 1990년대 후반에 비교적 짧은 시기 이루어진 연구로서 중국의 사회적 전환이나 변화를 보여주는 주제라고도 할 수 있다.

〈표 2〉는 CNKI에서 매체지식인(媒體知識分子)를 주제로 검색했을 때 나타난 문헌에서 2회 이상 글을 발표한 주요 연구자의 글 261개를 시기별 수적 증감으로 나타내 본 것이다. 주요연구자들의 문헌수량에 주목한 것은 매체지식인 연구의 주요한 연구동향을 파악하기 위해서였다.

〈표 2〉를 보면 매체지식인 관련 연구는 1990년대 들어서 시작된 것으로 볼 수 있다. 2004년 증가했다가 2005년 줄어들었다. 전반적으로 매체지식인 연구는 증가했고 2014년 다시 감소하였다.

〈표 2〉 매채지식인 연구의 증감추이

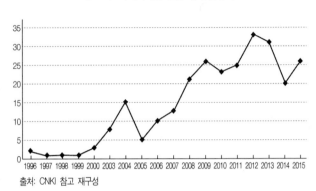

출처: CNKI 참고 재구성

그러므로 매체지식인을 주제로 하는 주요 연구는 시기적으로 양적으로 새롭게 등장한 연구영역이며 사회적 관심을 반영하고 있다고 할 것이다.

매체지식인은 매체의 발전과 함께 등장한 연구영역이므로 1990년대 이후 발전해 나간 것으로 파악된다. 그러므로 어떻게 연구가 확장되어 나 갔는가를 살핀다면 연구의 관심 영역의 변화가 갖는 의미를 분석할 수 있을 것이다. 이는 위에서 살펴본 전체 연구성과의 수적 변화가 있었던 시기를 선택하여 시기를 구분하였다. 이렇게 하면 2004년, 2012년을 경계로 볼 수 있다. 이에 따라 시기별로 1996년부터 2004년까지 9년간 매체지식인을 주제로 한 논문 31개, 2005년부터 2011년까지 7년간 논문의 수는 124개, 2012년부터 2015년 말까지 4년간은 109개로 정리해 보았다. 이를 보면 매체지식인에 관한 연구는 2000년대 중반이 확대된 것으로 볼 수 있다.

각 시기 논문의 키워드의 네트워크와 확장성을 시각화 하면 〈그림 2〉과 같다. 〈그림 2〉의 시기별 변화를 통해 알 수 있는 것은 키워드의 중복성이 별로 없는 것으로 보아 연구가 서로 긴밀하게 관련되어 있지 않다는 것이다. 제2시기는 양적으로 팽창되었지만 역시 연구간 긴밀한 관련은 별로 없고 3시기에 들어가서 관련성이 형성되기 시작했다고 볼 수 있다. 제 1시기는 1996년부터 연구가 시작된 이래 부르디외, 공공지식인, 텔레비전, 대중문화와 같은 문제가 매체지식인과 더불어 중시되었던 것이 보인다. 주요키워드 지식인과 대중매체를 제외하고 모두 한 번씩으로 되어 있어 긴밀한 관련은 없다. 주요 키워드를 보면 지식인과 대중매체를 제외하고 1시기에 처음 등장한 키워드는 부르디외(布爾迪厄), 공공지식인(公共知識分子), TV(電視)가 있다.

제 2시기인 2005년 이후 백가강단과 TV지식인의 영향력이 증대되면서 연구의 주제가 된 것을 알 수 있다. 시민사회 논의가 등장했고 매개지식인, 공공공간이 나타났다. 공공성이 중요하게 부각되고 위단(於丹)과 TV지식인(電視知識分子), 담론권, 공공공간(公共空間) 등이 나타난 것으로 보아 백가강단의 TV지식인과 매체지식인 연구가 긴밀하게 관련되어 나타난 시기로 볼 수 있을 것이다.

〈그림 2〉 매체지식인 연구 키워드의 시기별 변화

〈제 1시기 1996년-2004년〉

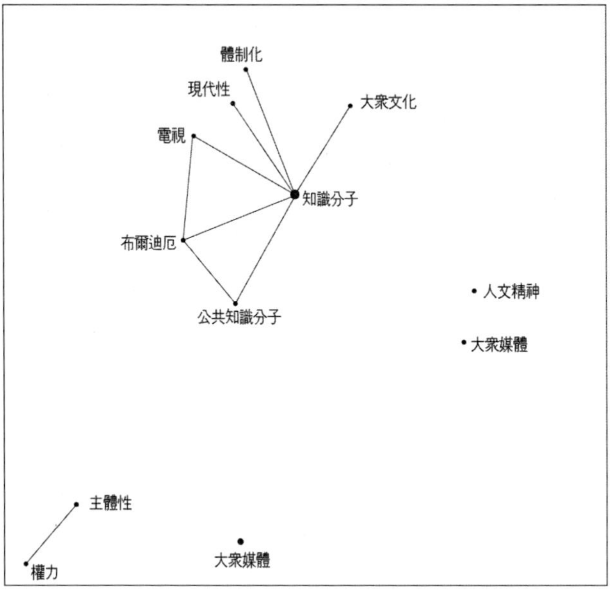

〈제 2시기 2005년-2011년〉

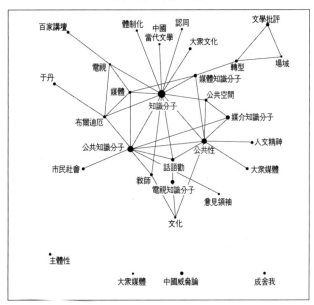

〈제 3시기 2012년-2015년〉

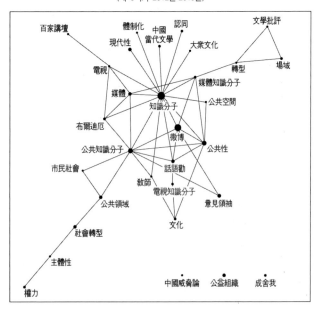

제 3시기인 2012년 이후는 웨이보에 대한 논의가 등장하면서 공공영역에 대한 연구가 주제로 등장했고 사회의 전환기 권력의 문제와 함께 구체화되어 가는 것을 알 수 있다. 웨이보(微博), 오피니언 리더(意見領袖), 공공영역(公共領域)이 주요한 키워드로서 2012년 이후 매체지식인 연구는 웨이보와 관련한 것이 주를 이룬 것으로 보인다.

이상 키워드 관계의 변화 과정을 살펴본 결과 시기구분의 근거를 역으로 추적해 볼 수 있었다. 2시기는 TV지식인의 사회적 영향력의 증가를 특징으로 하고, 3시기는 웨이보와 지식인의 오피니언 리더로서의 역할과 이것의 사회적 기대 등을 반영하는 것으로 TV와 지식인, 웨이보와 지식인이 주된 연구동향이며 1시기는 매체와 공공지식인 문제가 주된 연구동향인 것으로 정리할 수 있을 것이다.

한편 세 시기 모두 출현한 중요한 키워드는 공공지식인, 부르디외, 주체성이다. 지식인의 주체성이란 문제가 매체지식인의 공공지식인으로의 관계에서 가장 주요하게 논의되는 점이란 것과 중국 매체지식인의 연구에는 부르디외에 대한 검토가 가장 기본적으로 이루어졌다는 것을 알 수 있다.

부르디외의 연구가 도입되고 중국사회의 새로운 변화인 TV지식인과 웨이보의 실제적 사회변화 추동력에 대한 연구로 나아갔으며 이는 중국의 시민사회나 공공영역 형성 가능성에 대한 기대와 긴밀하게 연계되어 있다고 볼 수 있다.

시기적 변화를 통해 살펴본 결과는 매체지식인 연구는 사회전환기 변화를 진단하면서 서구의 관점을 통해 분석하고자 했다는 것이 가장 큰 특징이라고 볼 수 있을 것이다. 그러나 상호간의 긴밀한 관련은 비교적 약하므로 매체지식인에 대한 평가나 연구의 방향이 고립 분산적이었을 것으로 볼 수 있다.

2. 저자 프로파일링 방법 분석 결과

저자 간 관계를 분석한 결과 전체 논문 가운데 2건 이상 논문을 발표한 29명에서 한 개의 키워드 이상을 공유한 17명의 저자와 12명의 고립된 저자로 〈그림 3〉으로 시각화 할 수 있었다. 그러므로 TFIDF가중치8)를 이용하여 코사인유사도로 저자 간 유사도를 산출하여 네트워크를 그렸다. PNNC로 저자 군집을 3개를 도출했지만, 대부분이 큰 군집 1개에 포함되어서 군집 구분이 별 의미는 없을 뿐 아니라 고립된 저자가 너무 많고 서로간의 키워드 공유 관계가 너무 느슨했다. 결국 매체지식인 연구는 아직 저자간의 공유정도가 높지 않은 새롭게 진행되는 연구라고 볼 수 있을 것이다.

〈그림 3〉 저자 프로파일링 분석으로 본 저자 간 네트워크

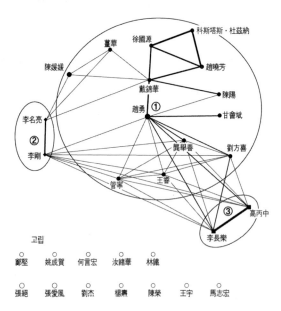

----

8) 특정문헌속용어출현빈도(Term Frequency Inverse Document Frequency).

1군집은 베이징사범대학 문예학센터(北京師範大學文藝學硏究中心)의 자오융趙勇을 중심으로 베이징대학비교문학과비교문화연구소(北京大學比較文學與比較文化硏究所)의 다이진화(戴錦華), 쑤저우대학문학원(蘇州大學文學院)의 쉬궈위안(徐國源), 후베이제이사범학원문학원(湖北第二師範學院文學院)의 자오샤오팡(趙曉芳), 런던대학의 코스타스 두지나(科斯塔斯·杜茲納), 푸단대학(複旦大學)의 천양(陳陽), 난징대학 사회학과(南京大學社會學系)의 간후이빈甘會斌, 우한대학 문학원(武漢大學文學院)의 궁쥐산(龔擧善), 중국사회과학언문학연구소(中國社會科學院文學硏究所)의 류팡시(劉方喜), 화둥사범대학외국어학원(華東師範大學外語學院)의 왕루이(王睿), 푸지엔논단잡지사(福建論壇雜志社)의 관닝(管寧), 푸단대학(複旦大學)의 장화(薑華), 후베이경제학원신문전파학과(湖北經濟學院新聞傳播學系)의 천위안위안(陳媛媛)으로 연계되어 있다. 자오융이 중심에 있다고 볼 수 있을 것이다.

3군집은 베이징대학 사회학과(北京大學社會學系)의 가오빙중高丙中과 베이징시하이뎬취교육정보센터(北京市海澱區敎育信息中心)리창러 李長樂이 연계되어 있다.

2군집은 상하이사범대학인문과방송학원(上海師範大學人文與傳播學院)의 리밍량(李名亮)와 장쑤기술사범학원(江蘇技術師範學院)의 리강 (李剛)이다. 이외 고립자는 12명이다.

조사한 논문 216개 가운데 인용도가 높은 논문의 저자가 영향력이 있다는 가정 하에 보면 20회 이상 인용된 논문 12개 가운데 자오융趙勇 (2004, 2009)[9], 가오빙중(高丙中)(2008)[10], 리밍량(李名亮)(2012)[11]의 글

---

9) 누구의 일상생활이 미화되는가? 어떻게 문화연구를 하는가-타오둥평교육과의 논의 (誰的"日常生活審美化"?怎樣做"文化硏究"?──與陶東風敎授商榷), 지식인문화에서 아는사람 문화로-대중매체의 문화전환에서의 작용(從知識分子文化到知道分子文化──大眾媒介在文化轉型中的作用).

이 포함되어 있다. 자오샤오팡(趙曉芳)(2008)[12], 궁쥐산(龔擧善)(2009)[13], 장화(薑華)(2009)[14]의 인용도도 높은 편이다. 그러나 고립되어 있는 장아이펑(張愛鳳)(2012)[15]과 린티에(林鐵)(2010)[16]는 인용회수는 높기 때문에 연구자간 연구주제는 분산되어 있다고 하겠다.

관닝(管寧)(2004, 2005)[17], 천위안위안(陳媛媛)(2010)[18]쉬궈위안(徐國源)(2015)[19]은 논문은 많았지만 인용도는 높지 않았다.

이러한 결과는 저자의 군집도 논문편수의 다과 보다는 주제에 따른 네트워크 형성이란 측면이 더 중요한 요소로 나타났다는 것을 알 수 있다. 따라서 연구주제의 방향과 상황에 대해 인식하는데 유리하다고 볼 수 있을 것이다.

한편 매체지식인연구는 여러 학과 배경의 연구자들이 진행하는 것을 알 수 있다. 숫적으로나 영향력 면에서 문학전공이 많고 미디어학이 다음을 차지하며 사회학이나 법학 등이 다음을 차지하고 있다. 이는 매체지식인이 문화와 지식인 논쟁과 관련된 주제로 포괄적으로 접근되고 있는 주제라는 점을 의미한다. 이외 매체학적 접근, 대중조직과 사회적 영향 등

---

10) 중국의 공민사회발전상태 − 공민성을 기준으로 평가(中國的公民社會發展狀態──基於"公民性"的評價).

11) 웨이보, 공공지식인과 담론권력(微博、公共知識分子與話語權力).

12) 시각문화충격과 침륜된 문화풍경(視覺文化沖擊與浸潤下的文學圖景).

13) 중국공공지식인의 현재상황과 재건의 필요(中國公共知識分子的當下狀況及重建必要).

14) 매개지식인: 관계, 시각특징과 신분의 재건(媒介知識分子: 關系、角色特征及身份重建).

15) 웨이보공간의 매체지식인과 사회공익행동 동원(微博空間的媒體知識分子與社會公益行動動員).

16) 매개지식인: 공공성과 의정설치(媒介知識分子: 公共性與議程設置).

17) 전자매체와 대중의 문예시청(電子傳媒與大眾視聽文藝).

18) 전환기 매개지식인의 사회의의 탐색(轉型期媒介知識分子的社會意義探尋).

19) 인터넷공공 공간과 지식인가치 재구축(網絡公共空間與知識分子價值重構), 지식인 매체화와 가치의 모순(知識分子"傳媒化"及價值悖論).

의 정치사회적 측면에서 중시되는 주제임을 보여주는 것이다.

　연구기관은 푸단대학과 쑤저우대학이 연구자나 논문의 수에서 매체지식인 연구를 주로 수행하는 기관인 것을 알 수 있다. 하지만 전체적으로 주요연구자의 분포 지역을 보면 베이징, 장쑤, 상하이 순서인 것으로 나타났다. 이외 영국과 타이완 연구자도 포함되어 있는 것에서 볼 때 해외 연구와 연계되어 있다는 점도 특징이라고 할 수 있다.

III. 중국의 매체지식인(媒體知識分子) 연구 동향과 함의

1. 지식인연구의 일환

　잡지 등에서 활동하던 공공지식인, TV지식인과 매개 혹 매체지식인, 웨이보의 오피니언 리더 등이 다양하게 출현하였다. 그러나 매체가 확대되었다고 하더라도 지식인이 이러한 매체에 대해 어떻게 접근하는가 하는 문제가 늘 중요한 관심사였다. 그러므로 매체지식인 연구는 대부분 쉬지린(許紀霖), 천동펑(陳東風), 위잉스(餘英時) 등의 지식인 연구를 인용하고 있으며 쉬지린이 정의 내린 공공지식인 개념에 근거하고 있다. 쉬지린은 공공입장에 놓이는가 시장에 영합하는가에 따라 공공지식인과 매체지식인을 구분하였다. 지식인은 공공성을 지녀야 하고 이를 중건해야 한다고 강조한다.[20] 또한 매체지식인이 출현하게 된 배경을 지식인을 둘러싼 제도적 변화로 보고 소위 대학의 학원지식인과 대별하여 매체지식인을 바라보는 관점은 천동펑이 주로 인용되었다. 이외에도 전통적 지식인

20) 張愛華, 「公共知識分子何以可能?──訪華東師大曆史系許紀霖教授」, 『社會觀察』, 2004, 38쪽; 劉傑, 「轉型社會的公共知識分子──當代大學教師的公共性及其社會建構」, 『東北財經大學學報』, 2009.9, 85쪽.

과 근대 중국의 지식인들이 지닌 사회에 대한 책무감을 계승하는 문제도 제기되었다.

무엇보다 서구의 지식인 연구자인 그람시와 푸코, 사이드에 대해서도 중요하게 간주하면서 사이드와 부르디외의 매체지식인의 속성에 대해서 전폭적으로 수용하는 경향을 보였다.

그러므로 매체지식인 연구는 중국사회의 전환과정에서 새로운 소비사회의 출현, 지식의 상품화라고 하는 사회의 변화에 처해 지식이 매체에 의해 상품화 될 수 있는 여지를 지식인이 스스로의 정체성을 재확인하면서 거리를 두어야 한다는 지식인 연구의 큰 범주 안에서 이루어졌다고 볼 수 있을 것이다.[21]

쉬지린의 공공성과 공공지식인의 개념과 범주에 의거한 연구 외에 천동평의 연구도 중요한 시각을 제공한다. 그의 2008년 연구는 앞에서 살펴본 매체지식인 연구의 중점을 차지하고 있는 자오용(趙勇)의 2009년 논문의 근간이 되었다.[22] 천동평은 공공지식인과 전문적인 학교지식인, 매체지식인으로 1990년대 이래 지식계가 분화되었다고 주장하였다.[23]공공지식인과 매체지식인을 구분하고 있는 것이다. 여기서 매체지식인(매개지식인)은 TV지식인을 의미하고 상업적 책략의 산물일 뿐이라고 규정지었다. 그러므로 매체지식인이 매체의 상업적 책략에 좌우되는 것에 대한 비판적 관점이 제공되었다. 그러므로 매체지식인과 전문적인 학교지

21) 管寧, 『消費文化語境中的文學敍事』, 福建師範大學, 博士論文, 2005; 劉方喜, 「政治的工具·經濟的婢女·精神的涵養區――中國社會發展中的"文化形象"辨析」, 『探索與爭鳴』, 2009年01期; 徐國源, 「後現代背景下的知識生産與人文批判」, 『江蘇社會科學』, 2008年03期.

22) 趙勇, 「從知識分子文化到知道分子文化――大衆媒介在文化轉型中的作用」, 『當代文壇』, 2009年02期; 趙勇, 「誰的"日常生活審美化"?怎樣做"文化研究"?――與陶東風教授商榷」, 『河北學刊』, 2004年05期.

23) 陳東風, 「新時期三十年人文知識分子的沉浮」, 『探索與爭鳴』, 2008.3, 17-18쪽.

식인을 비판할 수 있는 잣대는 사회에 공적 참여를 하는 공공지식인이며 이들과 매체의 관계는 독립적이고 자율적이라는 것이다. 그러므로 매개 지식인과 매체지식인, TV지식인, 오피니언 리더는 공공지식인이 되어야 한다고 보고 있다. 공공지식인은 매체를 통해 자신을 드러내야 하므로 매 체의 성격도 공공성을 띠어야 하고 이러한 매체의 공공성을 확보하게 하 는 것은 지식인들에 의해서라는 점에서 지식인 연구에 속한다고 볼 수 있다.

자오용은 왕삭(王朔)이 2000년 발표한 글의 제목이던 지도분자('知道 分子')로의 변질이 지식인에게 일어났다고 보고 평면화된 사상, 매체에 때문임을 강조했다. 하지만 2005년까지 이 용어는 오히려 매체의 영향력 이 큰 지식인을 지칭하는 말로 사용되는 등 매체의 영향력의 확대를 오히 려 보여 주는 상징이 되었다.[24)]

매체가 지니는 상업적 속성과 이로 인해 변질될 TV지식인의 문제는 부 르디외를 모두 인용하였다. 부르디외는 매체지식인을 설명하기 이전 지 식인을 설명하는 이론틀로 수입되었다고 볼 수 있다. 1996년부터 소개된 이래 부르디외의 『TV에 관하여』가 2000년에 번역되면서 중국사회를 이 를 통해 해석하려는 연구경향이 확대되었다.[25)] 하지만 이를 수용하면서 도 중국사회에의 적용여부에 대해서는 이론도 있었다. 서구사회와 달리 중국의 경우 지식인들의 자유롭고 독립적인 의견을 개진할 수 있는 환경 보다는 사회와 단절되어 있으므로 매체지식인은 공공지식인으로 중국사 회의 변화를 추동해 내야 하는 실정이므로 부르디외의 이론을 그대로 적 용할 수 없다고 본 것이다.[26)]

---

24) 趙勇, 위의 논문, 13쪽.

25) 張意, 「拆解新聞場的七寶樓台 : 布爾迪厄的媒體批評」, 『法學家』, 2008.4, 83쪽.

26) 甘會斌, 「大衆學術 : 中國學術建制化的困境」, 『南京師大學報』, 社會科學版, 2007年 06期, 11쪽; 熊英, 「試論知識分子與電視媒體的關系──兼談對布爾迪厄《關於

한편 웨이보의 오피니언 리더는 학계의 지식인 뿐 아니라 매체인, 자본가 등을 포함하고 팬층을 확보할 정도로 영향력이 증대되어 있고 담론권을 장악하여 국가의 정책을 전환시키는 데까지 이른다는 것으로 최근의 매체지식인 연구는 이러한 웨이보의 오피니언 리더의 역할에 집중되어 있다.

웨이보의 오피니언 리더의 담론권 형성과정에 보이는 허위적인 공공영역이나 엘리트적 성향, 국가의 웨이보를 통한 정책의 합리화 과정 등은 과연 지식인의 공공성 확보가 가능한 것인가를 반문하게 한다.

그러므로 쉬지린과 천둥펑 및 부르디외 , 사이드 등의 지식인 연구에 기반하여 지식인의 독립성과 자율성의 회복과 재건이란 관점에서 비롯되는 이러한 연구는 계급성을 벗어난 공공성이라는 가치의 보편성에 기댄 연구라는 점에서 지식인의 자기정체성 문제나 비민주성의 제기 등으로 순환되는 경향을 보인다.

지적구조에는 나오지 않았지만 인용도는 높았던 왕후이(汪暉)가 글에서 지적한 대로 매체 자체가 지니는 상업적 논리 및 비중립적인 매체의 속성 등은 상업적 대중과 대중문화가 아닌 계급적 민중에 기반한 매체의 출현 자체를 봉쇄 하는 경향을 지닌다는 지적도 있다.[27]

TV지식인과 웨이보의 오피니언 리더는 TV와 방송, 각종 신문과 잡지, 베스트셀러와 인터넷 블러그, 웨이보, 웨이신 등을 다양하게 활용하는 컨버젼스적 방식으로 대중문화에 기반 한 담론권을 향유하고 있다고 한다.[28] 그런 점에서 공공지식인이 최근 대중에 의해 비하되고 있는 현실

電視》一書的思考」, 『科敎導刊(中旬刊)』, 2013.2, 160쪽.

27) 汪暉·許燕, 「去政治化的政治與大衆傳媒的公共性」, 『甘肅社會科學』, 2006年04期, 236-237쪽; 林鐵·張建永, 「媒介知識分子 : 公共性與議程設置」, 『學術界』, 149期, 2010, 116쪽.

28) 徐國源, 「知識分子"傳媒化"及價値悖論」, 『南方文壇』, 2015年02期, 22쪽.

을 지식의 상품화와 대중화의 문제에서 찾는 것과 함께29) 매체의 속성과
지식인과 대중과의 관계 정립을 새롭게 읽어낼 다양한 시각의 정립도 제
기되었다.30)

쉬지린의 경우 매체지식인의 문제를 전문성의 부족에서도 찾고 있다.
그는 또한 매체지식인은 '공공은 너무 많고 지식은 너무 적다'라고 지칭
하였다. 이는 지식인은 지식의 전문성을 확보하는 것이 중요하고 이것이
공공성과 함께 중시되어야 한다고 강조했는데31)이는 지식인의 개입방식
에 대한 지적일 수 있다.

2. 공공성과 공공영역

공민성과 공공영역에 대한 논의는 매체지식인 연구에서 지속적으로 이
루어지는 부분이다. 쉬지린은 공민성은 공공의 이익에 근거하고 공공의
입장에 놓이는 의제와 실천을 해야 하는 것으로 설명했다.32) 그런데
2008년 가오빙중(高丙中)은 공민성을 공민정신으로 해석하면서 1978년
계급투쟁강령이 정지된 이후 혁명성을 상징하는 인민투쟁정신 대신 동정
심, 적극성, 상호존중, 공동체 의식 등 개인의 자발적 결사에 기반한 공민

---

29) 중국에서 근래 교수를 괴수(叫獸), 전문가는 磚家(벽돌만드는 사람), 엘리트는 精蠅
(파리) 등으로 모욕적으로 부르는 풍조가 나타났다. 또한 무치, 저능, 등등으로 표현한
다. 文軍·羅峰, 「公共知識分子的汚名化 : 一個消費社會學的解釋視角」, 『學術月
刊』, 2014年04期, 79쪽.

30) 류칭(劉擎)은 웨이보 관련 시위들과 사용자들의 폭력성 우려와 지식이 아닌 상식의
통용이 문제라는 쉬지린의 지적에 대해 웨이보의 관심공동체적 성격은 비록 가상공간
이지만 현실의 시민사회와 같은 기능과 역할을 할 수 있다고 긍정적으로 평가하였다.
唐小兵, 「微博, 知識分子與公民社會」, 『南風窓』, 2011, 88-89쪽.

31) 唐小兵, 앞의 논문, 87-88쪽; 陳平原, 「大衆傳媒與現代學術」, 『社會科學論壇』,
2002; 徐國源, 위의 논문, 2015에서 재인용.

32) 張愛華, 앞의 논문, 2004, 36쪽.

사회 건설의 공민정신이 중요한 가치가 되었다고 주장하였다. 매체지식인 연구에서 중요한 한 축을 차지하는 그의 주장은 공민은 자유주의에서 사용되는 용어라고 강조하면서 자유주의적 가치를 공민성으로 해석하였다는 것에 주목해야 한다.[33] 이는 인권과 자유실현의 과정의 문제를 수용하는 2009년 정도가 되면[34] 공공영역은 이러한 공민사회 실현 혹은 시민사회 실현을 위해 중요하게 제기된 주제였다.[35] 즉 공공영역 형성은 전환기 사회에서 형성되어야 하는 것이며 공공지식인의 주체적 활동과 실용주의로 약화된 공리성의 회복을 요청하고 있다.[36] 특히 인터넷 등 신매체에서 공공영역 형성의 가능성 문제도 중요한 주제로 연구되었다.[37]

하지만 최근 매체의 공공영역 논쟁은 공민과 인민관계의 대립관계를 인식하여 노동자계층의 급진화를 방지하고 자유헌정체제를 유지하려는 매체와 자유주의지식계의 담론연맹이라는 주장도 제기되었다.[38]

---

33) 汪畢芳, 「論公共知識分子在建構市民社會中的作用」, 『第三屆珞珈國是論壇論文集』, 2009.11, 48쪽; 高丙中, 「中國的公民社會發展狀態──基於"公民性"的評價」, 『探索與爭鳴』, 2008年02期, 9-12쪽; 李勇, 「微博語境下我國公民社會構建的現實困境」, 『東南傳播』, 2012.

34) 科斯塔斯·杜茲納·江興景, 「"人權的終結"六論」, 『法學家』, 2009年02期.

35) 王琛元, 「市民社會視域下的網絡論壇研究──以"綠壩"事件中的"强國論壇"與"貓眼看人"爲例」, 『新西部(理論版)』, 2013.6.

36) 龔擧善, 「中國公共知識分子的當下狀況及重建必要」, 『浙江工商大學學報』, 2009年06期, 84쪽; 陳霞, 「公共領域的構建與公共知識分子的責任」, 『北華大學學報』, 社會科學版, 2014.10, 128-129쪽; 許鑫, 「淺析媒體知識分子及其公共性的重建」, 『東南傳播』, 2016年01期.

37) 王睿, 「網絡環境中輿論主體的新轉向」, 『聲屏世界』, 2012年04期, 60쪽.

38) 夏倩芳·袁光鋒, 「"國家"的分化、控制網絡與衝突性議題傳播的機會結構」, 『開放時代』, 2014.1; 趙月枝·吳暢暢, 「網絡時代社會主義文化領導權的重建?──國家、知識分子與工人階級政治傳播」, 『開放時代』, 2016年第01期. http://www.opentimes.cn/list.php?fid=47.

3. 전통매체와 신매체

인문학자와 달리 매체 전공 연구자들은 매개지식인이란 표현을 더 많이 사용하고 있다. 매체시대 지식인이 매체와 주체적으로 결합한 산물이 매체지식인이며 새로운 문화매개인이라고 명명하면서 매체자체를 더 강조하는 측면이 있기 때문인 것으로 보인다.[39] 매체를 중심으로 매개지식인을 학교지식인에서 매체로 온 학원파, 매체인 자체, 상업계 엘리트 출신으로 분류했다.[40]

매체지식인은 특히 TV지식인이 백가강단에서 크게 성공한 이래 연구가 집중되었으며 부르디외의 장역이론을 활용한 연구가 늘어났다. 매체장이 학술장을 넘어 들어갔다는 분석과 함께 2004년 위추우(餘秋雨), 리중티엔(易中天), 류신우(劉心武), 왕리췬(王立群), 위단(於丹),옌충녠(閻崇年)이 성공하자 2007년 톈야(天涯)사이트에 중산대학의 徐晉如가 이들의 강연 내용 등을 비판하였다. 이후 고전에 대한 단순화나 통속화, 지식인들의 대중에의 영합 등을 지적하게 된 이래 연구가 지속되었다.[41]

39) 趙建國, 「“公共知識分子”與媒介知識分子」, 『新聞界』, 2007年01期, 46쪽; 薑華, 「媒介知識分子 : 關系、 角色特征及身份重建」, 『新聞大學』, 2009; 楊新敏·王文婧, 『媒介表達與知識分子祛魅』, 蘇州大學新聞傳播學院, 2009; 陳媛媛, 「論轉型期知識分子的媒介形象」, 『現代視聽』, 2010年09期; 丁苗苗·吳飛, 「再論“下沉的聲望”——從公共知識分子與媒介知識分子的角度」, 『東南傳播』, 2010; 程瑛婷, 『當代“媒介知識分子”的自我建構與他者呈現——基於三個個案的考察』, 安徽大學碩士論文, 2015.

40) 石明, 『中國媒介知識分子的曆史淵源與身份重建』, 陝西師範大學碩士論文, 2011, 27-40쪽; 程瑛婷, 『當代“媒介知識分子”的自我建構與他者呈現——基於三個個案的考察』, 安徽大學碩士論文, 2015.

41) 張建永·林鐵, 「媒體知識分子與經典的危機」, 『文藝評論』, 2008年01期, 239쪽; 周東華·劉鈁, 「中國電視知識分子發展策略探析」, 『新聞界』, 2010; 張愛鳳, 「微博空間的媒體知識分子與社會公益行動動員」, 『南京社會科學』, 2012(05), 112쪽; 羅燕, 「從《百家講壇》看傳統經典文化與電視傳播媒介融合」, 『重慶科技學院學報』,

실제 매체지식인은 TV 지식인을 상징하는 것으로 간주되었다.[42]

한편 인터넷은 TV와 달리 긍정적 가능성이 기대되었다.[43] 2009년이래 웨이보의 영향력 증대에 따라 여론형성의 중요한 작용을 하면서[44] 웨이보의 오피니언 리더의 담론권의 문제는 매체지식인 연구에서 중요한 부분을 차지했다. 2010년 웨이보가 전개한 반체제적 성격의 정치사건으로 확대된 宜黃事件에 대한 연구 등 구체적 사례연구가 증가하고 있다.[45] 기존의 연구에 의하면 오피니언 리더의 구성은 상업계나 학자들이 위주로 草根계층은 찾아보기 힘들다.[46] 인터넷 의견영수는 오히려 전통매체의 공공지식인 보다 공공의제에 연대하는 경향이 더 적다는 주장도 있다.[47] 매체의 공공성을 역시 강조하는 연구의 일환이라고 볼 수 있다.[48]

社會科學版, 2012, 155쪽; 孟麗娜, 「淺議電視知識分子對社會文化的消極影響」, 『品牌(下半月)』, 2015.5; 李欣, 「公共性、知識生產與中國知識分子的"媒介化在場"」, 『暨南學報』, 哲學社會科學版, 2015年02期, 28-29쪽.

42) 趙勇, 앞의 논문, 12쪽.

43) 王左豔, 「從場域的視角透視網絡論爭」, 『太原城市職業技術學院學報』, 2009.12, 134쪽; 王琛元, 「市民社會視域下的網絡論壇研究──以"綠壩"事件中的"强國論壇"與"貓眼看人"爲例」, 『新西部(理論版)』, 2013.6; 徐國源, 「網絡公共空間與知識分子價値重構」, 『新聞大學』, 2015年05期, 8쪽.

44) 唐小兵, 앞의 논문: 시장화 된 매체의 부단한 정치화, 정치화된 매체의 부단한 탈정치화가 중국적 특징이라고 함; 許燕, 「微博時代知識分子網絡公共論爭研究」, 陝西師範大學碩士論文, 2013.

45) 呂德文, 「媒介動員, 釘子戶與抗爭政治─宜黃事件再分析」, 『社會』, 2012.3, 131쪽; 李春雷·劉又嘉, 「理性啓蒙與大衆傳媒對與論建構的途徑分析─宜黃遷拆自焚事件發生地的實證調查」, 2012.5.

46) 童希, 「微博上的公共事務意見領袖」, 夏旦大學博士論文, 2013.4, 113쪽; 王蔚, 「公共性的迷思 : 微博事件中的知識分子及其社會行動──以錢雲案中知識分子觀察團爲例」, 『新聞大學』, 2013.

47) 曾繁旭·黃廣生, 「網絡意見領袖社區的構成、聯動及其政策影響 : 以微博爲例」, 『開放時代』, 2012.4.

48) 李名亮, 「微博、公共知識分子與話語權力」, 『學術界』, 2012.6, 77쪽; 張愛鳳, 「微

IV. 맺음말

본 연구는 중국의 지식인을 둘러싼 새로운 변화상황을 매체환경의 변화와 의미를 함께 고찰하기 위해 매체지식인 연구의 현황을 파악하는데 초점을 두었다. 현재 신문과 잡지, TV, 인터넷 등 각종 매체내의 지식인의 문제와 관련되어 발생된 개별 사례연구도 진행되는 등 다양한 차원의 연구가 이루어지고 있지만 본고에서는 이를 포함하는 매체지식인 연구가 가지는 의미를 포착하고자 하였다. 이러한 연구의 동향과 현황을 분석하여 그 사회적 함의를 추출하는 것을 연구의 목적으로 한 것이다. 이를 위해 매체지식인을 연구한 중국내의 문헌자료를 분석하되 질적인 분석과 함께 양적 분석을 시도하였고 연구동향과 지적구조 분석에 활용되는 키워드 동시출현분석과 저자 프로파일링 분석방법을 시행하였다. 매체지식인(매체지식인)을 主題로 하는 261개의 논문을 CNKI(中國知網)에서 찾아 WNET로 분석하여 지적지도를 그려 보았다. 그 결과 현재 중국에서 이루어지고 있는 매체지식인 연구는 아직 긴밀한 관계를 보이지 않고 분산되는 연구경향을 보이고 있는 것으로 분석되었다. 하지만 시간의 경과에 따라 점차 연구분야가 확대되고 관계성도 긴밀해 지고 있다는 것도 드러났다.

분석결과 공공성의 구현이라는 문제가 매체지식인과 관련 가장 중요한 이슈로 보이며 TV나 웨이보 등 매체를 통해 지식인들이 공공영역과 시민사회의 형성이라는 문제에 어떻게 작용할 수 있는가의 연구에 초점을 두고 있는 것으로 볼 수 있다. 전체적으로 보면 매체지식인은 지식인, 공공지식인, 공공성, 매체, 매개지식인, 공공공간, 담론권, 웨이보 , 부르디외,

博空間的"意見領袖"與廣播媒體的影響力提升」,『南京社會科學』, 2012, 24쪽; 李勇, 「微博語境下我國公民社會構建的現實困境」,『東南傳播』, 2012.

텔레비전(전시)등의 문제와 긴밀하게 관련이 되어 있는 것을 알 수 있다. 즉 공공지식인으로서의 공공성을 매체가 형성하는 공공공간에서 담론권을 형성하고 있는 것을 주로 연구하고 있다고 볼 수 있다. 그리고 이러한 매체지식인에 대한 기본적 인식은 부르디외의 텔레비전 지식인이 제공하는 것에 기반하는 것이며 매체지식인은 TV와 웨이보 매체를 통해 더욱 두드러지게 연구된 것도 알 수 있다.

특히 웨이보와 담론권, 공공성과 담론권이 가장 주요한 영향력을 행사했고 부르디외와 TV, 공공영역과 시민사회 및 사회변혁 등이 다음으로 중요한 연구영역이 되었다고 볼 수 있다.

매체 지식인 연구의 지식구조는 시간적 경과에 따라 百家講壇과 TV지식인, 부르디외(Pierre Bourdieu) 등 TV매체를 통해 일어난 사회적 현상에 주목한 연구, 웨이보(微博)의 등장으로 인한 오피니언 리더의 문제들과 공공영역의 문제 세 가지 영역의 문제로 크게 나뉘고 상호 관련이 되어 있는 것으로 나타났다.

양적분석 방법을 통한 연구결과들은 매체지식인 연구의 현상과 실제적 구조를 시각화하여 이해를 돕는다는 점에서 의의가 있다. 또한 중요한 연구관심 그룹을 통해 연구자들의 관계를 이해할 수 있다는 점에서 질적 연구를 뒷받침할 수 있는 시사점을 주었다. 즉 연구의 그룹이 인문학의 문화와 지식인 연구의 그룹과 매체학 연구자들, 사회, 정치 연구자들로 나누어지면서 상호 관련을 맺고 있다는 것이 드러났다. 또한 주요한 주제의 시기적 변화, 주요한 주제가 매체의 등장에 따라 달라진 점, 매체로 인한 새로운 지식인들의 등장과 이러한 담론의 힘에 의거해 사회를 변화시키고자 한 실제적 사회현상의 분석이란 구조적 파악이 가능했기 때문이다.

공공성에 대해서는 공민사회의 실현을 위한 공공영역의 형성이라는 부분과 지식인의 적극적 참여를 전제하고 있다. 자유와 독립이 충분히 보장되지 않은 중국에서 부르디외의 이론을 비판적으로 수용하고자 한 것도 중요하게 파악된 부분이다.

현재 중국의 매체지식인 연구는 매체를 통해 공공영역을 확대하기 위해 매체지식인의 지식인으로서의 공공성과 도덕성의 회복을 요청하고 그렇지 못한 지식인의 문제를 드러내고 비판하는 것에 초점을 두고 있다. 매체지식인 연구의 지적 구조가 지니는 사회적 함의는 첫째 지식인의 전환기 중국사회에서의 위상과 역할에 대한 이해를 가능하게 한 것이다. 둘째 매체의 비중립성, 공공성의 계급성 등을 강조하는 일련의 연구들은 아직 매체지식인 연구의 중요한 부분을 차지하지는 않았음을 드러내 준 것이다. 이외에도 본 연구는 공공영역이 부재한 중국에서 서구이론과 개념이 비판 도구로 수용된 것 구조적으로 드러내었는데 이는 지식의 글로컬리티화가 어떻게 형성되었는가를 이해하는 사례가 될 수 있을 것이다.

| 참고문헌 |

강준만, 『대중매체 이론과 사상』, 서울: 개마고원, 2012.

쉬지린 저, 송인재 옮김, 『왜 다시 계몽이 필요한가』, 서울: 글항아리, 2013.

이재윤, 「tnet과 WNET의 가중 네트워크 중심성 지수 비교 연구」, 『정보관리학회지』, 30(4), 2013.

주민욱, 『중국의 담론 연구』, 서울: 커뮤니케이션북스, 2015.

피에르 부르디외 저, 현택수 옮김, 『텔레비전에 대하여』, 서울: 동문선, 1998.

김판준·이재윤, 「연구영역분석을 위한 디스크립터 프로파일링에 관한 연구」, 『정보관리학회지』, 24(4), 2007.

唐小兵, 「圍觀改變中國?」, 『연세대학교 국학연구원 HK사업단 2014년 국제학술대회 자료집』.

_____, 「지적 구조 분석을 위한 새로운 클러스터링 기법에 관한 연구」, 『정보 관리학회지』, 23(4), 2006.

정보은, 「중국 사회 안정과 지식인 공간의 관련성 연구」, 『한중사회과학연구』, 36권 0호, 2015.

최은진, 「중국의 '중국학'연구의 지적구조와 네트워크: 텍스트 마이닝 기법을 활용한 새로운 분석방법의 모색」, 『한국동북아논총』, 통권 79호, 2016.

邱林川·陳韜文 主編, 『新媒體事件研究』, 北京: 中國人民大學出版社, 2011.

徐國源·路鵬程·劉怡 等著, 『知識分子與大衆傳媒』, 北京: 中國書籍出版社, 2012.

時統宇·呂强, 『電視知識分子』, 北京: 社會科學文獻出版社, 2012.

項潔, 『數位人文研究的新視野:基礎與想像』, 臺北: 臺大出版中心, 2011.

許紀霖, 『公共性與公共知識分子』, 江蘇人民出版社, 2003.

高丙中, 「中國的公民社會發展狀態—— 基於公民性的評價」, 『探索與爭鳴』, 2008.

唐小兵, 「微博, 知識分子與公民社會」, 『南風窓』, 2011.

呂新雨·趙月枝, 「中國的現代性、大衆傳媒與公共性的重構」, 『傳播與社會學刊』, 2010年第12期.

李名亮, 「微博、公共知識分子與話語權力」, 『學術界』, 2012.6.

吳銘, 「中國的'現在'與人文學 : 對話 《開放時代》 中國知識界的新媒體運用」, 『開放時代』, 2013.5.

汪暉, 「去政治化的政治'與大衆傳媒的公共性——汪暉教授訪談」, 『甘肅社會科學』, 2006.7.

張建永·林鐵, 「媒體知識分子與經典的危機」, 『文藝評論』, 2008年01期.

趙勇, 「從知識分子文化到知道分子文化——大衆媒介在文化轉型中的作用」, 『當代文壇』, 2009.2.

趙月枝·吳暢暢, 「網絡時代社會主義文化領導權的重建?——國家、知識分子與工人階級政治傳播」,『開放時代』, 2016.1.

曾繁旭·黃廣生, 「網絡意見領袖社區的構成、聯動及其政策影響∶以微博
　　爲例」,『開放時代』, 2012.4.

陳東風, 「新時期三十年人文知識分子的沉浮」,『探索與爭鳴』, 2008.3.

Graham, Shawn, *Exploring big historical data*, Imperial College Press, 2015.

중국 동북지역 연구와 '노후공업도시'

● 박철현 ●

Ⅰ. 동북현상과 신동북현상

지역연구란 무엇인가? 특히 중국과 같이 거대한 영토와 오랜 역사, 그리고 다양한 지역성을 가진 나라를 연구하는데 있어서 중요한 것은 중국을 구성하는 다양한 지역들의 특징을 파악할 수 있는 핵심개념을 확정하는 것이다. 이 핵심개념은 일정한 역사시기 동안 축적되어온 현실의 변화가 하나의 구조로서 자리 잡을 때 그러한 구조의 본질을 장악하는 키워드이다.

본 연구에서는 중국 동북지역을 연구하는 데 있어서 기존에 사용된 다양한 개념들을 비판적으로 검토한 후, '노후공업도시'를 비판적으로 재구성하여 동북지역의 현재와 과거의 문제들을 분석하는 하나의 키워드로 삼고자 한다.

중국 동북지역은 최근 몇 년 사이 '신동북현상(新東北現象)'을 겪고 있다. 신동북현상이란 중국 경제의 중저속 성장을 의미하는 뉴노멀(New Normal) 시대에 나타난 동북지역의 경제성장율 감소와 인구감소 현상을

---

* 이 글은 「중국 동북 지역 연구의 새로운 가능성: '노후공업도시'」, 『역사비평』, 통권 116호, 2016을 수정·보완한 것이다.

** 국민대학교 중국인문사회연구소 HK연구교수.

가리킨다.[1] 사실 지금부터 20여 년 전인 1990년대 중후반 동북지역에 이미 '동북현상(東北現象)'이 발생했다. 당시 동북현상은 이 지역의 중공업 위주 중대형 국유기업들이 1990년대 본격화된 도시지역의 시장화 개혁에 적응하지 못하고 기업도산, 임금체불, 노동자 해고와 파업이 잇달았던 현상을 가리켰다. 이 지역을 대표하는 도시들 중 하나인 선양(瀋陽)의 톄시구(鐵西區)의 경우, 1990년대 중후반 1,100개가 넘는 국유기업들의 자산대비 부채율이 평균 90%를 넘어섰고, 이 기업들에 고용된 노동자들 30만 명 중 절반이 해고되어, 선양은 "실업의 도시(下崗之城)"이라고 불릴 정도로, 지역 사회와 경제가 절망적인 상태였다. 2003년 중앙정부 차원에서 시작된 「동북진흥(東北振興)」 정책에 의해서 이 지역 국유기업들에 대한 개혁이 진행되었고, 그 결과 이 지역의 사회와 경제가 호전되는 듯 했으나, 몇 년 전부터 또 다시 신동북현상이 발생한 것이다.

문제는 이러한 신동북현상과 동북현상의 원인을 분석하기 위해서 여러 가지 개념들이 동원된다는 점이다. 기존 「동북진흥」 정책의 핵심내용인 국유기업 개혁의 불철저함을 지적하는 '시장주의', 이 지역 산업구조의 문제점을 개념화한 '자원형(資源型) 도시'나 산업구조의 불합리성을 부각시킨 '노후공업기지(老工業基地)' 및 이 지역 사회와 기업의 특징을 가리키는 '전형단위제(典型單位制)' 개념 등이 그것들이다.[2]

다시 말해서, 동북현상이 제기된 1990년대 중후반과 신동북현상이 제기된 2010년대 중반은, 중국 내부적으로 보면 시장화 개혁의 시기와 뉴노멀 시기라는 차이, 외부적으로 보면 중국이 자본주의 세계경제에 완전히 편입되기 이전과 이후라는 차이가 있다. 하지만, 경제성장률 감소, 기업

---

1) 新華社, 「事關全局的決勝之戰 : 新常態下"新東北現象"調查」, 2015.2.5.
2) 단위는 사회주의 시기 형성된 중국 도시사회의 기본적인 구성요소로서 국가기관, 기업, 병원, 학교, 연구소, 문화단체 등의 '직장'을 가리킨다.

도산, 임금체불, 인구감소, 노동자 해고와 파업 등과 같은 이 지역 사회와 경제의 침체현상이 여전히 지속되고 있는 점은 동일하고, 이러한 현상을 분석하기 위해서 시장주의, 자원형 도시, 노후공업기지, 전형단위제와 같은 개념들이 동원되고 있는 것이다.

필자가 보기에 이러한 개념들은 개혁기 신동북현상(동북현상 포함)의 분석에 있어서 그 나름의 적실성을 가지고 있다. 하지만 이 개념들로는 신동북현상을 초래한 이 지역 사회와 경제의 본질적인 문제를 규명하거나, 동북지역에 존재하는 100년이 넘는 역사를 가진 중대형 중공업 기업들의 작동방식이나, 이들 기업과 노동 및 국가와의 관계의 역동성을 분석하는 데는 한계가 있다. 또한 현재의 문제를 초래한 장구한 역사적 변동을 보지 못하고 '현상'만을 분석하는 것은 대증적(對症的) 진단일 뿐이고, 심도 있고 근본적인 해결을 위해서는 보다 포괄적이고 역사적인 개념이 필요하다. 따라서 과거 중국 사회주의가 매우 분권적이며, 중앙-지방 관계의 구조가 매우 다층적이라는 사실을 고려하면, 지방정부 층위에 분석의 초점을 맞추고, 국가(=지방정부)와 기업 및 노동의 관계를 중심으로 역사적 측면에서 이 지역의 사회와 경제에 접근하는 분석은 기존 개념들이 가지는 한계를 극복할 수 있다고 본다.[3]

이 글의 목적은 동북지역의 사회와 경제를 분석하기 위해 사용되는 기존 개념들을 비판적으로 검토한 후, '노후공업도시(老工業城市)' 개념을 통해 동북지역연구의 새로운 가능성을 탐색하는 것이다. 노후공업도시는 중국 학계에서 이미 사용되는 개념이긴 하지만, 단지 오래되고 낙후된 공업도시 정도의 의미로 새로운 시장경제에 적응하지 못하고 있는 도시를

---

3) 중국 사회주의의 분권성과 다층성과 관련해서는 다음을 참고: 배리 노턴 지음, 이정구
· 전용복 옮김, 『중국경제 : 시장으로의 이행과 성장』, 서울경제경영, 2007, 81-82쪽
; Barry Naughton, *Growing out of The Plan: Chinese Economic Reform 1978-1993*,
Cambridge: Cambridge University Press, 1996, pp.38-46.

가리키는 것으로, 경제발전의 걸림돌 정도로만 간주되는 경향이 강하다. 그 결과 중국 측의 노후공업도시 관련 선행연구는 주로, 산업구조, 공간구조, 도시재생, 정부기능, 공업유산 등의 문제에만 집중되어있다. 따라서 이 글에서는 노후공업도시 개념을 과거 사회주의 유산으로 간주하고 개조와 혁신의 대상으로 취급하는 기능주의적 관점을 벗어나서, 이 개념을 신동북'현상'을 넘어서 그것의 근본적 원인이 되는 동북지역 사회와 경제의 여러 가지 문제들을 인식하고 분석하는 하나의 방법론으로 위치시켜보고자 한다. 2장에서는 신동북현상에 대한 기존 분석을 국내외 언론과 연구를 중심으로 소개하고 이러한 분석에 동원된 개념들이 가지는 의미와 한계를 밝혀보기로 하자.

II. 동북지역 연구를 위한 기존 개념들의 비판적 검토

신동북현상은 경제성장률 감소와 인구감소를 가리킨다. 구체적으로는 이 지역 대표도시인 선양, 창춘(長春), 하얼빈(哈爾濱)의 지역내총생산(GRDP: Gross Regional Domestic Product)이 전국 최하위를 기록하는 현상이다. 그 영향으로 동북지역은 재정수입 증가속도도 전국평균 6.5%에 한창 못 미치거나 심지어는 마이너스를 기록하고 있다.[4] 이 문제에 대해

---

[4] 2015년 지린, 헤이룽장, 랴오닝 세 지역의 지역내총생산 실질성장률은 전국 31개 성, 시, 자치구 중에서 각각 28위, 29, 31위를 기록했다.
http://www.guancha.cn/economy/2016_02_17_351270.shtml(검색일: 2016.7.29).
이에 따라 재정수입 감소도 심각해졌다.
http://finance.qq.com/a/20150511/063754.htm(검색일: 2016.7.29)
또한 경제침체 따른 인구감소 현상은 그 전부터 심각해져서 2010년 제6차 전국인구조사에 따르면 매년 인구 유출이 200만 명에 이르러 동북지역은 인구순유출(人口純流出) 지역이 되었다.

서 국내 언론들은 한국 기업의 동북진출의 기회로 삼아야 한다든가, 관료주의나 계획경제가 원인이라고 지적하는 정도로, 보다 근원적인 사회와 경제의 문제에 대한 심도 깊은 분석이나 이해는 찾아볼 수 없다.[5] 또한 국내에서 번역되어 게재된 지린대학(吉林大學) 경제학 교수의 글에서도, 신동북현상과 동북현상을 분리하면서, 과거의 동북현상과 달리 신동북현상은 중국경제의 고도화에 수반되는 "성장통"이라고 보면서 뉴노멀 시대에 동북지역에는 오히려 경제 재도약을 위한 기회들이 마련되고 있다는 측면을 강조하고 있다. 그는 특히 기존 동북현상을 규정지었던 기업도산과 노동자해고의 문제점들은 「동북진흥」 정책 이후의 높은 경제성장률로 상당부분 해결되었다고 하면서, 신동북현상은 지엽적인 문제이고 산업구조조정에 수반되는 것이며 과거의 동북현상과는 엄연히 다른 것이라고까지 주장한다.[6]

하지만 2016년 3월에 발생한 동북지역 최대 광산기업 룽메이집단(龍煤集團)의 솽야산(雙鴨山) 탄광의 임금체불과 이에 따른 노동자 파업에서도 알 수 있듯이, 동북현상(기업도산, 임금체불, 노동자 해고와 파업)은 종결되고 신동북현상(경제성장률 감소, 인구감소)이 새로이 나타난 것이 아니라, 오히려 두 현상은 동시에 나타나고 있다고 해야 한다.[7] 홍콩에 본부를 둔 차이나 레이버 불리틴(China Labour Bulletin: 中國老工通訊)

---

http://news.qingdaonews.com/zhongguo/2015-07/10/content_11148814.htm(검색일: 2016.7.29)

5) 내일신문, 「[중국 권역별 현장 리포트 | ⑧ 동북(東北)지역-랴오닝 지린 헤이룽장성] 신동북진흥에 역량 집중 대륙 속 고립된 섬, 한국과 협력이 돌파구」, 2016.5.9.; 아주경제, 「[특파원스페셜] 중국인들은 왜 동북3성을 떠나는가」, 2015.8.11.

6) 리정, 「중국 동북지역, 새로운 발전의 기회 맞아」, http://csf.kiep.go.kr/expertColr/M004000000/view.do?articleId=14470(검색일: 2016.7.27)

7) 솽야산 탄광 노동자의 파업에 대해서는 다음을 참고. http://www.wyzxwk.com/Article/shidai/2016/03/360420.html(검색일: 2016.7.28)

에 따르면, 세계적인 경제침체로의 여파로 중국의 노동자와 시위와 파업은 전년대비 증가하고 있다고 한다.[8] 결국 동북현상의 종결과 신동북현상의 시작이 아니라, 동북현상과 신동북현상의 병존이 현재의 동북지역에는 더욱 정확한 진단이라고 할 수 있다.

한편 베이징대학 마이클 페티스(Michael Pettis) 교수와 같이 신동북현상을 2003년 「동북진흥」 정책 이후 계속되고 있는 국유기업 개혁이 불철저했던 결과라고 주장하는 목소리도 있다. 그는 중국 경제의 핵심적인 문제점은 정부가 너무 많은 부(富)를 독점하고 있기 때문이라고 지적하면서 국유기업의 민영화를 통해서 더 많은 부를 정부에서 가계 부문으로 옮겨야 한다고 주장한다. 이것은 전형적인 시장주의 주장으로, 국유기업 개혁의 핵심은 단지 기업 효율성 제고나 기술력 향상에 의한 수익률 증가가 아니고, 국유기업에 대한 정부독점의 해체가 되어야 한다는 것이다. 하지만 그가 주장하는 국유기업 민영화에 의해서 정부독점으로 인한 관료주의 해소와 기업수익률 증가에는 도움이 될지 모르겠지만, 사실상의 사유화(私有化)인 민영화에 의해서 민간부문으로 부가 이전되었다고 하더라도 그것이 민간의 특정부문에 의해서 독점되지 않으리라는 보장은 없다. 만약 국내외 자본에 의해서 그러한 부가 독점된다면, 부의 독점이 정부에서 민간의 특정부문으로 이전되었을 뿐, 신동북현상을 해결하는 처방책이 될 수는 없을 것이다.

이상은 모두 신동북현상에 대한 표피적인 지적이거나, 과거의 문제는 해결되었고 현재의 문제는 지엽적인 것에 불과하다는 관방적(官方的)인 주장, 혹은 지나치게 시장주의적 주장이라고 할 수 있다. 이것들은 동북지역의 문제를 모두 '경제'의 문제로 환원시켜서, 경제의 문제가 해결되면

---

8) http://www.clb.org.hk/content/workers%E2%80%99-struggle-continues-china%E2%
80%99s-economic-growth-slows-67-percent(검색일: 2016.7.29)

기업도산, 임금체불, 노동자 해고와 파업, 경제성장률 감소, 인구감소 등과 같은 신동북현상의 문제들이 해결될 것이라는 관점에 입각해있다. 또한 이런 개념들은 모두 신동북'현상'만 보고, 현상 너머에 존재하는 역사적 근원적 문제에 대해서는 무지한 공통점이 있다는 사실도 중요하다.

다음으로 자원형 도시는 이러한 주장들에 비해서 좀 더 동북지역의 고유한 경험에 근거를 두고 동북지역의 문제들을 설명하려는 개념이다. 자원형 도시는 해당 지역의 광산, 삼림 등에 부존된 천연자원의 채취와 가공을 그 핵심 산업으로 하는 도시유형을 가리킨다. 따라서 이러한 유형은 도시의 경제적 생산과 발전에 있어서 자원개발이 관건적인 지위를 차지하며, 자원개발과 도시형성이 밀접한 관계를 가지고 있다. 안산(鞍山: 철), 다칭(大慶: 석유), 진창(金昌: 니켈), 판즈화(攀枝花: 철) 등이 대표적이다. 동북지역의 대표적 자원형 도시인 다칭은 1959년 석유와 가스 채굴을 위한 도시로 형성되기 시작하여 지금은 중국 최대의 석유관련 공업도시로 성장하였으나, 매장량이 점차 고갈되어 산유량도 점차 감소하고 있어서, 도시의 존립 자체가 위기에 처해있다. 따라서 자원형 도시는 석탄, 석유, 철 등과 같은 주요 자원에 의존하여 형성된 도시가 해당 자원의 고갈에 따라 그 존립이 위기에 처하자, 이를 해결하기 위해서 주로 산업구조의 전환을 시도하기 위해서 제기되는 개념이다. 동북지역은 1949년 중화인민공화국 건국 이전부터 중국 최대의 중공업 지역으로 이러한 자원에 기초한 형성된 도시들이 상당수 있다. 따라서 자원형 도시는 이들 동북지역 도시들이 특히 개혁기에 처한 경제적 위기의 원인을 과도한 자원의존형 산업구조에서 포착하고 이러한 문제를 해결하기 위해서 사용되는 개념이다. 그렇기 때문에, 경제적인 측면을 제외한 동북지역의 다양한 측면을 포착하지 못할 뿐 아니라, 개혁기의 문제를 개혁기 이전으로 거슬러 올라가는 사회정치적 기원과 관련시켜서 분석하지 못하는 한계를 가지고 있다고 볼 수 있다.

다음으로 노후공업기지는 자원형 도시가 내포한 '산업구조의 불합리성'
이란 개념을 공유하고 있지만, 다음과 같은 몇 가지 점에서 구별된다.[9]
앞서 지적했듯이 자원형 도시가 석탄, 석유, 철, 니켈, 구리와 같은 천연
자원의 채굴과 관련 산업을 위해서 조성된 계획도시라고 한다면, 노후공
업기지는 개별도시차원을 넘어서 몇 개의 도시를 포함하는 넓은 지역이
다. 예를 들어서 동북 노후공업기지는 선양, 창춘, 하얼빈을 중심으로 형
성된 중공업 위주의 하나의 완결된 생산체계를 갖춘 공업집중지역을 가
리킨다. 이에 비해 다칭은 자원형 도시로서 석유 채굴과 관련 산업을 중
심으로 형성된 도시라는 점에서, 노후공업기지에 비해서는 공간범위가
협소하다. 또한 자원형 도시가 해당 천연자원의 채굴과 수출 위주의 산업
구조라고 한다면, 노후공업기지는 이러한 자원들을 사용한 최종적인 생
산품의 제조라는 제조업 위주의 산업구조라고 할 수 있다.

이렇게 볼 때 노후공업기지는 중국 국내외 언론이나 연구에서 흔히 보
이는 사유화를 촉구하는 시장주의적 관점보다는 좀 더 이 지역의 사회와
경제의 고유한 역사성을 고려한 개념인 것은 사실이다. 하지만, 기본적인
관점은 노후공업기지를 관료주의, 비효율, 경직성, 계획경제의 상징으로
간주하고, 개조와 변화의 대상으로 취급하는 것이다. 사실 2003년부터 시
작된 「동북진흥」 정책도 "동북 노후공업기지 개조"이 그 핵심내용이다.
이렇게 보면 노후공업기지 개념도 시장화 개혁 입장에서 동북지역의 사
회와 경제를 비효율과 낙후로 평가하고 있다는 측면에서는 자원형 도시
개념과 동일하다.

이상의 개념들보다는 이 지역의 사회와 경제에 대한 훨씬 심도 깊은
인식을 담은 개념이 바로 전형단위제이다. 전형단위제는 중화인민공화국
건국을 전후로 동북지역에 형성된 독특한 단위체제(單位體制)를 가리킨

---

9) 胡禮梅, 「轉形中的資源型城市與老工業基地的比較」, 『資源與産業』, 第10券1期,
   北京: 中國地質大學, 2008.2.

다. 전형단위제는 단위체제의 구성요소의 '전형성'이 매우 두드러져서 사회주의 시기는 물론 개혁기에 들어서도 이 지역의 사회와 경제를 지배하고 있고, 1990년대 중후반 이후 중국 사회 전체적으로 사구(社區)가 단위를 대체해나가는 상황에서도 동북지역에서는 여전히 강한 영향력을 유지하고 있다. 전형단위제를 주장하는 지린대학 사회학과 톈이펑(田毅鵬) 교수에 따르면, 전형단위제의 특징은 다음과 같다.[10] 첫째, 물리적 공간 측면에서 볼 때 전형단위제 기업은 주로 도시 교외의 넓은 부지를 차지하고 공장과 소속 노동자의 주택을 조밀하게 배치했다. 이들 기업은 중화인민공화국 건국 이전인 만주국(滿洲國) 시기에 이미 존재했거나 건국 초기인 제1차 5년 계획(第一個午年計劃: 1953-1957) 시기 소련이 자금, 기술, 전문가까지 지원해서 추진한 대형 개발 프로젝트인 '156개 중점건설항목(重點建設項目)'에 의해서 세워졌다. 광대한 부지, 공장과 노동자 주택의 조밀한 분포, 기존 도시의 교외라는 입지 등은 동북지역의 중공업 기업을 중심으로 형성된 전형단위제의 중요한 특징이었다. 둘째, 이런 물리적 측면만이 아니라, 사회공간(social space)이란 측면에서 보아도 전형단위제 기업들은 "자본가와 향락, 제국주의의 공간"을 "노동자와 생산, 사회주의의 공간"으로 개조한다는 건국 초기 공산당의 '도시접관(城市接管)' 이념에 따라서, 노동자의 생활에 필요한 전면적인 사회경제적 보장을 제공하기 위해서 '공인신촌(工人新村)'이라는 노동자 공동주택을 대규모로 건설하였다.[11] 공인신촌이라는 사회공간은 강한 폐쇄성과 배타성을

---

10) 田毅鵬·漆思, 『"單位社會"的終結 : 東北老工業基地"典型單位制"背景下的社區建設』, 北京: 社會科學文獻出版社, 2005, 52-62쪽.

11) 도시접관은 도시를 접수하여 관리한다는 의미로, 농촌에서의 경험을 기초로 혁명에 성공한 공산당으로서는 도시는 매우 낯선 존재였기 때문에, 1945년 일본의 2차 대전 패배 이후 동북지역에서부터 시작된 도시접관의 과정에서 공산당은 도시 자체의 운영은 물론, 기업을 포함한 도시사회를 구성하는 다양한 사회조직과 기구들을 장악하고 이들의 운영방식을 학습해나갔다.

지니고 있었고, 사회경제적 보장은 해당 기업 소속 노동자에게만 제공되었기 때문에, 소속 노동자들 사이에는 독특한 유대감이 형성되었고, 이는 문화로 자리 잡았다. 셋째, 이상의 물리적 공간과 사회공간의 특징에 더하여, 전형단위제 기업들은 하나의 행정구역(行政區域)으로서 기능하고 있었다. 동북지역 중공업 분야 중대형 국유기업들은 상당수가 중앙정부 관련부처에 직속된 '중앙기업(中央企業)'으로서 기업 소재지의 지방정부와는 직접적인 지휘계통에 속해있지 않았다. 또한 이들은 앞서 언급했듯이 교외에 광대한 부지를 차지하고 있고 그 내부에 학교, 상점, 병원, 문화시설, 은행 등을 모두 갖추고 있어서 사실상 하나의 행정구역과 다름이 없었기 때문에, 동일한 층위의 지방정부와 수직적 '지도관계'에 있지 않았고 단지 수평적 '협조관계'가 형성되어있을 뿐이었다. 아울러 이들 기업들은 종종 수만 명에 달하는 노동자들을 거느리고 중앙정부에 직속되어 있었기 때문에, 동원할 수 있는 사회적 경제적 자원이란 측면에서 보면 해당 층위의 지방정부에 비해서 결코 '약자'의 지위에 처해있지 않았다. 따라서 사회주의 시기 동북지역에는 지방정부와 기업 사이에 '약한 국가(지방정부) vs 강한 사회(기업)'이라는 구도가 형성될 정도였다고 한다.

전형단위제는 앞서 다룬 시장주의적 관점이나 자원형 도시 및 노후공업기지 개념에 비해서, 다른 지역과 동북지역의 구조적 차별성을 과거 사회주의 시기에 형성된 국가-기업-노동의 관계를 중심으로 분석할 수 있게 해주는 개념이라는 측면에서, 기존 개념들에서 결여된 역사성과 사회성을 모두 갖추고 있다는 장점이 있다. 특히 개혁기 신동북현상의 분석에 있어서, 이 현상의 원인으로 단지 국유기업 개혁의 불철저함을 지목하는 시장주의적 입장이나 산업구조의 불합리성과 구조개혁의 필요성의 방향에서 접근하는 자원형 도시와는 달리, 사회와 경제를 결합시켜서 포괄적으로 동북지역의 국가-기업-노동의 관계의 문제를 역사적인 관점에서 접근할 수 있게 한다는 점에서 그 의의는 매우 크다고 할 수 있다.

하지만 필자가 보기에 전형단위제 개념이 일정한 한계를 지니고 있는 것도 사실이다. 기본적으로 전형단위제는 사회주의 시기 '기업'을 중심으로 형성된 동북지역 사회와 경제의 고유함과 개혁기에도 강력한 영향력을 발휘하고 있는 역사적 연속성을 강조하는 개념이기 때문에, 분석의 대상과 영역이 기업 내부의 간부와 노동자 관계, 기업 내부와 외부의 관계, 기업과 지방정부의 관계에 집중되는 경향이 있다. 물론 개혁기에 들어서도 전형단위제의 유산은 강하게 남아있지만, 이제 동북지역에서도 과거 기업 중심의 사회관리체제인 단위체제는 거주지 중심의 사구로 바뀌었고, 이 지역의 특징을 반영한 사구모델의 형성이 논의되고 있다. 또한 개혁기 중국 사회에는 기업을 제외하고도 '시장'과 다양한 사회단체와 조직들이 생겨났기 때문에, 과거 사회주의 시기처럼 "기업이 사회의 역할을 담당하는(企業辦社會)" 시대가 이미 아니다. 기업을 중심에 둔 전형단위제와 그것의 공간적 확장으로서의 '전형단위제 사회'는, 사회주의 시기, 도시지역 시장화 개혁의 시기였던 1990년대, 세계무역기구 가입으로 중국이 자본주의 세계경제에 법적 제도적으로 완전히 편입되고 국내적으로는 사구가 단위를 대체하며 「동북진흥」 정책이 추진되던 2000년대 초반까지의 동북지역의 사회와 경제를 설명하기에는 매우 유효한 개념이다. 하지만 전형단위제는 사회정치적 지형이 훨씬 더 복잡해진 2000년대 중반 이후까지의 동북의 사회와 경제를 포괄하기에는 무리가 따른다.

신동북현상과 그것의 원인이 되는 동북지역의 사회와 경제를 설명하는 기존 개념들에 대한 이상의 비판적 평가에 기초하여, 3장에서는 사회주의 시기와 개혁기, 전형단위제의 해체와 사구 건설을 관통하여 국가-기업-노동의 관계의 역동성을 포착할 수 있는 개념으로서 노후공업도시 개념을 제기하고자 한다.

III. 동북지역연구의 새로운 키워드: 노후공업도시

2장에서 다룬 개념들 중에서 전형단위제는 신동북현상으로 나타나는 동북지역의 사회와 경제의 문제점들을 역사적 맥락에서 분석하기에 가장 적합한 개념이긴 하나, 앞서 지적했듯이 이미 달라진 개혁기의 다양한 사회정치적 지형들을 포착하기에는 한계가 있다. 이에 비해서 도시를 중심에 두고 해당 도시를 구성하는 사회정치적 경제적 요소들의 관계와 그 역동성을 역사적 맥락에서 포착하려는 개념인 노후공업도시는 다음과 같은 특징을 가지고 있다.

첫째, 노후공업도시는 이 지역에 존재했던 사회주의 시기 중공업 부문 중대형 국유기업들이 개혁기에 가지는 사회정치적 경제적 의미를 역사적 영향력이라는 측면에서 강조하는 전형단위제 개념을 이미 포함하고 있다. 따라서 노후공업도시는 기본적으로 기업을 중심으로 하는 전형단위제 개념을 뛰어넘어서 해당 기업이 포함된 도시의 정치와 문화의 문제를 포괄할 수 있는 개념이 될 수 있는 가능성이 있다. 하지만 실제 중국 측 연구에서는 노후공업도시 개념은 단지 쇠락한 중공업 국유기업의 역사적 유산의 강고함이나 개별 기업 내부의 노동자들 사이에 형성된 독특한 문화에 주목하는 경우가 다수이며, 그 결과 노후공업도시는 개별 기업이 아니라 도시전체 차원으로 확대된 개조와 변화의 대상 정도의 의미를 가진다.

둘째, 노후공업도시는 기업을 중심으로 하는 전형단위제 개념을 뛰어넘어서 '도시 거버넌스(urban governance)' 차원에서 동북지역의 사회와 경제의 문제에 접근할 수 있는 가능성을 가진 개념으로 적극적으로 재정의되어야 한다. 여기서 도시 거버넌스란 도시를 구성하는 국가(=지방정부), 자본, 시민, 사회조직 등의 사이에 권력이 배분되거나 행사되는 구조와 방식을 가리킨다. 또한 노후공업도시는 '노후'라는 역사성을 내포하고 있는 개념이기 때문에 건국 전후, 사회주의 시기와 개혁기, 개혁기 초기

와 2000년대 이후 등을 관통하여 존재해온 중대형 기업들이 상당부분 존
재하고 있는 동북지역의 현실을 잘 반영할 수 있다고 하겠다.

셋째, 개혁기의 중요한 특징 중 하나는 1990년대 중반 이후 지방
정부의 경제적 자율성이 크게 확대된 결과 '기업가주의 도시(urban
entrepreneurialism)'가 논의될 정도로 지방정부 성격에 커다란 변화가 발생
했고, 이에 따라 사회주의 시기 동북지역 '중앙기업'과 지방정부 사이에 존
재했던 '약한 국가(지방정부) vs 강한 사회(기업)'이라는 구도의 적실성이
상대적으로 감소했다는 점이다. 다시 말해서, 개혁기에도 여전히 중앙기업
은 존재하지만, 과거에 비하여 지방정부가 해당 지역의 경제정책에 관하여
더욱 큰 주도권을 가지게 된 결과, 해당 지역에 존재하는 중앙기업은 지방
정부의 경제정책에 더 큰 영향을 더 많이 받게 된 것이다. 따라서 시장이
아니라 중앙정부의 계획이 기업운영의 핵심원리였던 사회주의 시기 형성된
기존의 전형단위제 개념만으로는 개혁기 정부-기업 관계의 역동성을 제대
로 포착하기가 어렵게 되었다고 할 수 있다. 이렇게 볼 때 도시를 분석대상
으로 설정하고 해당 도시의 거버넌스에 참가하는 국가, 기업, 사회, 사회조
직들의 관계와 그 역동성을 과거 형성된 전형단위제의 역사적 유산 속에서
분석하려는 노후공업도시는 분명 유효한 개념이라고 할 수 있다.

넷째, 노후공업도시는 탈사회주의 시기 동북지역의 문화를 포착하는
데도 유효한 개념이다. 주지하다시피 동북지역 공업도시들이 형성된 계
기는 크게 두 가지이다. 하나는 일본이 중국 침략에 필요한 물자를 생산
하는 기지로 동북지역 중공업 군사 분야의 기업들을 대거 건설한 만주국
시기이다. 나머지 하나는 앞서 언급한 '156개 중점건설항목' 중 35%에 달
하는 56개가 동북도시들에 배정된 1950년대이다.[12) 중공업 분야 중대형

---

12) 何一民·周明長, 「156項工程與中國工業城市發展」, 『當代中國史研究』, 第14卷2
    期, 北京: 中國社會科學院當代中國研究所, 2007.

국유기업들과 소속된 "선진노동자들"로 형성된 동북지역 도시들은 사회
주의 중국의 대표적인 아이콘으로 존재했으며, "공화국의 큰 아들", "공화
국 장비부", "동방의 루르"로 호명되면서, 노동자들은 높은 수준의 사회경
제적 보장을 제공받고 있었다. 하지만 1990년대 중후반 이후 전형단위제
가 해체되고, 2003년 시작된 「동북진흥」 정책으로 산업구조 조정과 소유
권 개혁을 통해서 국유기업 개혁이 본격화되자 동북지역 도시들은 "공화
국의 큰 아들"에서 "실업의 도시"로 바뀌었다.[13]

사회주의 중국의 자부심이 사라지기 시작한 동북 도시공간을 채운 상
징은 코미디와 조직폭력으로, 동북지역은 각종 대중문화에 등장하는 코
미디언들의 고향, 조직폭력의 근거지 등으로 종종 묘사되기 시작했다.
「동북진흥」 정책으로 노후공업기지 개조정책이 막 시작된 2004년 「동북
사람은 조직폭력배가 아니다(東北人不是黑社會)」라는 노래가 인터넷을
중심으로 유행하기 시작하고, 2008년에는 동북지역 조직폭력배들의 이야
기를 다룬 인터넷소설 『동북 옛날 이야기(東北往事)』가 폭발적인 인기
를 얻어서 2012년에는 TV드라마로 제작되기까지 한다. 인터넷에도 '동북
조직폭력'을 상징하는 이미지가 넘쳐흐른다. 한편 동북지역 출신 코미디
언 자오번산(趙本山)과 샤오선양(小瀋陽)으로 상징되는 동북지역 사람
들에 대한 희화화된 이미지도 개혁기에 등장한 중요한 '동북상상(東北想
像)'이다. 이들은 본래 동북지역의 전통 만담인 얼런촨(二人轉) 예술인
으로 TV를 통해서 전국적인 스타로 부상했는데, 「시골사랑(鄉村愛情)」,
「마다쇄쇄이(馬大帥)」 등의 작품을 통해서 동북 농촌과 농민에 대한 상
상을 만들어 내고 있다. 이렇게 개혁기 대중문화를 통해서 (재)생산되는,

---

13) 이 시기를 담담한 시선으로 기록한 왕빙(王兵)의 다큐멘터리 「톄시구(鐵西區)」에는
"공장의 주인"이었던 선양 톄시구 노동자들이 국유기업 개혁으로 실직당하거나 하루
아침에 계약직 노동자 전락하는 모습을 보여준다.

조직폭력과 코미디라는 동북상상은 탈사회주의 시기 동북 도시문화의 한 부분을 구성하고 있다. 따라서, 과거 사회주의 중대형 공업기업의 역사적 유산, 실업, 코미디언, 조직폭력이 기묘하게 공존하는 동북지역의 문화를 분석하기 위해서 노후공업도시는 매우 유효한 개념이다.[14]

요약하자면, 노후공업도시는 전형단위제 개념이 가진 역사성, 개혁기 도시정치 행위자의 다양성과 상호 관계의 역동성, 경제적 자율성을 획득하게 된 지방정부, 사회주의 문화의 역사적 유산과 탈사회주의 문화의 혼재 등을 모두 포괄할 수 있는 개념으로 적극적으로 재정의될 수 있다. 그렇다면 이러한 노후공업도시 개념에 입각하여 가능한 연구는 어떤 것들이 있을까? 필자의 핵심적인 관심지역인 선양의 사례를 통해서 살펴보기로 하자.

첫째, 동북지역의 기업지배구조(corporate governance: 企業治理結構)의 역사적 변동을 도시차원에서 연대기적으로 고찰하는 연구를 생각해볼 수 있다. 선양 톄시구를 대상지역으로 해서 만주국, 국민당 정권, 사회주의 시기, 개혁기라는 네 시기를 대상으로 해서 공업기업의 기업지배구조의 변화를 역사적으로 분석하는 것이다. 이를 통해서 기업지배구조를 둘러싸고 지방정부, 기업, 사회조직들이 어떻게 대응했는가를 도시 차원에서 살펴볼 수 있을 것이다. 예를 들어, 톄시구의 대표적 중공업기업 "선양제일기상창(瀋陽第一機床廠)"은 일본의 본격적인 만주침략을 배경으로 1935년 11월 일본 미쓰비시(三菱) 재벌에 의해서 설립된 만주기기고분유한공사(滿洲機器股份有限公司)를 시작으로 해서 곧 미쓰비시기기주식회사(三菱機器株式會社)로 이름을 바꿨다가 국민당 정권이 들어선 1946년에는 선양제사기기제조창(瀋陽第四機器製造廠)이 된다. 1949년에는 다시 선양제일기기창(瀋陽第一機器廠)으로 이름을 바꾸고 국영기업이

---

14) 柳巖,「"東北不是黑社會": 大衆文化的城市江湖想像與社會主義銹帶的情感結構」, 『文化研究』, 第22輯, 北京: 社會科學文獻出版社, 2015.

되었고, 1953년에는 마침내 오늘날과 같은 선양제일기상창이란 이름을 가지게 된다. 개혁기인 1993년에는 다른 기업들과 합병을 통해서 선양기상고분유한공사(瀋陽機床股份有限公司)로 바뀌어 60년 이전의 "주식회사"로 되돌아갔다.

이렇듯 시대에 따라 변화하는 기업지배구조를 둘러싼 지방정부, 기업, 사회조직들의 역동적 상호관계를, 선양시 당안관, 톄시구 당안관, 선양기상집단당안실(瀋陽機床集團檔案室)의 각종 자료와 선양제일기상창편찬위원회(瀋陽第一機床廠編纂委員會)의 선양제일기상창지(瀋陽第一機床廠志) 등을 이용해서 분석할 수 있다.

둘째, 선양 톄시구의 국가-기업-노동의 관계에 대한 역사사회학적 연구이다. 물론 여기서 국가는 중앙정부와 지방정부를 모두 포괄한 개념이며, 분석의 핵심은 선양 도시 내부의 국가-기업-노동의 관계를 중장기적인 역사적 변동 속에서 고찰하는 것이다. 동북지역의 선양은 19세기 후반 20세기 초반부터 일본계 기업들이 공장을 건설하고 생산을 시작했는데, 일본이 러일전쟁에 승리한 후 기업들의 진출이 가속화되었고, 1932년 만주국 성립 이후에는 중국을 대표하는 중공업 기업들과 노동자들이 존재하는 지역이 되었다. 선양은 1945년 소련군이 접수한 후 국공내전을 거쳐서 1948년 공산당에 의해서 "해방"된다. 중화인민공화국 건국 이후 이지역은 전형단위제가 지배하는 국가-기업(노동) 관계가 형성된다. 이러한국가-기업-노동의 관계가 만주국 시기에는 어떠한 존재양태를 지니고있었으며, 사회주의 시기에 어떠한 경로를 통해서 전형단위제로 귀결되었으며, 개혁기 국유기업 개혁 과정에서는 어떻게 변용되었는가를 노후공업도시 개념을 사용하여 분석하는 것이다.

방법론적으로는 마이클 부라보이(Michael Burawoy)의 "공장체제(factory regime)"와 "생산의 정치(politics of production)" 개념을 사용하여, 기업의 생산을 위해서 다양한 세력들이 기업(과 노동)에 개입한 양상을 분석할 수 있다. 즉 생산을 위해서 국가, 기업, 사회조직, 시민 등이 공장에 개입하는 양상을 특정 도시 역사적 변화 속에서 분석하는 것이다. 앞서 지적했듯이 동북지역 과거 1백 년 동안 다양한 정치권력과 체제들이 존재했고, 그 속에서 특정 도시의 공장체제와 생산의 정치에 개입하는 다양한 세력들을 국가-기업-노동을 중심으로 분석하는 연구가 가능하다.[15]

IV. 결론

이 글은 중국 동북지역의 여러 가지 문제점을 둘러싸고 제기되는 다양한 개념들을 비판적으로 검토하여, 신동북'현상'을 넘어서 본질적 문제를 인식할 필요가 있다는 점을 지적했다. 이를 위해서는 기존의 전형단위제를 비판적으로 수용한 노후공업도시 개념을 통해서 도시차원에서 동북지역의 사회와 경제의 문제들에 역사적으로 접근하는 것이 중요하고, 두 가지 사례-기업지배구조와 공장체제의 문제-를 통해서 노후공업도시를 사용한 동북지역연구의 새로운 가능성을 제시하였다.

필자는 다롄기차차량창(大連機車車輛廠)의 전형단위제에 관한 논문에서, 개혁기를 보다 잘 이해하기 위해서는 개혁기 이전에 대한 심층적

---

15) 부라보이는 노동과정은 특정한 사회적 관계를 재생산하는 정치적 이데올로기적 효과를 가지고, 동시에 특정한 생산관계를 규제하는 정치적 이데올로기적 생산장치가 존재한다는 사실에 주목하고, 이 두가지를 합쳐서 공장체제라고 정의하였다. 간단히 말해서 공장체제는 공장 내부의 노동과정을 지배하는 정치적 이데올로기와 공장 외부에서 공장 내부의 생산과정 전체에 투사되는 정치적 이데올로기로 구성된다. 전자가 노동과정을 직접 지배하는 자본의 이데올로기라고 한다면, 후자는 공장 외부에 존재하는 국가를 비롯한 다양한 사회적 행위자들의 이데올로기라고 할 수 있다. 부라보이는 민족지적 현장체험에 근거하여 공장체제 개념을 통해서 자본주의와 사회주의 기업에서의 '생산의 정치(politics of production)'를 분석하였다. 다음을 참고: 마이클 부라보이 저, 정범진 역, 『생산의 정치』, 서울: 박종철출판사, 1999.

이해가 필수적이라고 한다면, 전국적 추상적 수준의 이념형(ideal type)으로서의 사회주의가 아니라, 지역에 존재했던 '물질과 제도'로서의 사회주의에 대한 연구가 요구된다고 주장했다.[16] 중국의 거대한 영토와 지방의 다양성을 고려하면, 전국적 추상적 사회주의 연구는 물질과 제도의 차원으로 하강할 필요가 있다. 이러한 물질과 제도로서의 사회주의는 이 지역 사람과 문화와의 화학작용을 통해서 관념과 습관을 지배했고, 그 유산은 전형단위제에서 보이듯이 여전히 존재하고 있다. 이렇게 물질과 제도에서 다시 '문화'가 되어버린 '동북 사회주의'의 유산은 탈사회주의 시기 부상한 새로운 아이콘(코미디언, 조직폭력)과 뒤섞여서 이 지역에 존재하고 있다.

전형단위제를 내포한 노후공업도시 개념은, 이렇게 문화가 되어버린 과거의 유산과 개혁기의 대중문화 아이콘들이 상호작용하는 도시공간의 문화정치를 포착하기에도 매우 적절한 개념으로 보인다. 왜냐하면 개혁기 도시는 과거처럼 국가와 기업만이 존재하는 공간이 아니라 시장을 매개로 탄생한 다양한 사회적 행위자들이 혼재하는 공간이고, 이들 사이에 형성되는 복잡한 문화정치들이 일상적으로 전개되고 있기 때문이다.

개혁기를 탈사회주의 시기로 보고 탈사회주의를 이해하기 위해서는 '물질과 제도'로서의 사회주의를 이해하는 것이 필수적이라고 한다면, 이러한 이해를 위해 동북 노후공업도시 연구가 가지는 방법론적 의의는 무엇일까? 첫째, 역사적으로 볼 때 건국을 전후로 한 시기 중국공산당은 동북지역에서의 도시접관을 통해서 도시에 관한 사회정치적 경제적 문제들을 본격적으로 대면했고, 그 문제들의 해결과정에서 중국 사회주의를 규정하는 중요 정책들을 수립할 수 있었다. 예를 들어, '단위'를 중심으로

---

16) 박철현, 「사회주의 시기 중국 동북지역의 국가와 기업: 대련기차차량창의 전형단위제를 중심으로」, 『만주연구』, 제20집, 서울: 만주학회, 2015.

도시사회, 기업 중심 노동자 복지제도, 기업 내부 공산당 조직에 의한 정
치적 역량 동원 등이 모두 1948년 봄 이후 동북지역 도시들에서 시작되
고 있었고, 이후 화북, 화동, 화남, 서남 등의 도시접관 과정에서 이러한
동북지역의 경험은 중요한 참조점이 되었다.[17] 동북지역 도시들은 도시
접관의 원형이 된 것이다. 둘째, 비교 사회주의적 측면에서 볼 때, 소련과
비교해서 중국은 분권적 성격이 훨씬 더 강했다. 계획경제의 형식을 취하
고 있었지만, 1970년대 중반이 되면 중앙정부가 직접 통제하는 상품의 숫
자가 중국은 소련에 비해서 훨씬 적어질 뿐 아니라, 중앙정부의 계획은
지방정부 층위에서는 매우 비효율적으로 집행되었다. 또한 중국은 소련
에 비해서 기업의 형태도 국유기업만이 아니라 도시집체기업, 농촌집체
기업 등으로 훨씬 더 복잡했고, 기업의 규모도 중소형 기업들의 숫자가
훨씬 많았다. 뿐만 아니라 1970년대 말 중국은 소련에 비해서 국유경제
부문의 재고 2배 이상, 미완성인 건설프로젝트도 2배 이상이었는데, 이것
은 모두 분권화된 경제 시스템으로 인해서 지방들 사이의 투자를 조율하
는 메커니즘이 없었기 때문이다.[18] 중요한 것은 이러한 분권성은 지방'정
부'만이 아니라 지방 소재 중앙기업에도 적용되고, 동북지역 도시의 중앙
기업에서 잘 드러난다는 사실이다. 이들 기업은 중앙정부의 해당부처에
직속되어있기는 하지만 지방에 소재해있기 때문에 직속 상급조직인 중앙
정부로부터 상당히 자율적이었다.[19] 따라서 이러한 동북지역 도시들에서
포착되는 중앙기업의 '이중적 자율성'은 곧 중국 사회주의의 분권적 성격
을 잘 반영하는 것이다.

---

17) 박철현, 앞의 논문, 2015, 148-151쪽.
18) Barry Naughton, *op. cit.,* 1996, pp.26-56.
19) 동북지역 노후공업도시에서 포착되는 '약한 국가(지방정부) vs 강한 사회(기업)' 구도
는, 중앙기업들이 가진 지방정부로부터의 자율성만이 아니라, 중앙정부로부터의 자율
성을 의미하는 것으로 이해되어야 한다.

| 참고문헌 |

마이클 부라보이 저, 정범진 역, 『생산의 정치』, 서울: 박종철출판사, 1999.

배리 노턴 저, 이정구·전용복 옮김, 『중국경제: 시장으로의 이행과 성장』, 서울: 서울경제경영, 2007.

박철현, 「사회주의 시기 중국 동북지역의 국가와 기업: 대련기차차량창의 전형 단위제를 중심으로」, 『만주연구』, 제20집, 서울: 만주학회, 2015.

내일신문, 「[중국 권역별 현장 리포트 | ⑧ 동북(東北)지역 – 랴오닝 지린 헤이 룽장성 신동북진흥에 역량 집줘 대륙속 고립된 섬, 한국과 협력이 돌파 구」, 2016.5.9.

아주경제, 「[특파원스페셜] 중국인들은 왜 동북3성을 떠나는가」, 2015.8.11.

田毅鵬·漆思, 『"單位社會"的終結: 東北老工業基地"典型單位制"背景下的 社區建設』, 北京: 社會科學文獻出版社, 2005.

新華社, 「事關全局的決勝之戰: 新常態下"新東北現象"調查」, 2015.2.5.

柳巖, 「"東北不是黑社會": 大衆文化的城市江湖想像與社會主義銹帶的情 感結構」, 『文化研究』, 第22輯, 北京: 社會科學文獻出版社, 2015.

胡禮梅, 「轉形中的資源型城市與老工業基地的比較」, 『資源與産業』, 第10 券1期, 北京: 中國地質大學, 2008.

何一民·周明長, 「156項工程與中國工業城市發展」, 『當代中國史研究』, 第 14卷2期, 北京: 中國社會科學院當代中國研究所, 2007.

Barry Naughton, *Growing out of The Plan: Chinese Economic Reform 1978-1993*, Cambridge: Cambridge University Press, 1996.

리정, 「중국 동북지역, 새로운 발전의 기회 맞아」

http://csf.kiep.go.kr/expertColr/M004000000/view.do?articleId=14470

http://www.guancha.cn/economy/2016_02_17_351270.shtml

http://finance.qq.com/a/20150511/063754.htm

http://news.qingdaonews.com/zhongguo/2015-07/10/content_11148814.htm

http://www.wyzxwk.com/Article/shidai/2016/03/360420.html

http://www.clb.org.hk/content/workers%E2%80%99-struggle-continues-chin
a%E2%80%99s-economic-growth-slows-67-percent

양안의 민족주의 정서 고양과 양안관계

● 이광수 ●

Ⅰ. 서론

1. 문제제기

오늘날 온·오프라인을 막론하고 국경의 경계를 뛰어넘는 초국가적 이동과 교류가 일상적으로 이루어지면서 '민족'을 뛰어넘는 탈민족주의와, 세계주의 흐름을 강조하는 경향이 나타나기도 하지만, 한 국가내부나 국가간 관계에 있어서 혈연, 언어, 관습, 역사적 경험을 공유하는 집단의 공동체주의로서의 민족주 풍조를 고양시켜, 외부세력에 대항하는 배타주의 경향을 갖도록 한다.

민족주의는 일반적으로 자기 국민(민족)의 이익을 우선적으로 보호하고, 다른 나라 국민(민족)의 이익은 배제하는 배타적 속성을 갖고 있다. 이는 민족주의가 시민의 정서와 의식을 보다 넓은 국가의 차원에서 재통

---

* 이 글은 「양안의 민족주의 정서 고양과 양안관계」, 『중국학논총』, 제53집, 2017을 수정·보완한 것이다.
** 국민대학교 중국인문사회연구소 HK연구교수.

합하는 집단의식으로 작용하기 때문이다.[1] 따라서 역사적으로 민족주의
는 국가를 안정적으로 통치하고, 상대방에 허점을 보이지 않도록 효과적
으로 대처하는 이데올로기로 인식되어 왔다.

현재 대만해협 양안(兩岸)에서 나타나고 있는 민족주의 경향은 위와 같
은 성격을 잘 드러내고 있다. 중국과 대만 모두 내부적으로 민족주의 의
식을 고양시킴으로써 소속 구성원들의 자존감 향상과 단결심을 강화하는
한편, 상대방에 대해서는 공격하거나 배제하려는 양상을 보인다. 즉 양안
은 각기 '중국민족주의(中國民族主義)'와 '대만민족주의(台灣民族主義)'
라는 민족주의 이데올로기를 통해 내부의 민족적 동질성을 강조하여, 상
대방의 정치적 의도에 적극적으로 대응한다. 중국은 중국민족주의를 통해
대만을 중화민족의 구성원으로 포괄하려 하고, 대만은 대만민족주의를 통
해 중국과 별개의 독자세력으로 자리매김 하려는 의도를 보이고 있다.

2000년대 중반 이후 미국과 서구 국가의 금융·경제위기에 따른 국제질
서의 재정립 흐름이 나타나는 것과 동시에 중국은 시장경제로의 과감한
체제 전환을 통해 경제발전과 국력 상승을 이끌어내면서 점차 '중국민족
주의' 의식이 강화되는 추세에 있다. 여기에는 몇 가지 이유가 있는데, 우
선 중국전통문화와 사회주의 이데올로기 교육이 주 내용인 애국주의교육
(愛國主義敎育)을 통해, 정치적 안정과 공산당 통치의 정당성을 인정받
으려는 당정 지도부의 의도가 내포되어 있고, 다음으로 외세에 침략당했
던 치욕적인 역사 경험은 씻어내고, 중화세계라는 강대했던 역사적 지위
를 복원시키기 위한 민간의 욕구가 함께 반영되어 있다. 현재 중국민족주
의는 조어도 문제, 남중국해 문제, 대만 문제 등 영토 및 주권과 관련된
핵심이익을 유지하기 위하여, 내부적으로 중화민족의식의 고취를 통해
민중의 단결을 유도하고, 외부적으로 국제사회에서 공격적 태도를 보이

---

1) 이광규, 『신민족주의의 세기』, 서울: 서울대 출판부, 2006, 8-12쪽.

는 배경으로 작용하고 있다.

대만에서도 2000년대 이래 민주진보당의 집권기간 대만 본토화(本土化) 운동, 대만정명(正名)운동이 지속되고, 장기간의 독자발전과정에서 중국인 정체성이 쇠퇴함에 따라 자연스럽게 대만인 정체성이 증가하면서 '대만민족주의' 의식이 고양되는 추세이다. 대만민족주의가 고양되는 배경에는 우선, 지속적인 대만화 교육을 통해 탈중국화를 시도하고, 국제질서에서 대만의 지위를 인정받으려는 민주진보당 등 대만독립성향 정치세력의 의도가 반영되어 있으며, 다음으로 양안간의 장기간의 분단(分斷)에 따른 민간에서의 중국정체성의 퇴조와 중국의 '하나의 중국' 정책에 따른 외교적 고립과 상실감에 따른 민간의 적대감정이 복합적으로 작용하고 있다. 대만민족주의는 양안관계, 대만의 국제적 지위 문제, 정체성 문제 등을 통해 중국과의 경쟁, 대립을 통해서 내부적으로는 대만인의 단결을 강화하고, 외부적으로는 중국과의 거리를 둔 채, 국제사회에서 독립적 지위를 인정받기 위한 방향으로 나서려는 특성을 보이고 있다.

일찍이 민족주의 연구자 베네딕트 앤더슨(Benedict Anderson)이 "민족은 본래 제한되고 주권을 가진 것으로 상상되는 정치공동체이다."[2]라고 언급하면서 민족은 정치적 해석 여하에 따라 유동적인 존재로 인식되어 왔다. 즉 민족은 고정불변한 존재가 아니라 특정한 의도나 목적에 따라 언제어디서나 새로이 민족으로 정의되고, 민족의식으로 단결하여 새로운 민족공동체를 형성한다는 것이다. 중국의 중화민족론이나 대만의 대만민족론 모두 상상의 공동체로서 민족이라는 성격을 지니고 있다. 상상의 공동체로서의 민족에 대한 앤더슨의 분석을 좀 더 서술하자면, 민족은 첫째, 인류라는 보편적인 무리 개념이 아닌 그들만의 무리인 민족으로 제한

---

2) 베네딕트 앤더슨 저, 윤형숙 역, 『상상의 공동체-민족주의 기원과 전파에 대한 성찰』, 서울: 나남출판, 2002, 25쪽.

되어 인식되는 존재이고, 둘째, 민족은 자유로움을 꿈꿀 수 있는 권리 즉 주권을 가진 존재이며, 셋째, 수평적 동료의식으로 상상되는 공동체라는 보다 확대된 민족 개념이다. 앤더슨은 민족 구성원 각자의 마음에 서로 친교(communion)의 이미지가 살아있기 때문에 하나의 민족으로 상상된 것으로 보아야 한다는 관점을 제시했다.[3]

이 논문은 위와 같이 민족이 상상된 것, 즉 상상의 공동체라는 이론적 틀을 배경으로 하여 양안 사이에 나타나는 민족주의 고양 정세와 그것이 양안에 미치는 영향을 살펴보고자 한다.

현재까지 민족주의는 여전히 강력한 정치사상적 조류 중의 하나이다. 기본적 함의는 도덕적, 합법적 정부를 구비하고, 정치적 영토와 민족적 영역이 일치하고, 통치자가 민족구성원과 동일하다는 것을 전제로 한다. 따라서 민족주의 운동은 민족을 기초로 세워진 현대 국가의 사회운동, 정치운동, 문화운동이다.

이 글은 양안에서 나타나는 민족주의적 현상이 양안 내부와 양안관계에 미치는 영향을 분석하기 위한 것이다. 이를 위해서 첫째, 양안 민족주의의 발전 배경, 즉 고양 요인은 무엇인가?, 둘째, 양안 민족주의적 현상은 어떻게 나타나는가?, 셋째, 민족주의 현상이 양안관계에 어떻게 영향을 미치는가? 라는 세 가지 질문을 통해 연구목적을 충족시키고자 했다.

2. 선행연구 분석

양안의 민족주의 고양에 대한 선행 연구는 중국, 대만, 한국에서 이루어진 연구를 살펴보았다. 우선 중국의 중국민족주의 연구는 중국민족주의 부상의 시기, 배경, 특징, 국제정세에 미치는 영향 등을 중심으로 연구

---

3) 베네딕트 앤더슨, 앞의 책, 24-27쪽.

되고 있다. 샤오공친(蕭功秦)은 중국민족주의가 본격적으로 학계에 등장한 것은 경제성장에 따른 국력상승의 효과로 1990년대 중반부터 중화주의가 서구 매체와 학계의 관심을 받아오는 과정에, 1995년 11월 출간된 원동경제평론(遠東經濟評論) 이라는 잡지에 '중국의 신민족주의'라는 표지가 등장하면서부터라고 제기했다.[4] 런빙챵(任丙强)은 중국민족주의가 반서구화 경향성을 보이는 이유는 1990년대 이래 외교영역에서의 좌절감에 따른 민중의 분노와 함께 정부의 필요성에 의해 시작되었다고 언급하면서, 중국민족주의가 비이성적, 국가본위의 특징을 띠고 있다고 지적하였다.[5] 리멍아이(李蒙愛)는 신형민족주의로서 온라인민족주의는 아직 미성숙한 상태이기 때문에 중국사회와 외교에 영향을 미치는 파급효과를 검증, 관리해야 한다고 주장했다.[6]

한편 중국 학계는 대만민족주의의 고양 배경에 종족(族群) 정치의 필요성[7], 중국인 정체성의 변화, 문화민족주의의 대두가 바탕으로 깔려 있다고 보고 있다.

중국의 일반적인 시각을 대표하는 것으로 선헤이핑(沈惠平)은 대만민족주의를 대만독립을 위한 사상적 기초를 세우기 위한 작업이라고 간주

---

4) 蕭功秦, 「中國民族主義的歷史與前景」, 『戰略與管理』, 1996.4.5.

5) 任丙强, 「中國民族主義的重新興起:原因、特征及其影響」, 『學海』, 2004.2.10.

6) 李蒙愛, 「淺析當代中國網絡民族主義」, 『黑河學刊』, 2013.5.

7) 종족(族群)은 Ethnic Group을 의미하며, 혈연, 외모, 역사, 문화, 언어, 종교, 지역 등의 상이함을 통해 형성된 집단을 말한다. 대만에서 족군은 크게 중국에서 건너온 한족과 남도어계의 원주민으로 나뉘는데, 2,300만 인구 중 한족이 98%, 원주민은 2% 정도로 약 55만 명이며, 2017년 현재 16개 민족으로 분류되어 있다. 한족은 명·청 시기에 이주해온 집단 중 푸젠성 출신(河洛人) 70%, 객가인 출신이 15%를 차지하며, 내성인(혹은 본성인)으로 분류된다. 한족 가운데 나머지 13%는 1945년 이후 국공내전 패퇴이후 중국에서 건너온 국민당 세력 중심의 한족인데, 외성인으로 분류한다. 상세한 원주민 통계 현황은 다음 원주민족위원회 웹사이트 참조할 것. 原住民人口數統計資料, http://www.apc.gov.tw/portal(검색일: 2017.3.17)

한다. 즉 대만은 국가정체성문제에서 이미 주권독립국이며, 양안은 특수
한 국가대 국가 관계라는 시각이 대만민족주의의 특징이라고 분석했다.[8]
따라서 중국은 탈중국화 경향을 경계하고, 하나의 중국 원칙을 견지하면
서, 대만문제의 평화적 해결에 방점을 두며 지속적으로 관심을 가지고 보
아야 한다는 시각을 보이고 있다. 톈즈위(田子瀟)는 대만민족주의가 일
제시기 대만내의 항일운동의 부산물이며, 중화민족과 동일한 혈통을 갖
고 있다는 점에서, 대륙의 항일운동과 맥을 같이 한다고 주장한다. 따라
서 1949년 이후 대만독립분자들에 의한 대만민족주의는 역사적, 법적으
로 근거가 없는 정치적 분열주의이며, 환상이라고 비판했다.[9] 하오페이
란(郝沛然)은 대만민족주의의 고양은 대만독립을 강령으로 정한 민진당
에 의해 주도되었다고 보고, 민진당의 창당 이후부터 집정이전 시기, 천
수이볜 집정 시기, 마잉주 정부의 야당 시기 등 3단계를 거치면서 주민자
결, 독립건국, 문화적 탈중국화로 변화했다고 분석하면서, 중국은 양안교
류협력 강화, 중화민족으로서의 정체성 강화, 지속적 내부개혁을 통해 대
만민족주의 비호를 제한해야한다고 대응책을 제안했다.[10]

다음으로 대만의 대만민족주의 연구는 1990년대 대만사회에서의 국가
정체성 즉 통독(統獨)논쟁으로 본격화 되었다. 왕푸창(王甫昌)은 종족배
경이 다른 민중이 특정정당을 지지/반대하는 원인은 과거 대만의 종족정
치구조와 밀접한 관련이 있다고 보면서, 대만의 주요정당이 1990년대 이
래 민족주의 이데올로기 논쟁을 통해 종족모순, 성급모순이 격화되면서
대만민족주의가 본격적으로 출현하였다고 보았다. 1994년도의 '대만지구
사회의식조사' 자료 분석을 통해 대만민중의 민족주의 및 종족의식이 본

8) 沈惠平, 「當代"台灣民族主義"淺析」, 『貴州民族研究』, 2009.10.25.
9) 田子瀟, 「台灣民族主義與中華民族主義」, 『學習與實踐』, 2007.8.15.
10) 郝沛然, 「民主進步黨之"台灣民族主義"話語析論」, 『南京大學』(碩士論文), 2014.5.20.

성인으로 하여금 민진당을 지지하도록 이끄는 중요한 요소로 보았다.[11]
자오젠민(趙建民)은 대만민족주의의 고양이 양안관계를 어렵게 할 수 있
다고 보면서, 대만은 현실적 역학구도를 인정하면서 이성적인 대응이 필
요하다는 인식을 보이고 있다. 즉 양안관계를 악화시킬 수 있는 네 가지
문제로, 첫째, 정치경제 능력의 성장 및 정치경제체제의 전환 이후 발현
되는 신흥 민족주의적 대항 문제, 둘째, 아·태지역의 경제 지역주의 및
자유화 상황에서의 협력과 경쟁의 문제, 셋째, 안보와 경제무역 이익의
평등 문제, 넷째, 실재 대만주권의 인정 문제 등이다. 자오젠민은 양안의
신흥 주체의식 즉 민족주의 고양이 양안관계에 큰 영향을 끼칠 것이라고
전망했다.[12]

한편 대만민족주의와 관련한 최근 연구에서는 양안교류의 과정에서 나
타난 실재 사례에 대한 연구가 같은 분단국의 처지에 있는 우리의 관심을
갖게 한다.

양완잉(楊婉瑩)과 장야원(張雅雯)은 양안교류의 확대로 대만 이주 대
륙인 숫자가 급증하면서, 대만의 종족 상태에 영향을 주고 대만 국가구성
원의 정의에 논쟁을 가져온다고 보고 있다. 두 사람은 과거 연구가 일반
적으로 대만민족주의자와 대륙 이주민사이에 긴장관계가 존재한다고 보
았다면, 자신들은 대만의 민족주의 경향이 대만과 중국의 정체성의 차이
와 관련 있고, 대만민족주의 인식이 대륙인민에 대한 태도에 영향을 준다
고 보았다. 즉 정체성 측면에서, 대만의식이 강한 자일수록 더욱 대륙 이
주민을 반대할 가능성이 있다. 하지만 강렬한 대만의식을 가지고 있다고
할지라도 국가구성원의 정의에 대한 기초는 다르며, 대륙이주민에 대한

---

11) 王甫昌, 「族群意識, 民族主義與政黨支持 : 一九九〇年代台灣的族群政治」, 『台灣
社會學研究』, 1998.
12) 趙建民, 「台灣主體意識與中國大陸民族主義的對抗 : 面對二十一世紀的兩岸關係」,
『中國大陸研究』, 1998.

태도도 더욱 다를 수 있다고 보았다.[13]

양안민족주의에 대한 한국의 연구는 상대적으로 중국민족주의에 치중되어 있다. 중국민족주의는 중화민족주의, 중국민족주의, 중화주의, 한족주의 등 다양한 키워드로 관련연구가 다수 진행되고 있는 점에 비해, 대만민족주의는 대만민족주의에 대한 본격연구는 거의 찾아보기 힘들고, 대만의식, 본토화운동, 국가정체성, 탈중국화 등의 연구를 통해 부분적으로 언급되는 수준이다.

오일환은 1990년대 중국민족주의 고양이 반외세민중운동, 공론화과정, 반미정서의 활용 등을 배경으로 이루어졌고, 국제 정치통합기능과 신국제질서의 재편 기능이라는 국가적 기능으로써 성격을 지니고 있다고 보았다.[14] 조성환은 중국민족주의는 체제이행에 내재된 사회주의 이데올로기의 쇠락에 따른 공백을 메우는 대체 이데올로기로써 등장하는 동시에 고도성장과 국제적 부상을 반영한 '민족적 자신감(national pride)'을 자극하는 집단적 정념의 체계가 되었다면서, 현대화와 더불어 중국은 사회주의적 통제가 아닌 중화주의의 측면에서 민족주의적 결집을 도모하고 있다고 주장한다. 또한 세계화 시대 중국의 민족주의가 영토성과 문화성을 새로이 강조하고 있다.[15] 주인석·박병철은 중국민족주의의 고양을 동아시아의 리더십 경쟁과 영토분쟁으로 이루어졌다고 보고 있다. 두 사람은 "동아시아를 중심으로 하는 중일 간의 지역 리더십 경쟁과 영토분쟁은 미중 간 패권경쟁이라는 구조적 요인뿐만 아니라, 중일 양국의 '국가이익(national

13) 楊婉瑩·張雅雯, 「她們不是我們?分析台灣的民族主義者反大陸移民之態度」, 『東吳大學學報』, 第34卷 第2期, 2016.

14) 오일환, 「세계화 시대 중국의 신민족주의 기능연구」, 『중국학연구회』, 중국학연구회 학술발표회, 2010.11, 87-101쪽.

15) 조성환, 「세계화 시대의 동아시아 민족주의: 신민족주의의 분출과 동아시아주의적 모색」, 『한국동양정치사상사연구』, 5(1), 한국동양정치사상사학회, 2006.3, 176-177쪽.

interest)'과 '국가 정체성(national identity)'이 결합된 신민족주의라는 내부적 요인이 개입된 복합적인 성격을 갖는다. 중일 양국 간의 갈등은 영토주권의 확보라는 팽창적 민족주의라는 성격뿐만 아니라 양국 내 국가와 국민들 사이에 존재하는 역사적, 문화적 민족주의와 결합된 것이다."[16]

II. 양안 민족주의 정서의 고양 요인

이 장에서는 양안 즉 중국과 대만 내부의 요인과 양안관계에 치중하여 각각의 민족주의 고양요인을 살펴보았다. 근대 국가의 성립과 함께 형성된 민족주의는 민중의 민족의식의 고양과 국가에 대한 충성을 강조하고 있다. 따라서 민족주의 정서의 형성은 보통 내부 문제들에 대한 주의를 분산시키려는 목적, 지배세력의 통치의 안정성을 확보하기 위한 의도, 외부세력의 압박으로 인한 위기시 내부 단결을 강화하고 강력히 저항하려는 수단으로 이루어진다. 앞서 살펴본 선행연구의 결과에서도 볼 수 있듯이, 1990년대 이후 본격적으로 등장한 중국민족주의와 대만민족주의는 이러한 민족주의 정서 고양 요인에 잘 부합한 것으로 볼 수 있다.

1. 중국민족주의 정서의 고양 요인

(1) 탈냉전 체제로의 전환과 경제성장에 따른 국력상승

1990년대 초에 본격화된 탈냉전은 시장경제로의 전환과정에 있던 중국에게 위기와 기회를 동시에 부여했다. 우선 소련과 동구 사회주의 국가

---

16) 주인석·박병철, 「아태 지역질서의 변화와 중국 및 일본의 신민족주의」, 『통일전략』, 15(3), 한국통일전략회의, 2015.8, 281쪽.

들의 연이은 해체와 붕괴는 중국공산당의 일당 집정에 대한 비판을 불러 일으키도록 작용하면서 1989년 천안문 사태와 같은 민주개혁 요구가 발 생했고, 곧 중국공산당 주도의 중국 특유의 사회주의정치체제에 대한 위 기가 닥쳐왔다. 그러나 다른 한편으로 소련의 몰락은 미·소 냉전구도의 해체와 함께 미국을 초강대국으로 하는 새로운 국제질서구도를 형성하도 록 작용하면서 중국이 국제질서에 등장할 수 있는 요인으로 작용했다. 즉 중국은 경제성장에 따라 국력이 상승하면서 국제정치에서 중국의 위상 또한 점차 높아졌다.

따라서 동아시아에서는 미국과 일본이 보조를 맞춰 중국을 견제하는 양상으로 진행되었고, 중국과 미국, 중국과 일본 사이에 마찰과 충돌이 빈번하게 발생했다.[17] 특히 댜오위다오(釣魚島)와 남중국해 영토분쟁은 중국내부의 여론을 서방 국가의 중국봉쇄론을 의미하는 전통적인 '화평 연변론(和平演變論)'[18]의 일환으로 인식하게 함으로써 중국민족주의 정 서가 강화되는 요인으로 작용하였다.

1980년대 이후 시장경제로의 전환을 핵심으로 한 개혁개방정책의 성 공적 추진은 중국의 종합국력을 세계 2위 수준으로 향상시켰다. 경제성 장에 따른 국력상승은 중국인의 자존감과 자신감을 향상시켜 중국민족주 의가 고양되는 배경이 형성되었다. 1990년대 후반부터 출판된 「중국은 No라고 말할 수 있다(中國可以說不)」(1996), 「중국은 불쾌하다(中國不 高興)」(2009) 등의 중국민족주의 색채가 강한 도서의 출판은 경제성장과

국력상승에 따른 결과이기도 하지만, 동시에 중국민족주의 정서를 자극
하는 도서출판으로 인해 민간에서의 중국민족주의 열기가 애국주의교육
으로 연결되는 등 상호작용이 이루어졌다.

(2) 당정(黨政)의 적극적인 애국주의 교육 실시

중국은 공산당이 집정당의 지위를 유일하게 보유하고, 강력한 통치력
을 발휘하는 당·국가(party-state)체제의 특징을 지니고 있다. 이는 공산
당의 정책이나 방침이 기층 민중에게로 일사불란하게 전달되게 함으로써
정책이 효율적으로 집행되도록 하는 배경이다. 1990년대 초부터 중국공
산당은 사회주의권의 붕괴로 인한 이데올로기적 혼란을 극복하고 정치적
안정과 단결을 도모하기 위하여 이른바 '애국주의 교육'을 추진하고 있다.

애국주의교육은 유구한 역사와 찬란했던 문화적 전통에 대한 자긍심을
높이고, 경제성장에 따른 현대 중국에 대한 자신감을 배양시키는 것을 목
적으로 제기되었다. 당시 공산당 총서기 장쩌민(江澤民)은 "사회주의와
애국주의는 하나다."라고 언급하기도 하면서 중국민족주의 정서의 고양
을 통해 공산당 통치와 사회주의 이데올로기의 지속적 안정성을 유지하
려는 의도를 보이고 있다.

당정의 애국주의 교육은 특히 가치관, 인생관을 확립하는 청소년기 학
생들에 대한 교육을 집중 강조하면서 유치원부터 대학까지 전체 교육 과
정에 애국주의교육을 추진하고 있다. 1994년 8월 23일 중국공산당 중앙
선전부가 공표한 「애국주의교육실시강요(愛國主義實施綱要)」는 애국주
의 교육의 원칙, 내용, 대상에 대한 구체적인 내용을 수록하고 있다. 애국
주의 교육 내용을 중화민족의 유구한 역사, 중화민족의 전통문화, 공산당
의 기본노선과 현대화 건설의 성과, 국가 정세, 사회주의 민주와 법제, 국
방 및 국가 안전, 민족단결, 평화통일 및 일국양제 등 총 8개 영역으로
정리하고 있다.[19] 당정은 애국주의교육의 효과를 높이기 위하여 학생 뿐

만 아니라 일반 민중에까지 교육대상을 확대하고 있다. 즉 교육기관, 지방 행정 부서, 신문, 잡지, TV, 라디오 등 언론매체와 공산주의 청년단, 부녀연합회 등 사회단체들을 적극 동원하여 '애국주의 교육'을 통해 중국민족주의 정서가 고양되는 요인으로 작용하고 있다.

애국주의교육은 시진핑(習近平) 총서기가 등장한 2012년 이후 현재까지 중요한 의미를 두고 있다. 2016년 7월 시진핑은 "애국주의는 중국의 꿈(中國夢)을 실현하기 위한 주춧돌이다"라고 강조하고 애국주의 교육의 강화를 지시하기도 했다. 이에 따라 초등학교에서부터 대학교에 이르기까지 전체 학교교육에서 도덕, 어문, 역사, 지리, 체육, 예술 등 과목의 커리큘럼과 교재의 조정과 시험평가에도 반영하도록 하였고, 심지어 소수민족에게 표준어로서의 중국어 교육 강화와 '뉴미디어'를 통해 외부 특히 홍콩, 마카오, 대만 학생들에 대한 중화문화에 대한 교육의 필요성을 제기하는 등[20] 이전보다 더욱 적극적인 애국주의 교육의 실시를 주문하고 있음을 알 수 있다.

애국주의교육의 궁극적 목표가 국가의 통일 유지와 영토의 수호에 있다는 점에서 애국주의 교육의 강화는 필연적으로 중국민족주의 정서를 고양시키는 요인으로 작용할 것이다.

(3) 민간의 자생적 중국민족주의 정서 고양

앞에서 잠깐 살펴보았듯이 경제성장을 통해 고양된 중국민족주의는 일부 민간의 민족주의자들에 의해서, 중국정부의 외교와 군사정책을 더욱

19) 中國共產黨中央宣傳部, 「愛國主義實施綱要」, 1994.8.23.
http://cpc.people.com.cn/BIG5/64184/64186/66685/4494186.html(검색일: 2016.9.15)
20) 「中共教育部黨組關於教育系統深入開展愛國主義教育的實施意見」, 2016.1.26.
http://www.moe.gov.cn/srcsite/A13/s7061/201601/t20160129_229131.html(검색일: 2016.9.15.)

적극적이고 공격적인 태도를 취하도록 요구함으로써 민간의 자생적 민족주의정서가 강하게 나타나는 것을 보여주고 있다.

런던정치경제대학의 크리스토퍼 휴즈(Chirstopher Huges) 교수는 2011년 9월 출판된 「당대중국(當代中國)」을 통해 "중국의 민족주의는 현재 지정학(Geopolitics) 사상과 결합되어 있다."고 제기했다. 휴즈는 장롱(薑戎)의 「Wolf Totem(狼圖騰)」(2004), 장원무(張文木)의 「중국해양권을 논함(論中國海權)」(2008), 송치앙(宋强), 왕샤오동(王小東) 등의 「중국은 불쾌하다(中國不高興)」(2009), 류밍푸(劉明福)의 「중국의 꿈(中國夢)」(2010) 등 2000년대 이래 출판된 도서의 공통점을 "국가의 생존 공간을 쟁취하기 위한 민족주의 성향의 도서"라고 보았다. 그리고 현대 중국민족주의가 19세기 말과 20세기 초에 있었던 독일과 일본의 지정학 정치사상과 유사하다고 지적하는데, 즉 2차 대전 시기의 독일과 일본의 지정학정치처럼, 현대 중국민족주의 역시 국가를 변형이 가능한 유기체로 인식하고 약육강식의 세계에서, 오직 경쟁과 확장을 통해서 충분한 생존공간을 쟁취할 수 있다는 국수주의적 인식을 유사하게 보여주고 있다고 분석했다.[21]

중국민족주의 정서는 민간의 지속연구를 통해 한층 더 체계적인 논리구조를 갖추려 하고 있으나, 여전히 중국 중심적 인식을 바탕으로 하고 있음을 볼 수 있다.

장롱은 「Wolf Totem」에서 중국 민족을 두 가지 성격을 지닌 인간에 비유한다. 즉 한족(漢族)은 농부처럼 온순한 '양(羊)'의 성격과 징기스칸을 대표로 하는 북방민족처럼 거친 '이리(狼)'의 성격을 지니고 있다는 것이다. 중국이 충분한 생존공간과 자원을 획득하기 위해서는 '이리의 성격

---

21) Huges, Christopher, "Reclassifying Chinese Nationalism: the Geopolitik Turn", *Journal of Contempoary China*, 20(71), 2011, pp.601-620.

(狼性)'을 보다 더 많이 가져야 한다고 주장하고 있다. 장원무 역시「중국
해양권을 논함」에서 사람을 비유하는 방법을 활용하여 중국의 국제관계
를 해석했다. 그는 중국공산당이 비록 개혁개방정책을 통해 중국의 막힌
곳을 뚫었지만, 서구세력이 다양한 방식으로 중국의 신경을 억누르고 있
다고 주장한다. 따라서 "대국은 총구에서 나온다(槍杆子裏面出大國)" 처
럼 중국 경제가 지속적으로 성장하기 위해서는 인민해방군의 역할이 중
요하다고 주장하였다. 류밍푸 또한「중국몽」에서 2차 대전 이후 미국이
영국을 대체해 세계 강국이 된 것처럼 중국도 될 수 있다고 주장한다. 또
한 미국은 '패도(霸道)'를 통해 국제사회의 강국이 되었으나, 중국은 '왕
도(王道)'를 준수하려고 노력하기 때문에 외국은 중국의 굴기를 걱정할
필요가 없다고 주장한다.

중국민족주의는 민간 문화엘리트들에 의해 더욱 고양되어 가고 있다.
이들은 이미 국방력과 군사전략적 측면에서 중국의 강대국화를 주문하고
있으며, 실제로 온라인 민족주의 정서의 고조와 함께 중국의 젊은 세대들
에게 적지 않은 영향을 미치고 있다.

2. 대만민족주의 정서의 고양 원인

(1) 대만 내부의 대만의식 강화와 탈중국화 정서의 고조

대만민족주의는 1990년대 초 리덩후이(李登輝) 총통이 집권하면서 민
중의 자유와 민주를 억압하던 계엄시기의 비상조치권을 폐지하고, 종신
제 의회로 비난받던 만년국회(萬年國會)를 해산하는 등 민주화 조치가
이루어지는 과정에 대만의식(臺灣意識)이 싹트면서 형성되기 시작했다.
즉 중국대륙 출신이 아닌 대만 출신 인사들이 점차 정치주도세력으로 등
장하면서 대만을 본토(本土)로 인식하고, 대만인으로서 주체의식(主體意
識)을 가져야 한다는 인식이 대만민족주의의 고양원인이 되었다.

  본질적으로 대만민족주의는 대만과 중국의 관계를 '자신'과 '타자'의 관계로 등치시키면서, 양안의 동질적인 요소보다는 대만의 독자성을 강조하고 이질적인 요소를 강조한다. 보통 대만의 역사를 '400년 역사'라고 표현하는 시각이 존재하는데, 이는 1600년대 초 네덜란드와 스페인의 식민지 경험 시기에서부터 비로소 대만역사가 시작되었다고 보는 인식이다. 이후 명조(明朝) 시기의 정성공(鄭成功) 왕조, 청조의 강희제(康熙帝)의 병합, 근대시기의 일본 식민지, 현대 장제스(蔣介石) 국민당 정권의 중화민국 등 400여 년 동안의 대만역사는 기본적으로 외래세력에 의해 개척되었다고 인식한다. 특히 1949년 대규모로 이주해 온 국민당 중심의 외성인 한족집단이 정치, 경제, 사회질서를 지배하면서 명청시기 이주하여 이미 대만에 정착한 토착 한족 사이에 종족갈등이 발생하고, 현대에 접어들어 계엄해제와 민주화가 진행되면서 현재 대만에는 대만민족주의가 고양되고 있다.

  한편 대만의 지속적인 탈중국화 움직임도 대만민족주의 정서가 고양되는 요인으로 작용하였다. 2008년 마잉주(馬英九) 정부에 의해 추진된 양안 경제협력과 교류의 확대 정책은 오히려 중국경제로의 종속을 우려하는 분위기를 조성했다. 마잉주 정부는 중국과의 교류협력을 통해 대만의 경제회복을 추구했으나, 대만 내부의 빈부격차가 심화되고, 경제상황이 악화되는 등 내부모순이 심화되어가면서, 상대적으로 왜소한 대만경제가 거대한 중국경제로 종속될 것이라는 우려가 확산되었다. 따라서 대만내부에서는 중국과의 공동경제구조를 구성하기보다는 별개의 독립체로 미국, 일본, 동남아 국가들과도 교류하며 살아가는 현상유지를 선호하게 되었다. 이는 대만인 내부의 민족주의 성향이 더욱 높아지는 요인으로 작용했다.

  더불어 대만의 국제적 지위를 인정하지 않으려는 중국의 대만문제 해결 방식은 국제사회에서 하나의 중국 원칙을 관철하려는 형태로 나타났고, 이는 20여개 국가들로 한정된 대만의 외교관계 수립 국가 현황과 국

제연합으로부터의 강제탈퇴와 재가입 불허, 국제민간항공기구, 세계보건
기구 등 국제기구에 대한 정식 가입 불허와 옵서버 자격 참가 조치 등은
대만인으로 하여금 더욱 중국에 대한 반발심을 키우고, 중국으로부터 벗
어나게 하는 요인으로 작용하였다. 위와 같은 현상들이 대만민족주의 정
서가 고양되는 요인이라 할 수 있다.

(2) 대만 내부 정치세력의 입장 변화

대만 내부 정치세력간의 분열과 대립 형태는 더욱 대만민족주의가 고
양되는 요인으로 작용하고 있다. 현재 대만은 민족과 출신지역의 차이,
세대간 격차, 정치적 입장의 차이에 따라 통일과 독립에 대한 입장이 명
백하게 갈리고 있다. 즉 대만 출신이지만 한족과 비(非)한족 즉 원주민
(原住民)의 구별이 있고, 한족내부에서도 본성인(本省人)과 외성인(外城
人)의 차이, 청년 세대와 노·장년 세대 차이, 국민당 지지자와 민진당 지
지자 간의 차이 등 다양한 계층이 각기 다른 정치적 견해를 주장하고 있다.
즉 대만은 국민당을 중심으로 하는 범남(泛藍) 세력과 민진당을 중심으로
하는 범녹(泛綠) 세력 등 양대 정치세력이 대립, 경쟁하는 구도이다.[22]

국민당은 중국과의 관계를 악화시키지 않고 경제적 영역에서의 교역
확대와 사회문화적 영역에서의 교류 확대를 통해 중국적 요소를 긍정적
으로 지키려고 함과 동시에 대만의 경제성장과 독자적 영역을 확보하려
는 실용주의적 태도를 보인다. 반면에 민진당은 점진적 독립을 지향하면
서 중국과의 관계에 일정정도 영향을 받지만, 경제적 영역에서의 대만의

---

22) 범남과 범녹이라는 명칭은 대표 정당의 당기(黨旗) 색상 차이에 따른 것이다. 국민당
의 당기인 청천백일기의 색상이 남색이기 때문에 국민당과 신당을 범남이라 칭하고,
혹은 통일지향적이기 때문에 통일파(統派)라고도 한다. 반면에 민진당의 당기는 녹색
의 대만섬이 배경이라서 독립지향적인 민진당, 시대역량당, 대만단결연맹 등은 범녹
진영 혹은 독립파(獨派)라고 호칭한다.

독자적 발전을 강조하면서 중국 이외의 미국, 일본, 동남아 국가들과의
협력과 교류를 하려는 측면이 강하다. 결국 대만의 양대 정치세력은 양안
의 궁극적인 미래상과 관련하여 통일이냐 아니면 독립이냐는 문제를 놓
고 경쟁하고 대립하는 요소가 존재한다.

하지만 현재는 국민당과 민진당도 중국과의 관계를 고려하여 어느 쪽
도 본래 입장을 고수하지 않고, 현실타협적인 노선을 취한다. 이른바 '현
상유지' 입장이다. 즉 독립도 통일도 무력분쟁도 원하지 않으면서 불확실
한 국제적 지위를 감수하면서 현재처럼 대만인에 의한 대만 통치를 유지
하려는 입장인 것이다. 이 점에서 마잉주의 현상유지 태도나 차이잉원의
현상유지 입장은 동일하다. 이는 대만의 독자성을 유지하려는 대만민중
의 의식을 반영하는 것이라 할 수 있다. 현상유지 입장은 국제정치에서의
양안의 세력차이를 인정하고, 대만의 독자노선을 유지하려는 의도가 배
태되어 있고, 이는 대만민족주의 정서가 고양되는 요인으로 볼 수 있다.

(3) 분단 장기화에 따른 대만인 정체성 강화

대만인은 중국과 1949년 이래 분단 상황이 지속되는 조건하에 역사적
기억이 희미해지고, 문화적 동질성이 감소하면서 중국으로부터 벗어나려
는 양상을 보이고 있다. 특히 젊은 세대의 이탈현상은 더욱 심각하게 나
타나면서 중국문화에 대한 원심력이 강화되고 있다.

사람은 자신이 소속한 집단을 인식하는 것은 보통 어린 시절 혹은 성
년기에 확정하며, 이후에는 오랫동안 안정되며 변하기가 쉽지 않다. 대만
인구의 세대교체가 진행되면서 대만정체성이 매년 증가하고 있다. 일찍
이 중국에서 살았던 적이 있는, 전쟁경험을 가진 장년배는 스스로 중국인
이라고 생각하지만, 어려서부터 대만에서 성장하며, 상상한 국경의 범위
를 대만, 펑호, 금문, 마조 등 네 개 섬으로 생각하는 젊은 세대는 스스로

를 대만인으로 생각한다. 매년 인구가 1%정도 비율로 변한다면, 중국인
이라고 생각하는 사람은 계엄 이후, 대륙 수복의 희망을 버리는 비율이
1% 정도 감소한다는 의미이며, 반대로 대만인이라고 생각하는 사람의 비
율은 1%씩 증가한다.[23]

대만인 정체성의 변화 추세는 빠르게 변화하고 있는데, 2016년 3월 14
일 연합보 보도에 의하면 73%가 대만인이라고 인식하고 있으며, 이 가운
데 젊은 세대인 20대 중 85%가 자신은 중국인이 아니라 대만인이라고 생
각하고 있다.[24] 양안의 분단기간이 길어질수록 중국인 정체성과 이중 정
체성이 감소하고, 대만인 정체성을 느끼는 비율도 빠르게 늘어나고 있음
을 보여주고 있다.

III. 양안 민족주의 정서의 특징

중국민족주의는 중화부흥을 목적으로 한다는 점에서 과거의 영광을 재
현하겠다는 의미를 담고 있다. 때문에 외부세력에 대해 배타적, 공격적
경향을 보이며, 같은 중화권에 있는 상대에게도 유사한 반응을 보인다.
일본과의 조어도(센카쿠 열도) 영토 분쟁, 필리핀, 베트남 등 동남아 국가
와의 남중국해 영해 분쟁과 관련해서도 배타적, 극단적 민족주의 경향을
보이는 한편, 2014년에 발생했던 홍콩의 우산혁명(雨傘革命), 대만의 해
바라기 학생운동(太陽花學運) 등과 같은 중화권 내부의 독립성향의 시위
에 대해서도 민족분열의 시도라며 격렬하게 비난하고 있다. 최근 들어 이

23) 王宏恩, 「當台灣認同超過60%, 代表什麼」
   http://whogovernstw.org/2014/07/25/austinwang4/(검색일: 2015.4.11)
24) 「73% 自認為是台灣人 46% 要永遠維持現狀」, 聯合報, 2016.3.14
   http://vision.udn.com/vision/story/9534/1554314(검색일: 2016.5.20)

러한 민족주의 경향은 정치적 영역 뿐 만 아니라 문화적 영역에까지 확대되고 있는데, 대중문화영역에 활동하는 인물들에 대한 직접적 비판, 비난과 사과, 퇴출 등의 사건들이 대표적인 사례라 할 수 있다.

이에 비해 대만민족주의는 대만에서 살고 있는 대만인 스스로의 자주의식을 갖고, 외부의 직접적인 간섭이나 영향에서 벗어나려는 의식의 결정체이다. 이는 전통적인 혈통, 언어, 지리, 풍습의 일체성에 따른 민족주의 시각보다는 민족은 주권을 향유하는 상상의 정치공동체라는 인식에 더 가깝다. 따라서 대만민족주의의 형성은 현재진행형의 성격을 지닌다. 한편 대만민족주의는 특히 중국과의 관계에서 연계나 종속되지 않고 독자적 정체성을 강조하기 때문에 '탈중국화(去中國化)'를 지향한다는 점에서 필연적으로 중국민족주의와 대립, 충돌하는 개념이다.

1. 중국민족주의 정서의 특징

(1) 사회주의, 유교이념, 애국주의의 결합

애국주의교육의 강화를 통해 공산당 통치의 합법적 정당성을 유도하겠다는 목적이 있다는 점에서 중국민족주의는 사회주의와 긴밀히 결합되어 나타난다. 장쩌민은 1990년 오사(五四)운동 기념식에서 「애국주의와 중국 지식인의 사명」을 통해 "사회주의와 애국주의는 본질적으로 일치한다"고 하였다. 민족주의를 통해 공산주의 이데올로기를 대체하려는 의도를 담고 있다.[25]

후진타오(胡錦濤) 시기의 '사회주의 영욕관' 학습 운동, 시진핑 시기의

---

25) 趙穗生, 「政府領導的國族主義: 中國後天安門的愛國主義教育」, 『共産及後共産研究』, 1998, http://tw.people.com.cn/n1/2016/1104/c14657-28836230.html(검색일: 2016.11.5)

'사회주의 핵심가치관' 학습 운동 등은 사회주의의 핵심가치와 유교적 가치인 중화의 전통 미덕을 함께 교육하기 위한 집단학습운동이다. '사회주의 영욕관'은 2006년 중국 인민 특히 청소년들을 대상으로 중화민족의 우수한 전통미덕과 시대정신을 유기적으로 결합하여 사회주의 기본도덕규범과 사회적 관습을 구현하자는 목적으로 8개항의 자랑스러운 점(영광)을 지키고, 8개항의 부끄러운 점(치욕)을 근절하자는 교육 방침이다. 그리고 2012년 공산당 18차 당대회에서는 이를 다듬어 사회주의현대화국가의 실현의 최종 목표(부강, 민주, 문명, 조화), 아름답고 건강한 사회 건설의 이념(자유, 평등, 공정, 법치), 공민의 기본적 도덕규범(애국, 경업, 성신, 우호) 등 세 측면의 12개 개념을 사회주의 핵심가치로 선정하고 이를 애국주의교육과 연계시켰다.

한편 중국교육부는 1997년부터 최근까지 선정된 365개의 '애국주의교육기지'에 대한 청소년들의 참관학습을 유도하고 있는데, 이 가운데 1/3 정도가 전통적 중화문명 또는 근대 시기 외세의 침략에 저항한 유적지이며, 전체의 2/3 이상이 1921년 공산당 창당 이후의 사회주의 혁명과 건설의 역사 유적지이다. 이는 현재의 중국민족주의가 사회주의를 이념적 토양으로 하고 있음을 반증하고 있다.

또한 '유교 이데올로기'도 중국민족주의의 이념적 토대이다. 유교의 핵심 가치 중의 하나인 '예'는 보통 자신과 가족, 타인, 국가와의 관계에서 기본적인 규범으로 작용한다. 즉 가족과는 우애와 효도의 자세로 임하고, 타인과는 겸손과 존경의 자세로 대해야 하고, 국가와는 충성과 헌신의 자세로 대하는 것이 기본적인 사람의 도리라는 사고방식이다. 또한 '군군(君君), 신신(臣臣), 부부(父父), 자자(子子)'는 각자의 위치에서 본분에 맞게 행동해야 한다는 의미인데, 중국대륙인의 입장에서는 대만인, 홍콩인을 자녀 또는 형제로 인식하도록 하며, 대만과 홍콩의 독자적 행동은 부모에 대한 '불효'라고 보는 시각이 존재한다. 이렇듯 중국, 대만, 홍콩의

관계를 가정윤리 틀 내에서 사고하는 시각이 바로 유교적 윤리규범의 특
징으로 볼 수 있다.[26]

(2) 당정 제한범위 내에서의 고양

중국민족주의는 도구적 색채가 매우 강하다. 공산주의이데올로기의 보
완이라는 점에서 민족주의는 중국관방에 의해 인민들의 의식을 통합시키
는 도구이자, 민중의 부정적인 정서를 배출시키는 창구로 활용된다. 중국
관방은 민족주의가 하나의 이데올로기로 민중들이 집정당과 국가를 지지
하도록 작용한다고 믿는다. 왜냐하면 민족주의가 정치적 요구에 있어서
"민족은 국가가 존속하는 유일한 합법적 기초이다."라는 점이다. 다른 한
편으로 중국의 처해있는 현재의 정치체제하에서 중국민중은 정치적 요구
를 표현하는 통로가 부족하다. 따라서 현재 누적된 사회적 모순으로 인해
민중들의 불만정서를 발산해야 할 출구가 필요한 것이다. 민족주의는 이
러한 작용을 하는데 좋은 도구가 된다. 그리고 관방은 상대적으로 안전한
위치에 있는 것이다. 그리고 민중도 암묵적으로 이를 인정하는 듯하다.
이러한 상황은 온라인 공간에서 혹은 기층에서 일부 민족주의적 발언과
행동은 매우 급진적이고 과격한 행동을 보이는 것으로 알 수 있다. 하지
만 민중들의 민족주의적 발언과 행동이 집단적으로 조직되거나 정도를
벗어날 경우에는 공권력이 개입하여 억제하고 있다는 점에서 중국민족주
의의 도구적 특징이 나타난다.[27]

2016년 대만의 총통선거에서 민진당의 차이잉원 후보가 당선되자, 중
국에서는 민간을 중심으로 평화통일에 대한 가능성이 상실되었다면서,

---

26) 李江, 「"中國特色民族主義"的弊端」, FT中文網, http://www.ftchinese.com/story/
001065967(검색일: 2016.10.23)
27) 李江, 앞의 글.

'무력통일', '해방대만' 등 군사력을 동원하여 대만을 공격해야 한다는 주장이 일부 학자와 군인들을 중심으로 나타났다. 하지만 중국관방의 주류적 인식은 여전히 무력통일 가능성에 대한 언급을 자제하면서 중국민족주의의 넓은 스펙트럼을 효과적으로 관리하고 있다.

(3) 배타주의를 기반으로 하는 공격적 정서의 표출

중국민족주의는 과격한 정서분출과 복수심리가 짙다. 중국의 역사교육은 민중에게 반복적으로 강조하는데, 근대 중국은 패배와 굴욕으로 얼룩진 역사라는 것이다. 이러한 치욕의 역사를 되갚기 위해서는 거친 서술이 자연스럽게 뒤따른다. 특히 중국의 인문사회적 특성 자체가 이성, 박애, 인간적 관심이 부족하다. 따라서 중국은 대외관계를 처리하거나, 외국과 관련 있는 내부관계를 처리하는데 있어서 중국인의 보복심리는 매우 쉽게 자극적인 형태로 나타난다.[28]

남중국해 영해 분쟁과 관련하여 국제사법재판소의 재판결과가 중국에게 불리한 판결로 나타나자, 온라인 공간에서는 극단적 민족주의 경향이 분출되었다. 미국 애플사의 '아이폰'을 부수는 영상을 인터넷에 올리면서 "대중화를 공격하는 세력은 비록 멀리 있다하더라도 반드시 보복할 것이며, 중화의 사랑은 애플을 부수는 것으로 시작하자"(犯我大中華者 雖遠必誅 愛我中華 從砸蘋果開始)라는 글귀를 써넣기도 했다. 이외에 켄터키 치킨을 불매하자는 움직임도 나타나고 심지어는 지하철에서 나이키를 신은 중국인을 매국노라고 비난하는 사건 등이 대표적이다.[29] 상황이 심각해 지자 관영언론이 냉정과 자제를 촉구하기도 했다. 중국 언론은 남중

28) 李江, 앞의 글.
29) 「도넘은 애국심 확산...中 관영 언론조차 냉정 촉구」, YTN, 2016.7.19.
http://www.ytn.co.kr/_ln/0104_201607200047508845(검색일: 2016.10.23)

국해 판결 이후 확산되고 있는 일부 민족주의 경향에 대해서도 "국수주의
는 애국이 아니다"며 단속에 나섰다.

중국민족주의의 배타주의적 경향은 문화예술분야에서 자주 나타나는
데 외국인, 대만인에 대한 직접비난이나 활동을 제약하기까지 한다. 때문
에 관련 당사자들은 사과 표시를 하거나 활동을 중단하기도 한다. 일본의
배우 겸 모델 미즈하라 기꼬(水原希子)는 검은 옷을 입고 중국인에 사과
하였는데, 3년 전 중국 반체제 예술가 '아이웨이웨이(艾未未)'의 사진에
'좋아요' 라고 클릭한 것이 뒤늦게 알려지면서, 중국 네티즌의 비난을 받
자 "최근 저와 관련된 일로 화가 난 중국 여러분께 사과합니다."라고 사
과성명을 발표했다. 또한 2016년 초에는 한국의 걸그룹 트와이스의 대만
출신 멤버인 '저우쯔위(周子瑜)'가 한국의 TV프로그램에서 대만 국기를
노출한 이유로 '대만독립파 배우'라는 비난을 받고 중국에서의 활동에 우
려가 나오자 결국 동영상을 통해 사과하였다. 또한 중국영화에 '주연'으로
캐스팅된 대만출신 배우 '다이리런(戴立忍)'도 결국 논란 끝에 중국 제작
자가 캐스팅을 포기하였다.[30]

2. 대만민족주의 정서의 특징

(1) 사회주의 체제 비판과 자유체제에 대한 자존감 표출

대만인은 중국식 사회주의 정치제도가 실제로는 공산당의 일당독재에
근거한 비민주적 정치제도임에 비해 대만은 민중의 직접선거를 통한 민
주적 총통 선출과 자유로운 정치활동에 대한 체제비교 우위에 대한 자존
감이 강렬하다.

---

30) 「중국에 고개 숙인 연예인들... 대만 네티즌들 반격」, 연합뉴스TV, 2016.7.19.
　　https://www.youtube.com/watch?v=_Zwn0ittokw(검색일: 2016.10.23)

중국이 경제성장과 국력 상승에 따라 양안관계에서 힘의 우위가 비교적 명확하게 나타나고 있음에도, 중국은 여전히 중국공산당의 일당독재적 정치체제를 유지하고, 대중의 정치참여가 제한적이라는 점에서 대만인 특히 젊은 세대들은 대륙 중국에 비해 대만이 훨씬 민주적이라는 체제우위 인식이 강렬하다. 그리고 이러한 인식은 대만민족주의가 고양되면서 나타나는 특징 중의 하나이다.

특히 마잉주 정부 집권시기에 본격화된 양안 교육교류를 통하여 다수의 중국 학생들이 대만에 본격적으로 유학을 하게 되면서 가장 먼저 느끼는 인상이 대만의 자연, 인간과 더불어 대만의 자유로운 정치 환경을 깊은 인상으로 언급하고 있다. 즉 대만에서는 동성애자들이 거리행진을 하면서 성적 소수자에 대한 차별대우를 철폐하라는 자신들의 요구조건을 자유롭게 주장하거나, 정부 정책이나 입법원 의원 심지어는 총통까지를 포함한 정치지도자를 제한 없이 비판하는 광경을 목격하고, 때로는 대만독립 혹은 양안통일을 주장하는 이질적인 단체들의 집회 및 시위가 자유로이 이루어지는 모습을 통해 직접 대만의 민주 체제를 경험하고 있다.[31]

(2) 정치세력의 의식적 활용

대만민족주의는 대만에서 태어나고 자라고 생활하게 되는 대만인 출신 세대가 점차 인구의 다수가 되면서 자연스럽게 고양하는 측면이 있다. 이들이 선호하는 정치세력도 자연스럽게 대만을 본토로 여기고, 중국과 거리를 두려는 정파에게로 기울어진다. 따라서 지방선거나 총통선거와 같은 정치적 변환기가 되면 대만민족주의는 중요한 영향을 미친다. 즉 정당

31) 馬軍, 「陸生在台灣 : 最愛是濃濃的人情味兒」, 『鳳凰網』, 2013.2.27.
　　http://news.ifeng.com/opinion/special/lushengtaiwan/(검색일: 2015.8.4)

과 개별 정치인들은 승리와 당선을 위해서 대만민족주의를 활용하고자
한다. 2008년 선거에서 홍콩에서 태어난 국민당의 마잉주 후보가 자신은
대만에서 자라고 대만을 위해 일해온 '신(新)대만인'이라고 유세과정에서
주장하는 경우나, 2016년 총통 선거에 참여한 국민당 후보 주리룬(朱立
倫) 후보 진영이 선거 구호를 "One Taiwan(台灣就是力量)"이라고 내세
운 경우도 모두 대만민족주의의 영향이라고 할 수 있다.[32]

그러나 2000년대 들어서도 대만민족주의가 지속적으로 확산되고 있다
는 사실은 8년간의 통치에도 불구하고 국민당에 대한 지지세는 현저하게
약화되고, 오히려 대만독립을 지향하면서 중국과 긴장관계를 형성할 가
능성이 농후한 민진당 출신 후보의 총통당선과 민진당의 입법원 다수의
석 확보 그리고 젊은 세대의 적극적인 정치참여를 보여주는 시대역량의
제3당 등장이다. 2016년 초에 있었던 총통, 입법원 선거에서 대만민중은
중국과의 대치를 맞이할 수 있는 정파세력을 선택함으로써 대만민족주의
적 성향을 분명하게 보여주고 있다.

(3) 감성적이나 현실주의적 대응

대만의 젊은 세대들은 중국의 경직된 정치체제나 중국인의 비문명적
태도에 대해 감성적 용어를 사용하는 등 매우 비판적인 태도를 취하고
있다. 즉 대만 젊은이들이 많이 사용하는 온라인 공간에서는 중국이나 중
국인을 공격할 때, 중일전쟁 시기에 일본이 중국인을 멸시하면서 사용하
던 '지나(支那)', '지나돼지(支那豬)' 와 같은 용어를 사용하여 공격하기도
한다.[33] 익명성이 보장된 온라인 공간에서는 이러한 감성적 공격이 자주

---

32) 「台國民黨參選人朱立倫臉書公布競選口號」, 2015.11.1, http://www.bbc.com/
zhongwen/trad/china/2015/11/151101_zhulilun_taiwan_campaign(검색일:
2016.5.23)

나타나고 있다. 한편 대만 네티즌은 감성적이지만 매우 현실주의적인 대응을 하는 경향을 보이고 있다. 즉 양안 사이의 국력의 차이를 인정하면서 대만민족주의에 입각한 반격을 하고 있는 것이다. 2016년 초 대만에서는 대만 출신 연예인들의 사과 뉴스에 분노한 대만 네티즌들의 반격이 유머를 포함하면서 나타났다. 이들은 중국 네티즌을 겨냥하여 온라인 공간에서 이른바 '패러디' 형태의 '중국에 사과하는 대회'(第一屆向中國道歉大賽)를 개최하여 중국 네티즌을 비난하고 조롱하였다. 구체적인 사례를 몇 가지 들면, "대만 하늘이 너무 맑아서 중국에 미안하다", "중국인에게는 중국산 분유를 팔지 않아 미안하다", "미안해요, 검은 머리, 노란 피부라고 해서 모두 중국인이 아니야.", "나는 대만사람이라. 중국사람이 아니라서. 미안.", "오늘 점심 배불리 먹었어. 중국 정말 미안해." 등의 풍자와 유머스러운 주제로 온라인 패러디 대회를 열었는데, 대회 첫날 3,000개의 글이 올라오고, 매 시간 200개씩 올라오는 등 네티즌들의 폭발적인 관심이 나타났다.[34]

양안의 민족주의 정서는 이외에 다양한 형태로 나타나고 있다.

33) 중국네티즌은 '台巴子(시골사람, 바보 등의 의미)', '喵的(야옹! 즉 고양이 울음소리)'라는 용어를 온라인 공간에서 대만인을 비하하는 의미로 사용한다.
http://cn.uncyclopedia.wikia.com/wiki/%E6%94%AF%E9%82%A3%E7%8C%AA?variant=zh-tw(검색일: 2016.10.8)
34) 劉子維, 「觀察 : 台灣網民發起"向中國道歉大賽"」, 『BBC中文網記者』, 2016.7.18
http://www.bbc.com/zhongwen/simp/china/2016/07/160718_ana_taiwan_apology_china(검색일: 2016.10.18)

Ⅳ. 양안관계에 미치는 영향

양안의 민족주의는 대외적 정세변화와 내부적 고양 요인에 따라 안으로는 체제 결속과 정체성 통일에 효과를 발휘하지만 서로 상대방에 대해서는 조금의 양보도 없는 배타적, 대립적 태도를 취하는 원인으로 작용하고 있다. 이 장에서는 민족주의가 양안관계에 어떻게 작용하는 가를 각기 온건입장과 강경입장을 토대로 분석했다.

1. 중국의 반응

중국에게 대만은 정서적으로 혈연과 문화적으로 떼어놓을 수 없는 중화문화의 일부분이요, 이성적으로도 정치, 경제 등 지정학 측면에서도 결코 분리될 수 없는, 따라서 양안은 '하나의 중국'이라는 인식이 절대적이다. 중국민족주의는 양안관계 즉 대만문제의 해결에 있어서 중요한 이념적 토대로 작용하는데, 구체적인 분석방법으로 온건과 강경 두 가지 입장으로 나누어 살펴보았다.

(1) 온건 입장

양안관계에 중국민족주의를 반영한다는 시각에서 중국의 온건입장을 보면, 평화통일 기조를 유지하면서, 경협과 인적교류 등 점진적인 교류협력의 확대를 통해서 대만내부의 변화를 유도하는 전략 즉 통일전선전술을 통한 대만문제 해결이라고 정리할 수 있다.

중국의 당정지도부는 중국민족주의의 고양을 무조건적으로 환영하지는 않는다. 본래 민족주의는 체제 결속이라는 정치적 목적에 유용한 수단이기도 하지만 반대로 체제를 위협하는 도구로 사용될 수도 있는 '양날의 검(雙刃劍)'이기 때문이다. 따라서 중국지도부는 대만문제와 관련해서 여전히 점진적, 비폭력적 태도를 우선적으로 선호하면서, 하지만 타협적 자세는 보이지 않는 입장을 취하고 있다.

리덩후이의 '특수한 양국론(兩國論)', 천수이볜(陳水扁)의 '일변일국론(一邊一國論)'과 같은 탈중국화 시도에 대해서는 절대 허용하지 않는 입장을 내놓으면서, '반분열국가법'의 제정, 유엔이나 유네스코 등 국제기구의 활동 제약 등 외교적 압력을 통해 하나의 중국 원칙을 강조한다. 한편으로 국민당 출신의 전임 마잉주 총통이 '92공식(共識): 양안은 '하나의 중국', '각자 표현'이라는 입장)'을 인정하는 전제하에 양안교류와 경제협력을 강화하는 입장에서 대해서는 적극 지원하고 있는데, 이는 '국공(國共)협력'을 통해 대만 내부의 변화를 유도하려는 통일전선전략의 일환이다.

2016년 대만선거에서 탈중국화 성향이 강한 민진당의 차이잉원(蔡英文)이 총통으로 당선되자 중국 지도부는 '92공식'의 준수를 요구하고 있으나, '현상유지'를 양안관계 기본 정책으로 내건 차이잉원 총통은 명확한 입장을 천명하지 않고 있다.

시진핑 중공 총서기는 11월 1일 중국을 방문한 국민당의 홍수쥬(洪秀柱)와 만나는 자리에서 양안은 '운명공동체'라고 강조하면서 중국의 대만 정책을 여섯 가지(시6점)로 정리했는데, 이는 과거 장저민의 '장8점', 후진타오의 '후6점'과 대등소이한 내용으로, '하나의 중국' 원칙을 표명한 92공식의 견지, 대만독립 분열 활동 반대, 양안경제사회 융합발전, 중화문화 공동 발전, 양안동포의 복지 증진, 중화민족부흥을 위한 공동노력 등이다.[35]

차이잉원 정부가 천수이볜 시기처럼 대만독립을 위한 국민투표의 시도나 국제적 지위를 확인받기 위한 유엔 재가입 시도처럼 '법리대독(法理台

---

35) 唐永紅, 「習近平對台講話既"硬"又"軟"」, 2016.11.4, http://tw.people.com.cn/n1/2016/1104/c14657-28836230.html(검색일: 2016.11.5)

獨)', '강성대독(硬性台獨)' 입장으로 나서지 않는 한, 중국지도부의 대외적 입장은 현재와 같이 점진적이면서 온건한 입장을 취할 것으로 보인다.

(2) 강경 입장

중국민족주의 정서를 반영한 강경입장은 정부 차원에서는 하나의 중국원칙을 견지하면서, 92공식 인정을 요구하고, 반분열국가법 지속 언급하여 대만의 독립시도를 제어하고 마지막에는 무력통일을 주장하는 흐름까지 나타나고 있다.

상대적으로 중국민족주의는 민간부문에서 보다 강경한 태도를 보이도록 작용하고 있다. 대표적인 입장이 '무력통일'을 주장하는 것이다.

2016년 대만선거가 민진당 후보의 총통 당선과 입법원에서의 민진당 과반수 의석 확보, 급진 독립입장을 표명하는 시대역량당(時代力量黨)의 약진으로 끝나자, 무력 공격에 의한 양안통일 주장이 공개적으로 표출되었다.

전국인대 중앙연구원(人大重陽研究員)인 리이(李毅)는 '평화통일 가능성, 이제는 없다'라는 글을 통해 시진핑 국가주석이 2017년에는 대만을 공격해야 한다고 주장했다. 그는 무력으로 대만과의 통일하는 분위기가 성숙되었고, 전쟁 개시는 2017년 상반기에 해야 한다는 것이다. 리이는 2016년 초의 대만선거를 관찰하면서 10회에 걸친 대만선거 관찰기(臺灣觀選記)를 발표했다.

그는 평화통일 불가능의 이유로써 "리덩후이, 천수이볜, 차이잉원이 교육 교재 수정을 통해, 대만의 사회여론을 통제를 통해, 대만에서 탈중국화, 적대, 반중국, 통일반대 의식을 주입시키면서, 대만독립사상의식형태를 견지하고 있다."고 분석했다. 또한 "대만에서 통일찬성론자는 점차 다 죽고, 통일반대세대가 성장하기 시작했다. 차이잉원 집정 이후 2024에 대만에 통일찬성론자는 0.001%에 불과하고, 이후 더욱 적어질 것이다."면

서 현재 중국의 대만 통일 정책은 평화통일을 유도할 수 없다.[36]고 비판
하면서, 무력통일의 당위성을 강조하고 있다

양안관계에서 강경입장을 보이는 인민해방군에서도 예비역 장성의 입
을 빌어 무력통일의 필요성을 언급하기 시작했다. 남경군구 전임 부사령
관 왕홍광(王洪光)도 2016년 10월 21일 중국의 대표적 우파 매체인 환치
우네트워크(環球網)를 통해 반분열국가법에 "평화통일 가능성이 완전히
상실되었을 경우에는 무력통일을 해야 한다"고 규정되어 있다면서 차이
잉원 정부가 '92공식'을 언급조차 하지 않고, "대만은 중국에 굴복하지 않
겠다."는 발언을 하고 있다면서 무력통일을 하기 위한 조건이 나타나기
시작했다는 것이다.

무력통일 주장은 강경한 태도이지만 일찍이 시진핑이 대만선거 당시
민진당이 승리할 경우 '지동산요(地動山搖)'의 상황을 맞이할 것이라고
경고까지 했던 것처럼 중국 정부의 입장을 일부 반영하고 있으며, 이는
중국민족주의가 양안관계에 미치는 영향을 반증하는 것이다.

2. 대만의 반응

대만은 정서적으로 혈연과 문화적으로 중국인, 중화문화와 깊은 유대
감과 연결망을 갖고 있다. 반면에 이성적으로는 정치체제가 상이하고, 경
제적 종속의 위험성, 사회적 통합의 괴리감으로 인해 중국과 거리를 두려
는 원심력이 시간이 지날수록 증대하고 있다. 대만민족주의는 양안관계
즉 중국과의 관계에 있어서 중요한 이념적 배경이 되고 있으며, 향후 더

---

36) 邱文秀, 「兩岸和平統一無望? 陸學者文章引激辯」, 2016.3.10,
    http://www.chinatimes.com/realtimenews/20160310002775-260401(검색일: 2016.9.15);
    「李毅文章全文」; http://blog.sina.com.cn/s/blog_486c52150102wc18.html(검색일:
    2016.9.15)

욱 더 영향력이 커질 것이다. 현재 구체적인 양태에 있어서는 법리대독
(法理台獨), 경성대독(硬性台獨)에서 소프트대독(柔性台獨), 문화대독
(文化台獨), 교육대독(敎育台獨)까지 다양한 스펙트럼으로 나타나는데,
이를 온건과 강경 두 가지 입장으로 나누어 볼 수 있다.

(1) 온건 입장

양안 민족주의의 고양에 따른 대만의 입장 역시 온건과 강경 두 가지
로 나눠볼 수 있다. 우선 온건 입장을 보자면, 양안의 비대칭적 세력구도
를 인정하는 것을 전제로 하고 있으며, 따라서 중국의 강경 입장에도 양
안 교류협력을 지속하면서 현상을 유지하는 입장으로 정리된다.

민진당 출신의 차이잉원 총통은 리덩후이 정부에서 중국과의 관계를
전문적으로 담당하는 국가기관인 '대륙위원회(大陸委員會)'의 책임자로
일한 경력이 있고, 2012년 총통 선거에 출마하면서도 대만의 독자성을 강
조하는 정책을 내세우기도 했었다. 그러나 2016년 선거 준비기부터 현재
까지 차이잉원 정부의 양안정책은 조심스러운 태도를 보이고 있다.

차이잉원 총통은 선거 전부터 대만독립을 표명하는 발언은 삼가는 가운
데, 기본적인 입장만을 표명하는 자세로 일관하고 있다. 선거 1년 전 2015
년 1월에 양안관계와 관련한 '3개 유리(三個有利)'와 '3개 견지(三個堅持)'
입장을 발표했다. 미래 양안관계발전의 추진을 위해서는 반드시 국가의
자유와 민주발전, 지역의 평화와 안정, 양안 상호간의 호혜왕래 등 세 가
지를 고려해야 하며, 정부정책결정은 민주, 투명한 절차를 통해, 교류과정
은 다원적 참여와 기회평등을 보장하며, 교류성과는 공익적, 사회공유 원
칙 등 세 가지를 견지해야 한다는 양안교류의 원칙을 제시하고 있다.[37]

---

37) 「兩岸交流 蔡提三個有利、三個堅持」, 2015.1.22, http://news.ltn.com.tw/news/
com/realtimenews/20160310002775-260401(검색일: 2016.9.15)

총통에 당선된 이후 차이잉원은 중화민국의 헌정체제에 따라 양안관계의 현상을 유지하겠다는 입장을 전제로 하면서, 양안관계는 기존의 협상교류의 성과를 인정하는 한편 지속적인 평화와 안정을 유지한 가운데 발전을 추진할 것이라고 입장을 표명했다. 그러면서 선거 전부터 양안관계 정책과 관련하여서는 소통하고, 도발하지 않고, 예측가능한 정책을 실시할 것이라고 천명했다. 그러면서 중국이 요구하는 마잉주 총통이 인정했던 '92공식'의 인정에 대해서는 언급하지 않고, '92의 역사적 사실'은 존재했다는 입장을 표명하는 식으로 대응하고 있다. 중국정부는 이에 대해 '소프트대독(軟性台獨)', '우회대독(迂迴台獨)'이라고 비판하지만 명확하게 대만독립을 표명하지 않는 이상 대처에는 제한적일 수밖에 없다.

대만국립정치대학의 동전원(童振源)은 차이잉원이 국호변경과 같은 법리적인 대만독립을 하지 않는다면, 양안은 교류와 협상이 가능하다고 보았다. 동교수는 차이잉원 총통의 현상유지는 '정치적 영역'과 '헌정체제'의 현상유지를 의미한다고 주장한다. 그리고 이러한 인식은 차이잉원과 대만내부의 공동된 인식이라는 것이다. 동교수는 '대륙이 요구하는 하나의 중국, 92공식을 받아들이지 않는 한, 대륙은 영원히 압력을 가할 것이다. 과거 2000년 이전에도 대륙은 반드시 '일중 원칙' 접수를 받아들여야 한다고 했다. 그렇지 않은 양안은 절대 대화를 하지 않을 것이라고 한 바있다. 천수이벤이 집권하던 2004년 5월 17일에도 대륙은 2개의 길, 즉 하나의 중국 원칙을 받아들일 것이냐 아니면 전쟁이냐를 택하라고 요구한바 있다. 실제로 천수이벤 정부가 요구를 받아들이지 않았지만, 전쟁도 발생하지 않았다. 이는 대륙이 압력을 가하는 방식으로, 대만인들에게 정치적 선택에 영향을 미치고자 한 것이다.[38] 이것이 양안관계의 상관관계

---

38) 「台海兩岸關系」, http://www.voachinese.com/content/over-50-percent-taiwanese-favor-perpetual-status-quo-20150916/2966020.html(검색일: 2015.10.12)

이다. 실제로 필자가 국제학술회의 등을 통해 개인적으로 접촉한 중국학자들의 경우 대부분이 양안의 전쟁가능성은 극히 적을 것이라고 하였다.

이러한 배경에서 대만민족주의는 현실적인 입장을 취하고 있다. 대만민중에 대한 여론조사를 보면 대만인 정체성 비율은 갈수록 증가추세에 있어 73%에 이르지만, 실제로 독립이나 통일을 요구하는 비율은 매우 소수이고, 대다수가 실제적인 독립을 유지하고 있는 '현상유지'를 지지하는 것으로 나타나는 것이 이를 반증한다.

(2) 강경 입장

대만민족주의의 강경입장은 대만의 국가지위를 회복하는데 초점을 맞춰 대만공화국 수립을 선포하거나, 혹은 유엔가입을 시도하자는 주장으로 대변된다. 이러한 강경 입장은 대만인 정체성의 증가추세를 배경으로 하여 더욱 강화되고 있는데, 일부는 심지어 법리대독과 함께 독립을 위해서 전쟁까지 수행할 수 있다는 극단적인 주장까지 나오고 있다. 물론 극단적 입장은 소수에 불과하다.

리덩후이 전 총통과 시대역량당 등 대만정치에 일정 부분 영향을 발휘하는 정파세력에서는 '중화민국대만'화 주장과 '대만공화국' 여권 발급 주장, '유엔 재가입'을 위한 국민투표 실시 주장 등을 통해 대만독립을 법적인 주장으로 승화시키고자 한다. 이 중 '중화민국대만'화 주장은 현상유지 입장과 맞물려 현재의 대만이 1949년 장제스 국민당의 대만 이주로 중화민국의 법적 정통성을 계승하고 있기 때문에 중화민국과 대만을 합쳐 외교적으로 인정받기 위한 노력을 해야 한다는 입장이다. 그러나 이는 현실화되기 위해서는 미국, 일본 등 주변국가들의 동의가 필요한 상태이고, 중국이 법적 문제에 대해서는 조금도 양보할 기색이 없기 때문에 주장으로 그칠 가능성이 많다. 그러나 차이잉원 총통이 취임식에서 중화민국 국기와 손문 사진 앞에서 총통선서를 하고, 애국가를 제창하는 행동 등을 통해서 중화인민공화국과 대응하는 국체로 중화민국의 존재를 나타내는 것 자체가 대만의 국제적 지위를 인정받기 위한 시도라는 점은 간과할 수 없다.

한편 극단적인 대만민족주의입장은 중국과의 전쟁도 가능하다는 태도를 보이고 있다. 대만 연합보의 여론조사에서도 나타나듯이 20% 가량은 대만독립을 위해서는 감수해야할 대가로 첫 번째로 중국관광객 감소가 응답자의 43%를 차지하고, 다음으로 수교국 감소 등 외교적 압력은 21%, 세 번째로 전쟁 불사 응답이 20%, 네 번째 경제 봉쇄는 16% 이하로 나타나고, 이상의 대가를 치루면서 대만독립은 불필요하다는 응답이 23%로 나왔다.39) 전반적으로 전쟁에 대한 회피 심리가 다수를 차지하지만 젊은 세대들 사이에서는 대만독립 요구가 점차 강해지는 추세를 알 수 있는 여론조사이다.

최근 민진당의 원로이자 대만독립파로 유명한 구콴민(辜寬敏)은 최근 모금회에서 중국은 대만을 공격할 수 없다. 공격한다면 오히려 "I welcome" 이라고 답하기도 했다. 그는 "대만해협은 중국 13억 인구의 생명선이라면서, 만약 봉쇄된다면 중국도 곤혹스러울 것이다."는 주장을 했다.40)

39) 「73%自認爲是台灣人 46%要永遠維持現狀」, 『聯合報』, 2016.3.14.
http://vision.udn.com/vision/story/9534/1554314(검색일: 2016.5.20)
40) 「辜寬敏歡迎台海戰爭 學者：把台推向危險漩渦」, 2016.10.29.
http://www.chinatimes.com/realtimenews/20161029002622-260407(검색일: 2016.11.1)

V. 결론

양안 민족주의 정서의 고양은 중국의 경제성장과 국력상승에 따른 양안관계에서의 구심력이 강해지는 기조와 동시에 대만의 독자생존을 지향하는 원심력이 확산되는 기조가 상호 충돌되면서 분출되는 이데올로기적 정서이다.

민족주의의 본질적 속성상 양안 정부의 정책결정자들은 각자의 이익을 최대한 획득하기 위하여 민족주의를 이용하고자 할 것이다. 현재 양안의 민족주의의 고양은 양안관계에 있어서 대립이냐 아니면 공존이냐를 추구하는데 있어서 중요한 영향을 미치고 있다.

특히 중국민족주의와 대만민족주의는 내부의 민족주의 정서를 더욱 확대시키는 요인으로 작용하면서 상호 제로섬(zero-sum)적인 관계를 고착시킬 수 있기 때문에, 민진당 정부가 들어선 현재 양안은 대화와 교류를 통한 협력보다는 오히려 체제와 문화 등의 이질적인 요소로 인해 대립과 경색 국면으로 나아갈 가능성이 있다.

지금까지 양안의 민족주의는 일정정도 정책결정자의 입장을 관철하기 위해 효과적으로 이용된 측면이 존재한다. 하지만 민족주의의 고양은 결국 양안의 동질성보다는 이질성을 강조하면서 양안의 교류와 협력에 부정적인 영향을 미칠 가능성이 많다. 이를 해결하기 위해서 양안 정부와 민간에서는 민족주의의 고양 요인에 대한 분석을 통해 대안을 제시할 필요성이 있다.

| 참고문헌 |

이광규, 『신민족주의의 세기』, 서울: 서울대 출판부, 2006.

베네딕트 앤더슨 저, 윤형숙 역, 『상상의 공동체-민족주의 기원과 전파에 대한 성찰』, 서울: 나남출판, 2002.

謝春奎, 「當代中國民族主義思潮興起」, 『동양정치사상연구』, 5(1), 한국동양정치사상사학회, 2006.

오일환, 「세계화 시대 중국의 신민족주의 기능연구」, 『중국학연구회』, 중국학연구회 학술발표회, 2010.11.

조성환, 「세계화 시대의 동아시아 민족주의: 신민족주의의 분출과 동아시아주의적 모색」, 『한국동양정치사상사연구』, 5(1), 한국동양정치사상사학회, 2006.3.

주인석·박병철, 「아태 지역질서의 변화와 중국 및 일본의 신민족주의」, 『통일전략』, 15(3), 한국통일전략회의, 2015.8.

郝沛然, 『民主進步黨之"台灣民族主義"話語析論』, 南京大學(碩士論文), 2014.5.20.

李蒙愛, 「淺析當代中國網絡民族主義」, 『黑河學刊』, (05), 2013.

蕭功秦, 「中國民族主義的歷史與前景」, 『戰略與管理』, 1996.4.5.

楊婉瑩·張雅雯, 「她們不是我們?分析台灣的民族主義者反大陸移民之態度」, 『東吳大學學報』, 第34卷 第2期, 2016.

王甫昌, 「族群意識, 民族主義與政黨支持：一九九○年代台灣的族群政治」, 『台灣社會學研究』, 1998.

任丙强, 「中國民族主義的重新興起：原因、特征及其影響」, 『學海』, 2004.2.10.

田子渝, 「台灣民族主義與中華民族主義」, 『學習與實踐』, 2007.8.15

趙建民, 「台灣主體意識與中國大陸民族主義的對抗：面對二十一世紀的兩岸關係」, 『中國大陸研究』, 1998.
沈惠平, 「當代"台灣民族主義"淺析」, 『貴州民族研究』, 2009.10.25

Huges, Christopher, "Reclassifying Chinese Nationalism: the Geopolitik Turn", *Journal of Contempoary China*, 20(71), 2011.

「도넘은 애국심 확산...中 관영 언론조차 냉정 촉구」, YTN, 2016.7.19.
   http://www.ytn.co.kr/_ln/0104_201607200047508845(검색일: 2016. 10.23)
「중국에 고개 숙인 연예인들... 대만 네티즌들 반격」, 연합뉴스TV, 2016.7.19.
   https://www.youtube.com/watch?v=_Zwn0ittokw(검색일: 2016.10.23)
「73%自認為是台灣人 46%要永遠維持現狀」, 『聯合報』, 2016.3.14.
   http://vision.udn.com/vision/story/9534/1554314(검색일: 2016.5.20)
「江澤民總書記關於抵禦和平演變、加強黨建的論述」,
   http://www.people.com.cn/GB/guandian/26/20010823/542133.html
   (검색일: 2016.9.15)
「辜寬敏歡迎台海戰爭 學者 : 把台推向危險漩渦」, 2016.10.29.
   http://www.chinatimes.com/realtimenews/20161029002622-260407
   (검색일: 2016.11.1)
「兩岸交流 蔡提三個有利、三個堅持」, 2015.1.22.
   http://news.ltn.com.tw/news/politics/paper/849562(검색일: 2015.10.12)
「李毅文章全文」, http://blog.sina.com.cn/s/blog_486c52150102wc18.html
   (검색일: 2016.9.15)
「中共教育部黨組關於教育系統深入開展愛國主義教育的實施意見」, 2016.1.26,
   http://www.moe.gov.cn/srcsite/A13/s7061/201601/t20160129_229131.html
   (검색일: 2016.9.15)
「台海兩岸關系」, http://www.voachinese.com/content/over-50-percent-
   taiwanese-favor-perpetual-status-quo-20150916/2966020.html(검색
   일: 2015.10.12)

邱文秀,「兩岸和平統一無望? 陸學者文章引激辯」, 2016.3.10.
　　　http://www.chinatimes.com/realtimenews/20160310002775-260401
　　　(검색일: 2016.9.15)

_____,「兩岸和平統一無望?陸學者文章引激辯」, 2016.3.10.
　　　http://www.chinatimes.com/realtimenews/20160310002775-260401
　　　(검색일: 2016.9.15)

唐永紅,「習近平對台講話既"硬"又"軟"」, 2016.11.4.
　　　http://tw.people.com.cn/n1/2016/1104/c14657-28836230.html
　　　(검색일: 2016.11.5)

劉子維,「觀察: 台灣網民發起"向中國道歉大賽"」,『BBC中文網記者』, 2016.7.18.
　　　http://www.bbc.com/zhongwen/simp/china/2016/07/160718_ana_t
　　　aiwan_apology_china(검색일: 2016.10.18)

王宏恩,「當台灣認同超過60%, 代表什麼」, http://whogovernstw.org/2014/
　　　07/25/austinwang4/(검색일: 2015.4.11)

李江,「"中國特色民族主義"的弊端」,『FT中文網』,
　　　http://www.ftchinese.com/story/001065967(검색일: 2016.10.23)

馬軍,「陸生在台灣: 最愛是濃濃的人情味兒」,『鳳凰網』, 2013.2.27.
　　　http://news.ifeng.com/opinion/special/lushengtaiwan/(검색일: 2015.8.4)

趙穗生,「政府領導的國族主義: 中國後天安門的愛國主義教育」,『共産及後共産
　　　研究』, 1998. http://tw.people.com.cn/n1/2016/1104/c14657-28836230.html
　　　(검색일: 2016.11.5)

中國共産黨中央宣傳部,「愛國主義實施綱要」, 1994.8.23.
　　　http://cpc.people.com.cn/BIG5/64184/64186/66685/4494186.html
　　　(검색일: 2016.9.15)

「台國民黨參選人朱立倫臉書公布競選口號」, 2015.11.1.
　　　http://www.bbc.com/zhongwen/trad/china/2015/11/151101_zhuli-
　　　lun_taiwan_campaign(검색일: 2016.5.23)

중국의 국가핵심이익에 대한 실증연구:

『인민일보』의 내용분석을 중심으로

● 이민규 ●

Ⅰ. 연구목적과 문제제기

중국의 '핵심이익'(core interests, 核心利益)개념은 2009년을 기점으로 각계의 주목을 받게 된다. 다이빙궈(戴秉國)국무위원이 2009년 7월 제1차 미·중 전략경제대화(U.S.-China Strategic and Economic Dialogue, S&ED) 회의석상에서 세 가지 요소를 제시하고,[1] 그 해 11월 북경에서 개최된 미·중 정상회담의 공동성명에 "서로의 핵심이익을 존중하는 것"이

---

* 이 글은 「중국의 국가핵심이익 시기별 외연 확대 특징과 구체적인 이슈」, 『중소연구』, 제41권 제1호, 2017을 수정·보완한 것이다.

** 재단법인 여시재 부연구위원.

1) 다이빙궈는 2009년 7월에 중국의 핵심이익을 '중국의 국체, 정체와 정치 안정'(中國的 國體、政體和政治穩定), 즉 '기본제도와 국가안보 수호'(維護基本制度和國家安 全), '국가주권과 영토완정'(國家主權和領土完整), 그리고 '경제와 사회의 지속적인 발전'(經濟社會的持續發展)으로 규정하였다. 2010년 12월에는 '공산당 영도, 사회주 의 제도 및 중국 특색의 사회주의 길'(共產黨的領導、社會主義制度、中國特色社 會主義道路), '중국의 주권안정, 영토완정, 국가통일'(主權安全、領土完整、國家統 一), '중국 경제사회의 지속적 발전을 위한 기본 보장'(中國經濟社會可持續發展的基 本保障)으로 재규정하였다. 김흥규, 「중국 핵심이익 연구 소고(小考)」, 『동북아연구』, 제28권 제2호, 광주: 조선대학교 사회과학연구원, 2013, 292-293쪽.

라는 문구가 삽입이 되면서부터이다.[2] 특히, 2008년 미국발 금융위기 때부터 노골적으로 보이기 시작한 중국의 '공세적'(assertive) 대외정책 행태와 이와 관련된 논쟁에 '핵심이익' 개념이 포함되면서, 내포된 의미와 적용범위 등에 대한 관심이 높아졌다.[3]

최근까지 중국이 보이고 있는 핵심이익 관련 언사와 행태는 마이클 스웨인(Michael Swaine)이 2011년에 주장한 공세적인 특징을 대부분 보여주고 있다.[4] 첫째, 중국은 계속적으로 이 개념을 공식화하고 있다. 2011년 9월 6일 중국 국무원 신문판공실은 『중국의 평화발전(中國的和平發展)』백서를 통해 중국의 핵심이익을 공식적으로 제시하였고,[5] 후진타오(胡錦濤), 원자바오(溫家寶), 시진핑(習近平) 그리고 리커창(李克强)등 최고지도부들의 연설을 통해 이 개념에 공신력을 부여하고 있다.[6] 둘째,

---

2) 원문 내용은 다음과 같다. "The two sides agreed that respecting each other's core interests is extremely important to ensure steady progress in China-US relations." https://www.whitehouse.gov/the-press-office/us-china-joint-statement(검색일: 2016.11.20)

3) 아래 논문 참고 바람. Alastair Iain Johnston, "How New and Assertive is China's New Assertiveness?", *International Security*, Vol.36, No.4, Cambridge: MIT Press, Spring 2013, pp.17-20.

4) Michael D. Swaine, "China's Assertive Behavior—Part One: On 'Core Interests'", http://www.hoover.org/research/chinas-assertive-behavior-part-one-core-interests (검색일: 2016.10.28)

5) 『중국의 평화발전』 백서에서는 중국의 국가핵심이익을 '국가주권'(國家主權), '국가안보'(國家安全), '영토완정'(領土完整), '국가통일'(國家統一), '중국 헌법이 확립한 국가정치제도와 사회의 전반적 안정'(中國憲法確立的國家政治制度和社會大局穩定), 그리고 '경제사회의 지속적 발전을 위한 기본 보장'(經濟社會可持續發展的基本保障) 등 여섯 가지로 규정하였다. "『中國的和平發展』白皮書(全文)", http://news.xinhuanet.com/politics/2011-09/06/c_121982103.htm(검색일: 2016.10.28)

6) 章迪禹, 「中國'核心利益'之辯」, 『世界知識』, 第19期, 北京: 世界知識出版社, 2011, 15-21쪽.

중국은 핵심이익과 관련된 이슈에 대해서는 양보와 타협이 불가능하다는 강경한 태도를 원칙적으로 고수하고 있다. 심지어, 무력사용도 불사하겠다는 입장이다. 1995-6년에 발발한 제4차 대만해협위기 사건은 중국의 이러한 의지를 보여준 대표적인 사례라고 할 수 있다.[7] 최근 10년 '해양권익'(海洋權益) 수호를 빌미로 남중국해(南海) 등지에서 보이고 있는 공세적 대외정책 언행 역시 이러한 입장과 맥락을 같이 한다고 볼 수 있다.[8] 셋째, 중국은 쟁점이 있는 국제적 이슈들을 지속적으로 핵심이익 범주에 넣고 있다. 즉, 핵심이익의 외연을 계속적으로 확대하고 있다. 이뿐만 아니라, 핵심이익 개념의 내용과 적용범위 역시 수정을 반복하고 있다. 대표적인 예로, 시진핑은 총서기가 된 이래 핵심이익을 '주권'(主權), '안보'(安全) 그리고 '발전이익'(發展利益) 등 세 가지로 재규정하였다.[9]

중국의 핵심이익에 대한 지속적인 재규정과 외연의 확대가 문제시 되

[7] '대만'문제는 대표적인 중국의 국가핵심이익이다. 제4차 대만해협위기 사건은 비록 중국이 '핵심이익'을 규정하기 전에 발생한 사건이지만, 국가핵심이익을 수호하기 위해 무력사용도 불사하겠다는 중국의 의지를 간접적으로 알 수 있는 대표적인 사례라고 할 수 있다. 다른 말로 표현하면, '핵심이익'으로 규정하기 전에도 사건의 전개 상황에 따라 무력사용을 하였던 점을 감안하면, '핵심이익'으로 규정된 지금은 그럴 가능성이 더 높아졌다고 할 수 있다. 대만 문제 관련 무력사용 가능성에 대한 장쩌민(江澤民)의 주요 발언은 아래 문선 참고 바람. 『江澤民文選(第一卷)』, 北京: 人民出版社, 2006, 85, 286, 419-422쪽.

[8] 남중국해 문제를 둘러싸고 중국이 취할 수 있는 전략, 특히 군사적 전략과 행위의 경우의 수에 대해서는 아래의 논문을 참고 바람. Toshi Yoshihara and James R. Holmes, "Can China Defend a 'Core Interest' in the South China Sea?", *The Washington Quarterly*, Vol.34, No.2, New York: Taylor & Francis, Spring 2011, pp.45-59.

[9] 바이두(百度)신문 검색 결과 '국가의 주권, 안보 그리고 발전이익'은 2010년 전후부터 중국의 핵심이익으로 주장되어지고 있다. 예로, 2010년 3월 7일 중국 외교부 부장 양제츠(楊潔篪)는 제11기 전국인대 3차 회의 기자회견에서 '국가의 주권, 안보 그리고 발전이익'을 '본국의 핵심이익과 존엄'이라고 하였다. http://news.xinhuanet.com/politics/2010-03/07/content_13115174.htm(검색일: 2016.10.28)

는 이유는 중국의 급속한 부상과 이에 따른 중국 대외정책의 변화와 무관하지 않다고 할 수 있다. 중국은 자국의 부상이 논쟁이 되기 시작한 1990년대를 기점으로 '국가이익'(national interests, 國家利益) 개념을 본격적으로 사용하기 시작하였고, 이를 더욱 세분화 시켜 '핵심이익'까지 규정하게 된다.[10] 국가이익이 점차 중국 대외행위의 '사상적 근원'(思想根源)이 되면서 미국 혹은 주변국과 국가이익을 사이에 두고 분쟁이 발생할 가능성이 높아졌다.[11] 비록 핵심이익과 관련하여 중국 내에 '핵심이익 확대론', '보수적 핵심이익론' 그리고 '절충론' 등의 논쟁이 일어나고 있고,[12] 무력사용만이 유일한 수단이 아니라는 주장을 하고 있지만, 중국의 비타협적 태도와 대만(台灣), 티베트(西藏), 신장(新疆) 등의 문제에 있어서는 최후의 수단으로 무력사용도 불사하겠다는 입장은 중국의 급속한 국력신장으로 인해 핵심이익 관련국들의 우려를 더욱 초래하고 있음을 부정할 수 없다.[13]

이런 측면에서 중국의 핵심이익을 둘러싸고 중국과 미국 혹은 주변국 간에 발생할 수 있는 충돌을 방지하기 위한 위기관리(crisis management) 방안 연구는 시급하다. 이를 위해서는 구체적인 중국의 핵심이익, 즉 관

---

10) 章迪禹, 「中國'核心利益'之辯」, 『世界知識』, 第19期, 北京: 世界知識出版社, 2011, 19쪽.

11) 張淸敏·李玫窺, 「中國對外行為的思想根源探析」, 『外交評論』, 第4期, 北京: 外交學院雜誌社, 2011, 14-18쪽.

12) 김흥규, 앞의 논문, 『동북아연구』, 제28권 제2호, 광주: 조선대학교 사회과학연구원, 2013, 301-305쪽; 중국 학계의 '핵심이익'에 관한 논쟁과 연구 현황은 아래 논문 참고 바람. Jinghan Zeng, Yuefan Xiao and Shaun Breslin, "Securing China's Core Interests: the State of the Debate in China", International Affairs, Vol.91, No.2, Oxford: Oxford University Press, 2015.

13) 미국과 중국 간의 이슈별 핵심이익 이견에 관한 구체적인 내용은 아래 동아시아 연구원(EAI) 연구보고서를 참고 바람. 김양규, 『핵심이익의 충돌과 미중관계의 미래』, https://www.eai.or.kr/data/bbs/kor_report/201105069371864.pdf(검색일: 2016.10.28)

련 이슈가 무엇인지에 대한 파악이 우선적으로 이루어져야 한다. 하지만, 중국의 핵심이익에 대한 이해와 분석은 여전히 몇 명 중국 지도층의 발언과 중국 정부의 발표에 의존하고 있는 상태이고, 핵심이익 관련 구체적인 이슈와 문제에 대한 실증연구는 제대로 이루어지고 있지 않다. 이로 인해 남중국해문제, 댜오위다오/센카쿠 열도(釣魚島)문제[14] 그리고 한반도문제[15]등을 둘러싸고 발생했던 논쟁처럼 어떤 이슈가 중국의 핵심이익 범주에 속하는가에 대한 논란과 추측은 계속해서 발생하고 있다. 이와 관련하여, 앞서 제기한 것처럼 중국은 핵심이익의 외연을 지속적으로 확대하고 있다. 하지만, 어떠한 이슈들이 추가가 되면서 확대되고 있는지에 대한 연구는 더욱 부족한 실정이다. 다른 한편, 다이빙궈 등 중국 지도자들의 발언과 『중국의 평화발전』 백서 등의 내용에 의하면, 외교안보 관련 이슈 외에 국내 정치, 경제 그리고 사회 문제 역시 중국의 핵심이익 범주

---

14) 중국의 국가핵심이익 관점에서 남중국해와 댜오위다오/센카쿠 열도 이슈를 논한 것은 아래 Chinafile 사이트에 실린 두 편의 글과 미 의회 산하 미-중 경제안보검토위원회(The U.S.-China Economic and Security Review Commission)의 보고서를 참고 바람. Shai Oster, Andrew J. Nathan, Orville Schell, Susan Shirk, Tai Ming Cheung and John Delury, "What's Really at the Core of China's 'Core Interests'?", https://www.chinafile.com/.../whats-really-core-chinas-core-interests(검색일: 2016.6.25); Stephanie T. Kleine-Ahlbrandt, Susan Shirk and Wang Yizhou, "Does Promoting 'Core Interests' Do China More Harm Than Good?", http://www.chinafile.com/conversation/does-promoting-core-interests-do-china-more-harm-good(검색일: 2016.6.25); Caitlin Campbell, Ethan Meick, Kimberly Hsu and Craig Murray, "China's 'Core Interests' and the East China Sea",http://www.uscc.gov/sites/default/files/Research/China's%20Core%20Interests%20and%20the%20East%20China%20Sea.pdf (검색일: 2016.7.10)

15) 한반도 이슈와 관련해서는 아래 논문 참고 바람. 김흥규, 앞의 논문, 『동북아연구』, 제28권 제2호, 2013, 295-297쪽; 김흥규, 「한반도 통일에 대한 중국의 입장과 한중관계」, 『전략연구』, 통권 제61호 특별호, 서울: 한국전략문제연구소, 2014, 223쪽; 나영주, 「한반도 통일에 관한 중국의 인식과 전략」, 『국제정치연구』, 제18집 2호, 대구: 동아시아국제정치학회, 2015, 113-125쪽.

에 포함이 됨을 알 수 있다. 하지만, 이 역시 기존의 관련 연구에서는 구체적인 이슈가 무엇인지 명확하게 제시되고 있지 않다.

이번 연구에서는 이상의 문제의식에 기반 하여 중국의 '핵심이익', 특히 관련된 구체적인 이슈들을 '인민일보'(人民日報) 전문에 대한 '내용분석'(content analysis)을 통해 분석해 내고자 한다. 구체적으로, ① 시기별로 어떠한 이슈들이 추가가 되면서 핵심이익의 외연을 확대하고 있는가? ② 후진타오 집권 시기와 비교하였을 때, 시진핑 집권 시기 중국은 핵심이익을 더욱 강조하고 있는가? 그러하다면, 어떠한 특징을 전반적으로 보이고 있는가? ③『중국의 평화발전』백서의 분류법에 의거하여, 핵심이익별로 어떠한 구체적인 이슈들이 어떠한 맥락에서 거론되고 있는가? 등의 문제들에 대한 답을 구하고자 한다. 이번 연구 결과는 기존의 중국 핵심이익 관련 연구를 보완한다는 차원 외에, 향후 관련 연구를 위한 자료로서도 큰 의의가 있다고 할 수 있다.

II. 중국의 국가핵심이익 분석 방법

중국의 구체적인 핵심이익 관련 이슈들을 파악하기 위해서 다음과 같은 사항을 고려하여 내용분석법을 적용하였다. 첫째, 이번 연구에서는 인민일보를 분석 자료로 선택하였다.16) 대부분의 선행연구와 달리 인민일보에 대한 내용분석을 실시한 주요 원인은 다음과 같이 크게 두 가지가 있다. ① 인민일보는 중국공산당 중앙위원회에 직속되어 있는 중국공산

---

16) 중국의 CNKI를 통해서 인민일보를 검색하였고, 인민일보 해외판 등 인민일보 계열의 신문들은 포함시키지 않았음을 밝힌다. 분석 대상은 기사와 칼럼을 포함한 검색된 모든 자료를 사용하였다.

당 기관지로 중국 정부와 엘리트들의 관점과 시각을 잘 담고 있는 자료이
다. [17] 즉, 이 주제와 관련하여 내용분석을 실시하기에 단일 자료로서는
가장 적합하다고 할 수 있다.[18] ② 쩡징한(曾敬涵) 등의 2008년에서
2013년 사이에 중국학자들에 의해 연구된 '핵심이익' 관련 108편의 중문
논문에 대한 내용분석 결과, 중국 국내 학자들 사이에 '핵심이익' 개념과
이와 연관된 이슈에 대한 많은 토론과 연구는 있지만, 대부분 일치된 의
견을 얻지 못하고 있다고 한다. 특히, 많은 연구가 특정 사건에 의한 것
(event-driven)이거나, 주요 지도자들의 관점과 발언의 영향을 많이 받고
있음을 지적하였다.[19] 즉, 2차 자료라고 할 수 있는 선행연구에 대한 검
토를 통해서는 구체적인 중국의 핵심이익 이슈가 무엇인지 파악하기 힘
들뿐만 아니라, 이들의 연구결과가 중국공산당의 의견을 대변한다고도
할 수 없다.

　둘째, 이번 연구에서는 '국가핵심이익'(國家核心利益)을 검색 키워드
로 선택하였다. 마이클 스웨인 등 기존 중국의 핵심이익 연구자들은 '핵
심이익'을 키워드로 내용분석 혹은 텍스트 분석(text analysis)을 실시하였

17) 張清敏·李啟窺, 「中國對外行為的思想根源探析」, 『外交評論』, 第4期, 北京: 外
　　交學院雜誌社, 2011, 6쪽. 실제로 인민일보는 당의 이념, 노선, 방침, 정책 그리고
　　중앙의 중대결정과 안배의 적극적인 선전을 주요 역할로 명시하고 있다.
　　http://www.people.com.cn/GB/50142/104580/index.html(검색일: 2017.1.4)
18) '광명일보'(光明日報) 역시 분석 자료로 고려를 할 수 있지만 인민일보와 비교하였을
　　때 대표성이 떨어진다. 광명일보는 중공중앙이 주관과 운영의 주체이지만, 중앙선전
　　부가 대신 관리(代管)를 하고 있는 지식계층에 입각한 중앙당 기관지이다. 다른 한편,
　　중국 외교부 대변인 자료 같은 경우는 외교부라는 부서 특성상 외교 관련 이슈 외에는
　　다루지 않기 때문에 중국 핵심이익의 외연확대 특징을 분석하고자 하는 이번 연구의
　　목적에 부합한 자료라고 할 수 없다.
19) Jinghan Zeng, Yuefan Xiao and Shaun Breslin, "Securing China's Core Interests: the
　　State of the Debate in China", *International Affairs,* Vol.91, No.2, Oxford: Oxford
　　University Press, 2015.

다. 하지만 2015년과 2016년 동안의 '핵심이익'을 키워드로 검색된 305편에 대한 내용분석 결과, '핵심이익'은 외교무대에서 '서로의 핵심이익을 존중'해야 한다는 맥락에서 거론된 기사들이 대부분이었기 때문에 구체적인 이슈와 문제를 파악할 수 없었다. 이에 반해, '국가핵심이익'을 키워드로 검색된 기사들은 대부분 중국의 핵심이익과 관련된 내용을 포함하고 있기 때문에 어떠한 맥락에서 핵심이익이 거론 혹은 사용되는지 분석이 가능하였다.

셋째, 인민일보 전문 검색기간을 2001년 1월 1일에서 2016년 10월 27일로 하였다. 기존 연구에 대한 검토 결과, 2003년 당시 외교부장인 탕자쉬안(唐家璇)이 중국 지도층으로서는 처음으로 '핵심이익'개념을 사용하였다. 하지만, 그 이전에 '핵심이익'이라는 개념을 사용했을 수도 있고, 더 나아가 인민일보가 중국 공산당 지도층의 생각과 정책을 반영하는지 여부를 간접적으로 살펴볼 목적으로 2001년을 기점으로 검색을 실시하였다.

넷째, 이번 연구에서는 이하와 같은 단위(units)화를 기준으로 내용분석을 실시하였다. '국가핵심이익' 혹은 '국가의 핵심이익'(國家的核心利益)을 코딩단위(coding units)로, '단락'을 배경단위(context units)로 측정을 하였다.[20] 분석 과정에서 '단락' 단위로 분류가 불가능하지만 특정 이슈를 구체적으로 다루고 있는 기사일 경우에는 '통사단위'(syntactical units)를 '복수의 단락' 혹은 '문장'으로 확대하였다. 하지만, 분석의 일관성을 유지하기 위해서 최대한 '단락' 단위에서 분석을 실시하였다.

다섯째, 이번 연구의 목적이 '국가핵심이익'과 관련된 구체적인 이슈(혹은 문제)를 밝혀내는데 있기 때문에 이슈 간 관계에 대한 테스트(test)

---

20) 인민일보 전문에 대한 분석결과, '국가핵심이익'과 관련된 구체적인 이슈는 대부분 '~와 관련'(事關, 關係, 涉及)있다는 식으로 표현되어 있다.

를 하지 않았다. 분석 결과는 검색 키워드 간의 관계를 제외하고는 주로 빈도(수)와 백분율 등의 묘사(description)를 통하여 설명이 된다.

마지막으로 '신뢰도'(reliability)측정과 관련하여, 이번 분석은 독자적으로 추진된 연구이므로 '종적 신뢰도'(within)테스트를 실시하였다. 연습단계에서 기사가 실린 시간 순으로 138편 중 25%에 해당하는 34편에 대한 코딩을 일주일의 시간차를 두고 2번 실시하였다. 정식코딩단계에서는 40%에 해당하는 55편의 기사에 대한 신뢰도 측정을 역시 일주일의 시간차를 두고 2번 실시하였다. 신뢰도 측정결과 0.909(%)를 나타내었다.[21]

III. 중국 국가핵심이익의 시기별 외연 확대 특징과 구체적인 이슈

1. 중국 국가핵심이익의 시기별 외연 확대 특징

2000년 1월 1일부터 2016년 10월 27일까지의 인민일보 전문을 '국가핵심이익'을 키워드로 내용분석을 한 결과, 총37개 포괄적 주제와 구체적 이슈가 국가핵심이익에 포함이 되었다. 이 중에서 2회 이상 거론된 주제와 이슈는 총21개이고, 10회 이상 거론된 것도 8개나 된다. 빈도수를 기준으로 보면, 포괄적 주제는 '국가주권'(혹은 '주권': 47회), '국가안보'(혹은 '안보': 34회), '발전이익'(30회), '영토완정'(領土完整: 24회) 순으로 거론이 되었고; 구체적인 이슈는 '대만'(30회), '티베트'(14회), '해양권익'(10회)의 순으로 거론이 되었다. 2004년 '대만'문제가 국가핵심이익의 맥락

---

21) 백분율 신뢰도 검사 결과 0.909(%)가 나왔기 때문에, Scotti's Pi와 Cohen's Kappa 공식을 통한 신뢰도 검사를 별도로 실시하지 않았음을 밝힌다.

에서 처음으로 거론된 이후의 포괄적 주제와 구체적 이슈의 거론 기점과 특징을 간략히 살펴보면 다음과 같다(〈표 1〉 참조).

첫째, 2005년 전후부터 '국가주권'과 '영토완정' 두 개념은 국가핵심이익으로 꾸준히 거론되고 있고, 그 핵심에는 '대만'문제가 있다. 2004년과 2007년 사이에 '대만'은 총13회 거론이 되는데, 그 중에서 9회는 '국가주권'과 '영토완정'의 맥락에서 거론되었다.

둘째, 2008년 전후부터 '안보', '통일'(統一, 2009년부터) 개념이 국가핵심이익으로 강조되기 시작하고, '대만'문제 외에 '티베트', '마카오'(澳門, 2009년부터), '신장'(2009년부터) 등 '국가주권'과 관련된 이슈들이 추가되기 시작한다. 이 네 가지 이슈들은 2016년까지 꾸준히 국가핵심이익으로 거론이 되고 있다.

셋째, 2009년 전후부터 '중국 헌법이 확립한 국가정치제도와 사회의 전반적 안정'(中國憲法確立的國家政治制度和社會大局穩定, 2011년 '중국의 평화발전' 백서 기준) 범주에 포함되는 개념과 이슈들이 거론되기 시작한다. 관련 개념과 이슈들을 대략적으로 살펴보면, ① '민족단결'(民族團結)은 2009년과 2011년 사이에 총3회 제시가 되는데, 특히 2011년에는 공산당의 리더십, 중국특색의 사회주의, '국가주권'과 '민족존엄'의 맥락에서 거론이 되었다. ② '핵심가치관'(核心價値觀)은 2010년과 2014년에 한 번 씩 거론이 되는데, 2010년에는 '대중문화' (公民文化)건설과 함께 일종의 도구적 의미에서 거론이 되었다. ③ '민족존엄'(民族尊嚴)은 2011년과 2016년 사이에 총3회 거론이 된다. ④ '이데올로기'(意識形態)는 2013년과 2015년에 각각 한 번 씩 거론이 되는데, 국가핵심이익과의 밀접한 관련성을 논하였다. 이 외에 '사회조화 안정'(社會和諧穩定), '기본제도'(基本制度), '국가정권'(國家政權), '파룬궁'(法輪功)문제 등이 국가핵심이익 혹은 관련된 이슈임을 알 수 있다.

넷째, 2010년 전후부터 '댜오위다오/센카쿠 열도'문제가 국가핵심이익

범주에 포함되고, 시진핑이 중공중앙 총서기에 임명되는 2012년을 기점
으로 '해양권익'이 거의 매년 거론되고 있다. 2013년과 2014년 사이에 총7
회 거론이 되는데, 그 중 5회는 '주권', '안보' 그리고 '발전이익'의 맥락에
서 제기되었다. 한편, 2014년 '남중국해'문제와 2016년 '동중국해'(東海)문
제가 국가핵심이익의 범주에 포함된다. 해양과 관련하여 주목할 점은,
2010년에서 2013년 사이에는 '댜오위다오/센카쿠 열도'문제가 국가핵심
이익 맥락에서 구체적으로 제시되다가, 2012년부터는 '해양권익', '동중국
해'문제 그리고 '남중국해'문제 등 좀 더 큰 범위에서 논해지고 있다.

　다섯째, 2008년 전후부터 '경제사회의 지속적 발전을 위한 기본 보장'
(經濟社會可持續發展的基本保障, 2011년 '중국의 평화발전'백서 기준)
범주에 포함되는 개념들과 이슈들이 제시되기 시작한다. 두드러진 특징

〈표 1〉 시기별 국가핵심이익 외연확대 상황

기점	개수(추가)	포괄적 주제와 구체적 이슈
2004년	1	대만
2005년	3(2)	대만, 국가주권*, 영토완정*
2006년	4(1)	대만, 국가주권, 영토완정, 역사*
2007년	3	대만, 국가주권, 영토완정
2008년	5(3)	대만, 국가주권, 국가안보*, 티베트*, 발전이익*
2009년	8(4)	대만, 국가주권, 영토완정, 티베트, 국가통일, 마카오*, 신장*, 민족단결*
2010년	8(3)	대만, 국가주권, 영토완정, 티베트, 국가통일, 댜오위다오*, 핵심가치관*, 대중문화*
2011년	12(5)	국가주권, 영토완정, 국가안보, 티베트, 발전이익, 국가통일, 민족단결, 민족존엄*, 국가정치제도와 사회의 전반적 안정*, 사회조화 안정*, 영공안보*, 토지*
2012년	9(2)	국가주권, 영토완정, 국가안보, 발전이익, 국가통일, 마카오, 댜오위다오, 해양권익*, 홍콩*
2013년	11(2)	대만, 국가주권, 영토완정, 국가안보, 발전이익, 국가통일, 댜오위다오, 국가정치제도와 사회의 전반적 안정, 해양권익, 이데올로기*, 중대형 국유기업의 핵심 상업기밀*
2014년	16(5)	대만, 국가주권, 영토완정, 국가안보, 티베트, 발전이익, 신장, 핵심가치관, 민족존엄, 해양권익, 독립*, 데이터 주권*, 파룬궁*, 정보강역*, 기본제도*, 남중국해*
2015년	12(4)	대만, 국가주권, 국가안보, 티베트, 마카오, 신장, 홍콩, 이데올로기, 인민복지*, 국가현대화*, 조국평화*, 과학기술혁신*
2016년	19(5)	대만, 국가주권, 영토완정, 국가안보, 티베트, 발전이익, 국가통일, 마카오, 신장, 민족존엄, 해양권익, 홍콩, 국가독립, 인민복지, 남중국해*, 동중국해*, 국가정권*, 변경이익*, 한반도*

참고: '*' 표시한 것은 그해 새로 추가된 이슈를 나타냄.

으로는 2011년부터 '토지'(土地)문제를 시작으로 이와 관련된 구체적인 이슈와 문제들이 제기되고 있다는 점이다. 국가핵심이익과 관련된 이 범주의 주요 이슈로는 '중대형 국유기업의 핵심상업기밀'(國有大中型企業的核心商業秘密), '데이터 주권'(數據主權), '정보강역'(信息疆域), '인민복지'(人民福祉), '과학기술혁신'(科技創新) 등이 있다.

여섯째, 2016년 국가핵심이익 범주에 새로 추가된 안보관련 이슈로는 앞서 제기한 '동중국해' 문제 외에 사드(THAAD·고고도 미사일 방어체계)배치와 관련된 '한반도' 문제 등이 있다.

2. 중국 국가핵심이익의 집권시기별 특징

중국은 1990년대를 기점으로 '국가이익' 개념을 본격적으로 사용하였고, 후진타오가 집권하게 되는 2003년을 전후로 '핵심이익' 혹은 '국가핵심이익' 개념을 사용하기 시작한다. 인민일보 내용분석을 통해 후진타오 시대에서 시진핑 시대로 넘어오면서 어떠한 전반적인 특징, 즉 경향을 보이는지를 살펴보면 다음과 같다.

'핵심이익'과 '국가이익'의 빈도수를 비교하였을 때, 2009년을 기점으로 '핵심이익'개념이 '국가이익' 만큼 자주 거론이 되고 있음을 알 수 있다. '국가이익'과 '핵심이익'을 키워드로 2001년 1월 1일부터 2016년 10월 27일까지의 인민일보 전문을 검색한 결과, '국가이익'과 '핵심이익'은 각각 총2710편과 1729편에서 거론이 되었다. 2008년까지는 '국가이익'이 1156편으로 209편에서만 거론된 '핵심이익'에 비해 압도적으로 많이 거론이 되다가($\chi^2 = 657.003$, $df = 1$, $p < 0.001$), 2009년부터는 '국가이익'이 1404편, '핵심이익'이 1358편으로 비슷한 수준에서 거론이 되고 있다($\chi^2 = 0.766$, $df = 1$, $p = 0.381$). 심지어 2009년, 2010년, 2012년 그리고 2014년에는 '핵심이익'의 거론 빈도수가 더 많았다. 2009년은 후진타오 집권2기

2년차 때로 2008년 미국의 금융위기로 인해 중국의 대외정책이 '공세적'
으로 변화하기 시작했다는 논쟁이 가열된 시점이다. 인민일보에서 '핵심
이익' 개념이 급증한 사실은 이런 변화를 간접적으로 보여주는 것이라고
할 수 있다. 다른 한편, 집권 시기를 기준으로 봤을 때,[22] 후진타오 집권
10년 동안 두 개념(국가이익: 1684편; 핵심이익: 1025편)의 빈도수에 큰
차이가 있었던 것에 반해($\chi^2 = 160.310$, $df = 1$, $p < 0.001$), 시진핑 집권
3년 10개월 동안의 빈도수는(국가이익: 752편; 핵심이익: 700편) 큰 차이
가 없음을 알 수 있다($\chi^2 = 1.862$, $df = 1$, $p = 0.172$). 이를 통해 시진핑
은 집권한 이후 후진타오 집권2기 때부터 보여 온 '핵심이익' 강조 정책을
지속적으로 유지하고 있음을 알 수 있다.

'국가핵심이익' 빈도수 변화 측면에서 살펴보았을 때, 시진핑이 국가주
석으로 선출된 2013년을 기점으로 그 빈도수가 급증하였음을 발견할 수
있다. '국가핵심이익'을 키워드로 2001년 1월 1일부터 2016년 10월 27일
까지의 인민일보 전문을 검색한 결과, 2004년 처음으로 이 개념이 사용된
이후 증가하는 추세를 보이고 있다. 키워드를 기준으로 살펴보면, 이 기
간에 총138편의 기사에서 165회 거론이 되었다. 2004년부터 2012년까지
연 평균 7회만 거론이 되다가, 2013년 28회로 증가하였고, 이때부터 연
평균 26회 거론이 되고 있다. 2015년에 17회로 빈도수가 갑자기 줄어드
는 현상을 보이기도 하지만, 2016년 10월 27일 기준 23회로 다시 증가하
는 추세를 보이고 있다. 집권 시기를 기준으로 살펴보면, 후진타오 집권
10년에 비해, 시진핑 집권 3년 10개월 동안의 빈도수가 더 많음을 발견할

22) 중국의 '당－국가'(party-state)체제 특성상, 중국공산당 중앙위원회 총서기와 국가주
석의 임명 시기는 다르다. 시진핑의 경우 2011년 11월에 총서기가 되지만, 국가주석은
2013년 3월에야 임명이 된다. 이번 연구에서는 인민일보에서의 '국가핵심이익' 거론
빈도의 전반적인 경향 파악에 목적이 있기 때문에, 편의상 2013년을 기준점으로 잡았
음을 밝히는 바이다.

수 있다. 2012년까지 총62회 거론이 된 것에 비해, 2013년에서 2016년 10월 27일 사이에 총103회나 '국가핵심이익'이 거론되었다($x^2 = 10.188$, $df = 1$, $p < 0.01$). 이뿐만 아니라, 후진타오 집권 시기 후진타오 등 주요 지도자들의 발언이 거의 인용되지 않은 것에 비해, 시진핑 집권 시기 시진핑의 국가핵심이익 관련 발언이 직·간접적으로 인용이 되고 있는 것 역시 발견할 수 있다. 연도별 인용 상황을 살펴보면, 2014년(42%)을 제외하고, 연평균 23%의 비율로 지속적으로 인용이 되고 있다.

국가핵심이익 관련 이슈(혹은 문제)를 기준으로 살펴봐도 비슷한 패턴을 보이고 있다. 국가핵심이익 관련 이슈는 상기 기간 동안 총138편의 기사에서 총263회 거론이 되었다. 2004년부터 2012년까지 연 평균 13회 거론이 되다가, 2013년 41회로 증가하였고, 이때부터 연 평균 38회 거론이 되고 있다. 이 기준의 빈도수 역시 2015년에 13회로 갑자기 줄어들었다가 2016년 10월 27일 기준으로 42회로 다시 증가하는 특징을 보이고 있다. 집권 시기를 기준으로 살펴보면, 후진타오 집권 시기 동안 총111회 거론된 것에 비해, 시진핑 집권 3년 10개월 동안 이미 총152회나 거론이 되었음을 발견할 수 있다($x^2 = 6.392$, $df = 1$, $p < 0.05$). 이런 양적인 증가는 비단 시진핑 집권 시기 국가핵심이익(혹은 핵심이익)이 중요한 개념이 되었음을 의미할 뿐만 아니라, 핵심이익 관련 이슈와 문제들이 다양해지고 있음을 보여준다고 1차적으로 판단할 수 있다.

한편, '핵심이익'의 거론 빈도수와 비교분석을 해보면, 후진타오 집권2기 때부터 핵심이익 개념을 중시하기 시작하지만, 국가핵심이익으로 대표되는 '중국의 핵심이익'은 시진핑 집권시기부터 강조되고 있음을 알 수 있다. 앞서 설명한 것처럼, '서로의 핵심이익을 존중'해야 한다는 맥락에서 거론되고 있는 핵심이익 개념은 후진타오 집권2기 2년차인 2009년부터 급증하기 시작하고, 중국의 핵심이익이 무엇인지 분석이 가능한 국가핵심이익 개념은 시진핑 집권1기 1년차인 2013년부터 급증하기 시작한

〈그림 1〉 국가핵심이익 거론 빈도(키워드 기준)

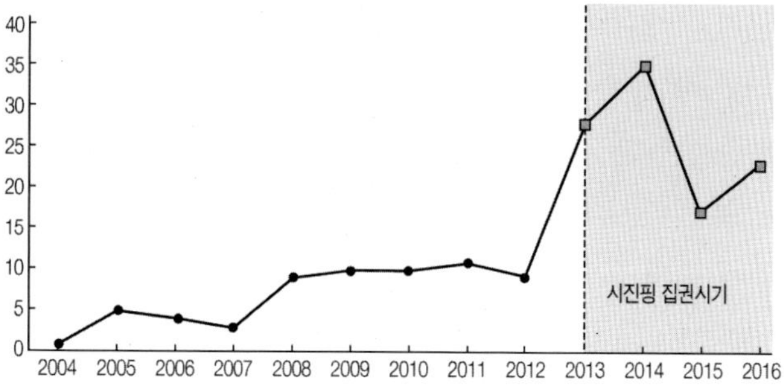

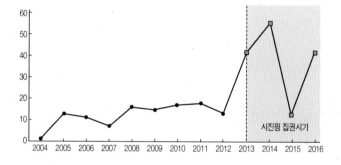

〈그림 2〉 국가핵심이익 거론 빈도(이슈기준)

다. 즉, 이를 통해 시진핑 집권 시기에 들어서서 중국은 자국의 핵심이익에 대한 규정을 본격적으로 시작하였으며, 그 내용과 적용 범주를 계속해서 수정 및 확대하고 있음을 알 수 있다.

　포괄적 주제와 구체적 이슈를 후진타오 집권시기와 비교해 볼 때, 시진핑 집권1기 동안 크게 세 가지 특징을 보이고 있다(〈표 2〉에서 〈표 7〉 참조). ① 시진핑 집권1기 동안 인민일보에 거론된 국가핵심이익과 관련 이슈는 후진타오 집권 10년에 비해 많이 증가하였다. 2012년까지 총21개의 포괄적 주제와 구체적 이슈가 거론된 것에 비해, 2013년부터 2016년 10월 27일 사이에 6개가 빠지고, 16개가 추가되어 31개 포괄적 주제와 구

체적 이슈가 거론되었다. ② 기존의 '국가주권', '국가안보', '영토완정', '국
가통일' 그리고 '중국 헌법이 확립한 국가정치제도와 사회의 전반적 안정'
국가핵심이익과 관련 이슈들은 지속적으로 거론이 되면서, '경제사회의
지속적 발전을 위한 기본 보장'과 관련된 이슈들이 본격적으로 거론되기
시작한다. 특히 후자에 속하는 이슈들은 시진핑 시기에 들어 국가핵심이
익의 범주에 많이 포함이 되고 있다. ③ '영토완정' 국가핵심이익과 관련
하여, 2013년까지는 '댜오위다오' 이슈를 직접적으로 거론하다가 2014년
부터는 '남중국해' 문제와 '동중국해' 문제처럼 특정 해역을 명시하기 시
작한다. 즉, 시진핑 집권 1기 중국은 기존의 외교안보 분야에 치중되어
있던 국가핵심이익을 정치, 경제, 사회문화 등 전 분야에까지 확대하고
있고, '국가안보'('한반도'이슈)와 '영토완정' 국가핵심이익과 관련해서는
특정 지역 차원에서 접근하고 있음을 알 수 있다.

3. 중국 국가핵심이익 포괄적 주제별 구체적 이슈와 특징

각각의 이슈들은 여러 방면의 국가핵심이익 내용을 동시에 담고 있기
때문에 특정 핵심이익 범주로 분류하기 힘든 점이 있다. 한 예로 '해양권
익'같은 경우 '주권', '안보', '발전이익' 세 가지 포괄적 주제의 문제를 다
포함하고 있다. 심지어 '대만'문제 같은 경우는 앞서 제기한 것처럼 '국가
주권'과 '영토완정'의 맥락에서 많이 거론되었다. 하지만, 특정이슈마다
논쟁의 중점 사항이 있고 국가핵심이익 수호의 대상이 되는 내용이 있기
때문에; 다른 한편이론 최대한 명확한 분류는 이슈별 문제해결 방안 연구
의 기본이 되기 때문에 이번 연구에서는 중국 국무원 신문판공실의 『중
국의 평화발전』에서 규정한 중국의 국가핵심이익 기준(포괄적 주제)에
따라 인민일보에 대한 내용분석 결과를 다음과 같이 분류하였고, 각각의
구체적 이슈들이 어떠한 맥락에서 거론되었는지 간략히 설명하였다.

(1) 국가주권

'국가주권' 국가핵심이익에 속하는 이슈에는 '티베트', '마카오', '신장', 그리고 '홍콩'(香港)문제 등이 있다. 이 중에서 '티베트'문제는 2008년도에 처음으로 거론된 이래 2012년과 2013년만 제외하고 꾸준히 강조되고 있다. '티베트'문제와 관련하여 달라이 라마(Dalai Lama)의 외국 방문과 방문국가 지도층과의 회담은 중국 공산당이 가장 민감해 하는 구체적인 이슈이다. 두드러진 특징으로는 '티베트'문제는('대만'문제 포함) 중국인민정치협상회의(정협·中國人民政治協商會議)에서 논의된 사항을 전하는 기사들에서 대부분 거론이 되고 있다. 한편, 이 기사들을 통해 정협 소속의 중국경제사회이사회(中國經濟社會理事會)와 정협 위원들을 중심으로 구성이 되어 있는 중국종교계평화위원회(中國宗教界和平委員會)의 긍정적인 역할('신장'문제 포함)이 평가받고 있음을 또한 알 수 있다.

'마카오'문제는 2009년 마카오 특별 행정구 기본법 실시 10주년 행사 때 처음으로 거론이 되었다. 2016년 건국 67주년 행사에서는 '홍콩', '대만'문제와 함께 '일국양제'(一國兩制), '항인치항'(港人治港), '오인치오'(澳人治澳) 등의 '독립', '국가주권', 그리고 '영토완정'의 맥락에서 제시되었으며, 문제해결을 위해서는 독립자주적인 평화외교정책을 펼쳐야 함을 강조하였다.

〈표 2〉 국가주권 관련 주제와 이슈

기점	이슈(문제)	집권 시기	
		후진타오	시진핑
2005년	국가주권	V	V
2006년	역사	V	
2008년	티베트	V	V
2009년	마카오	V	V
2009년	신장	V	V
2012년	홍콩	V	
2014년	독립		V

'신장'문제는 총5회 중 5회 모두 앞서 설명한 정협과 중국경제사회이사
회와 중국종교계평화위원회의 역할과 관련하여 거론이 되었다.

'홍콩'문제 역시 '마카오'문제와 비슷한 맥락에서 거론이 되고 있다. 한
가지 주목해야 할 것은 2012년 6월 29일에 중국인민해방군 주홍콩부대
사령관 짱스보(張仕波)와 왕쩡보(王增鉢)정치위원의 글이 실린 점이다.
이 글에서 이들은 국가핵심이익('홍콩')의 수호가 군대주둔의 근본가치임
을 강조하고 있다.

(2) 국가안보

'국가안보' 국가핵심이익에 속하는 이슈에는 '영공안보'(領空安全)와
'한반도'문제 등이 있다. 앞서 제시한 것처럼 '한반도'문제가 중국의 핵심
이익에 속하는가에 대한 논쟁은 한국 국내에서 존재했었다. 쩡징한 등의
연구에도 의하면 소수이기는 하지만 1.85%의 중국학자들도 '한반도'문제
가 중국의 핵심이익 범주에 포함이 된다는 주장을 하였다고 한다.[23] 하
지만, 인민일보에 대한 분석결과, 2016년 7월까지는 '한반도'문제가 국가
핵심이익으로 거론되지 않았고, 한국정부의 사드 배치 발표를 기점으로
중국의 핵심이익 범주에서 거론되기 시작하였다.

<표 3> 국가안보 관련 주제와 이슈

기점	이슈(문제)	집권 시기	
		후진타오	시진핑
2008년	국가안보	V	V
2011년	영공안보	V	
2015년	조국평화		V
2016년	한반도(사드 배치)		V

23) Jinghan Zeng, Yuefan Xiao and Shaun Breslin, "Securing China's Core Interests: the State of the Debate in China", *International Affairs*, Vol.91, No.2, Oxford: Oxford University Press, 2015, p.261.

(3) 영토완정

'영토완정' 국가핵심이익에 속하는 이슈에는 '댜오위댜오/센카쿠 열도', '해양권익', '남중국해', '동중국해' 그리고 '변경권익'(邊疆權益) 등이 있다. 이 다섯 가지 이슈 중 '변경권익'을 제외하고는 모두 해양영토주권과 직접적인 연관이 있는 문제들이다. 이 중에서 '해양권익' 같은 경우는 대부분 중국의 '해양강국건설'(海洋強國建設)의 맥락에서 논의가 되었다. 이를 위해서 '해양자원개발능력 제고', '해양경제 발전', '해양생태환경 보호' 등의 노력이 필요함이 제시되었다. 하지만, 이와 동시에 중국은 비록 평화를 사랑하고, 평화발전노선을 견지하겠지만, 정당권익을 절대로 포기하지 않을 것이라는 입장도 명확히 밝히고 있다. 즉 해양강국을 건설하는 과정에서 중국의 핵심이익을 수호할 것이며, 이 문제와 관련하여 절대 타협하지 않을 것임을 천명하고 있다. 이와 관련하여 '남중국해'문제는 핵심이슈라고 할 수 있다. 2014년과 2016년 각각 1편의 기사에서 '남중국해' 문제를 둘러싸고 중국과 필리핀 간에 발생한 분쟁을 '해양권익'의 맥락에서 거론하였고, 2014년에는 '남중국해 각방 행위 선언'(Declaration on the Conduct of Parties in the South China Sea, DOC) 문제가 '해양권익'의 차원에서 제시되었다.

〈표 4〉 영토완정 관련 주제와 이슈

기점	이슈(문제)	집권 시기	
		후진타오	시진핑
2005년	영토완정	V	V
2010년	댜오위댜오	V	V
2012년	해양권익	V	V
2014년	남중국해		V
2016년	변경권익		V
2016년	동중국해		V

'댜오위다오/센카쿠 열도'문제는 2010년부터 2013년 사이에 총 6회 거론이 되는데 그 중 3회는 이 문제를 직접적으로 논하고 있고, 일본뿐만 아니라 미국도 함께 비판하고 있다. 2012년 8월 21일 기사에서는 일본육상자위대의 미 해병대 '섬 탈환 작전' 훈련 참가와 일본의 '댜오위다오/센카쿠 열도' 문제를 '미일안보조약'(The U.S.-Japan Security Treaty)에 적용시키려는 의도를 비판하였고; 2012년 12월 3일 기사에는 미국 참의원의 '미일안보조약' 제5조의 '댜오위다오/센카쿠 열도' 적용 주장에 대한 반대 입장을 담고 있다. 한편, 2013년 11월 27일 기사에서는 중국 정부의 '동해방공식별구역'(東海防空識別區)에 '댜오위다오/센카쿠 열도' 지역이 포함되는 것은 당연한 것이며, 이런 정책은 국가핵심이익 수호의 의지를 보여주는 행위임을 밝히고 있다.

'해양권익'과 '변경권익' 투쟁 방법과 관련하여 한 가지 주목해야 할 점은, 2016년7월16일 기사에서 시진핑의 말을 인용하여 '유리유거유절'(有理有據有節: 이유가 있고, 근거가 있고, 절제가 있음)하게 투쟁하여야 하며, 군사 투쟁을 정치, 경제, 외교적 투쟁과 긴밀히 연계하여 국가핵심이익을 수호해야 한다는 것이다.

(4) 국가통일

'국가통일' 국가핵심이익에 속하는 이슈에는 '대만'문제가 있다. '대만' 문제는 2004년에 처음 거론된 이래 2011년과 2012년을 제외하고 매년 꾸준히 국가핵심이익으로 제기되고 있다. 구체적으로 살펴보면, 2004년부터 2007년까지는 '국가주권'과 '영토완정'의 맥락에서 대만의 독립을 반대하고 대만 독립 세력의 의도와 행동을 저지할 것임을 강력하게 주장하는 기사들이 주를 이루었다. 2008년과 2009년 기사에서는 조국의 '통일'문제임을 확실히 하고 있지만, 양안관계의 발전 추세 파악은 물론 외교적 노력을 통해 외국 의회, 외국 정부와 의원 그리고 민중의 이해와 지지를 얻어야 함을 함께 강조하였다. 2010년과 2013년 기사에서는 중앙정부의 대 대만 공작의 국정방침은 민족의 근본이익과 국가핵심이익을 실현한 것임 을 주장하는 내용을 담았다. 2014년 9월 17일 기사에서는 중국종교계평 화위원회의 '대만'문제 뿐만 아니라 '티베트', '신장' 그리고 '파룬궁' 등 문 제에서의 긍정적 역할을 높이 평가하였다. 2015년 7월 10일 기사에는 '국 가현대화'와 '조국평화통일'의 맥락에서 '홍콩', '마카오'문제와 함께 '대만' 문제가 거론되었다. 2016년 9월 30일과 10월 1일 기사에서는 앞서 설명 한 것처럼 '일국양제', '항인치항', '오인치오' 등의 '독립', '국가주권', 그리 고 '영토완정' 문제와 독립자주적인 평화외교정책의 맥락에서 '대만'문제 가 거론되었다.

〈표 5〉 국가통일 관련 주제와 이슈

기점	이슈(문제)	집권 시기	
		후진타오	시진핑
2004년	대만	V	V
2009년	국가통일	V	V

(5) 중국 헌법이 확립한 국가정치제도와 사회의 전반적 안정

'중국 헌법이 확립한 국가정치제도와 사회의 전반적 안정' 국가핵심이 익에 속하는 이슈에는 '핵심가치관', '이데올로기', '파룬궁', '국가정권', '대 중문화' 그리고 '민족단결'과 '민족존엄'문제 등이 있다. 이 중에서 '민족단 결'문제는 제일 먼저 거론이 되는데(2009년), 애국주의 정신을 고취시켜 야 함을 주장하였다. 2011년 기사에서는 더욱 구체적인 주장을 하는데 전통을 드높이고, 애국애교 교육을 견지하며, 중국공산당의 리더십을 옹 호하고, 중국특색의 사회주의 노선을 견지하여 '민족단결'과 사회의 조화 와 안정을 실현시켜야 한다는 내용을 담았다. 이와 함께 국가통용언어와

〈표 6〉 중국 헌법이 확립한 국가정치제도와 사회의 전반적 안정 관련 주제와 이슈

기점	이슈(문제)	집권 시기	
		후진타오	시진핑
2009년	민족단결	V	
2010년	핵심가치관	V	V
2010년	대중문화	V	
2011년	국가정치제도와 사회의 전반적 안정	V	V
2011년	민족존엄	V	V
2013년	이데올로기		V
2014년	파룬궁		V
2016년	국가정권		V

문자의 전파 및 보급은 '민족단결과 국가통일', '국가주권과 민족존엄'의 맥락에서 국가핵심이익을 구현하는 전략적 조치임을 강조하였다.

'핵심가치관'은 2010년과 2014년에 각각 한 번씩 거론이 된다. 2010년 8월 27일 기사에서는 '대중문화'건설 강화와 '핵심가치관'의 확립은 국가핵심이익 및 자국의 근본이익과 관련된 중대 문제에 공통된 가치를 형성하는데 유리하다는 내용이 담겼다. 2014년 4월 25일 기사에서는 '핵심가치관'을 '주권안보', '영토완정', '기본제도'와 함께 국가의 핵심이익임을 규정함과 동시에 전략적 마지노선임을 명확히 규정하였고, 국방과 군대는 최종역량임을 강조하였다.

'이데올로기'는 서방 적대세력에 의한 중국의 서구화에 대한 비판의 맥락에서 거론이 되었다. 2013년 10월 22일 기사에 서방 적대세력에 의한 중국의 서구화와 사상적으로 분열시키려는 불순한 전략은 변화지 않을 것임으로 '이데올로기' 영역에 대한 주의가 필요하다는 주장이 제기되었다. 하지만, 2015년 9월 20일에는 좀 더 완화되고 구체적인 주장이 제기가 된다. 2015년 기사에 의하면, '이데올로기'와 국가핵심이익 영역과 일환에 외국자본의 침투를 금지해야 하지만, 어느 정도의 '이데올로기' 속성은 있지만 국가핵심이익과 연관이 없는 영역에 대해서는 외국자본의 조

건부 유입을 허락해야 한다는 것이다.

마지막으로 '국가정권'은 국가안전법(國家安全法)의 국가보안에 대한 정의를 설명하는 기사에서 '국가주권', '통일과 영토완정', '인민복지', 그리고 '경제사회의 지속적 발전' 개념과 함께 거론되었다.

(6) 경제사회의 지속적 발전을 위한 기본 보장

'경제사회의 지속적 발전을 위한 기본보장' 국가핵심이익에 속하는 이슈에는 '토지'문제, '데이터 주권', '정보강역', '인민복지', '과학기술혁신' 그리고 '중대형 국유기업의 핵심 상업기밀' 등이 있다. 2011년 12월 30일 기사에서 현재의 각종 경제, 사회와 정치문제 등은 모두 '토지'문제로 드러나고 있다고 하였다. 특히 국가토지감찰기구의 지위와 사명은 국가핵심이익과 중화민족의 장기이익을 대표한다고 하였다.

'중대형 국유기업의 핵심 상업기밀'은 2013년 4월 9일 기사에서 거론이 되는데, 국민경제발전을 지탱하는 '중대형 국유기업의 핵심 상업기밀'은 국가핵심이익과 직접적으로 연관이 있고, 특정한 조건하에서는 국가기밀이 될 수 있음을 경고하였다.

〈표 7〉 경제사회의 지속적 발전을 위한 기본 보장 관련 주제와 이슈

기점	이슈(문제)	집권 시기	
		후진타오	시진핑
2008년	발전이익	V	V
2011년	토지	V	
2013년	중대형 국유기업의 핵심 상업기밀		V
2014년	데이터 주권		V
2014년	정보강역		V
2015년	국가 현대화		V
2015년	인민복지		V
2015년	과학기술혁신		V

'데이터 주권'은 2014년 5월 9일 정협 주석 위정썽(俞正声)이 주최하는 당외 인사 주제 좌담회에서 쥬싼쉐서(九三學社) 중앙 부주석 라이밍(賴明)에 의해 건의되었다. 라이밍은 빅 데이터 등의 현대기술의 응용방면을 국가 전략화하고, '데이터 주권'을 국가핵심이익의 범위에 포함시켜야 한다고 주장하였다. 이와 관련하여 2014년 5월 21일에는 데이터와 정부 거버넌스에 관한 기사가 또 실리기도 하였다.

'정보강역'은 중공허난성위원회 당교의 쉐루이한(薛瑞漢)에 의해 제기가 되었다. 그는 2014년 4월 17일자 인민일보에 인터넷 공간은 국가주권이 확장된 새로운 강역이기 때문에 인터넷과 정보 보안을 국가안보문제로 다루어야 하고, '정보강역'을 국토강역과 동등하게 보호해야 한다고 주장하였다.

'인민복지'는 앞서 설명한 것처럼 국가안전법 제2조의 국가보안의 범위에 포함이 되는데, 국가보안에 대한 정의는 국가핵심이익과 기타 중대이익의 마지노선을 명확히 보여주는 것이라고 한다.

'과학기술혁신'(科技創新)은 중국과학원의 커정옌(柯正言)에 의해 제기가 되었다. 그는 2015년 7월 5일 기사에서 유인 우주비행, 위성항법, 데이터 안보, 선진핵에너지, 심해자원개발 등 영역에서의 과학기술 난관을 극복하고 협동과 혁신을 강화하여, 핵심기술 부분의 중대한 돌파구를 마련해야 하고, 국가핵심이익, 국방안보와 장기발전 등과 관련된 전략적으로 반드시 공략해야 할 영역의 핵심부분을 장악해야 한다고 주장하였다.

IV. 결론

이번 연구는 중국의 구체적인 '핵심이익' 이슈(혹은 문제)를 분석해 내는 것을 주요 목적으로 하였다. 구체적으로는 국가핵심이익 외연 확대, 시진핑 집권 시기의 국가핵심이익 그리고 구체적인 이슈별 맥락과 특징에 대한 답을 구하고자 하였다. 이를 위해서 2001년 1월 1일부터 2016년 10월 27일자 인민일보 전문에 대한 내용분석을 실시하였다. 분석결과와 그 함의를 정리하면 다음과 같다.

첫째, 국가핵심이익의 외연 확대 상황을 살펴보면 다음과 같다. ① 2005년 기존의 '대만'문제에 '국가주권'과 '영토완정'이 추가된 이래 2016년까지 거의 매년 꾸준히 강조되고 있다. ② 2008년부터는 '국가안보', '발전이익' 그리고 '티베트'문제가 추가가 된다. ③ 2009년부터는 '국가통일'뿐만 아니라 '마카오'와 '신장'이슈가 국가핵심이익 범위에 포함이 된다. 한편, 처음으로 '중국 헌법이 확립한 국가정치제도와 사회의 전반적 안정'과 관련된 문제, 즉 '민족단결'(2012년 이후 거론되고 있지 않음)이 거론이 된다. ④ 2010년에는 처음으로 구체적인 '영토완정' 이슈인 '댜오위다오'가 거론이 되고, '핵심가치관'과 '대중문화'가 추가된다. ⑤2011년부터는 본격적으로 '중국 헌법이 확립한 국가정치제도와 사회의 전반적 안정' 관련 포괄적 주제와 구체적 이슈들이 거론이 되기 시작한다. ⑥ 2012년부터는 '해양권익'과 '홍콩'문제가 범주에 포함이 되기 시작한다. ⑦ 2013년부터는 '경제사회의 지속적 발전을 위한 기본 보장'과 관련된 구체적인 이슈들이 중국의 국가핵심이익과 관련이 있다고 주장되어지고 있다. ⑧ 마지막으로 2016년 '한반도' 이슈가 국가핵심이익의 맥락에서 거론이 된다.

둘째, 집권시기별 특징을 살펴보면 다음과 같다. 후진타오 집권2기 2년차인 2009년부터 서로간의 핵심이익을 상호 존중해야 한다는 맥락으로 쓰이는 '핵심이익'이 '국가이익'과 비슷한 수준에서 거론되기 시작한다.

하지만, 시진핑 집권 시기에 들어서면서 중국의 구체적인 핵심이익 파악
이 가능한 '국가핵심이익'의 거론 빈도가 급증을 하게 된다. 한편, 시진핑
집권 시기에 들어 지속적으로 국가핵심이익을 구체화시키고 있음을 발견
할 수 있다. 특히, '경제사회의 지속적 발전을 위한 기본 보장'과 관련된
이슈들이 본격적으로 거론되기 시작하고, '국가안보'와 '영토완정' 국가핵
심이익과 관련해서는 특정 지역 차원에서 접근하는 성향을 보이고 있다.
  셋째, 포괄적 주제별 구체적 이슈들을 살펴보면 다음과 같다(〈표 8〉
참조). ① '국가주권' 국가핵심이익에 속하는 이슈에는 '티베트', '마카오',
'신장', '홍콩' 그리고 '독립'과 '역사'문제 등이 있다. ② '국가안보' 국가핵
심이익에 속하는 이슈에는 '영공안보', '조국평화', '한반도 문제' 등이 있
다. ③ '영토완정' 국가핵심이익에 속하는 이슈에는 '댜오위다오/센카쿠
열도', '변경권익', '해양권익', '남중국해', 그리고 '동중국해' 문제 등이 있
다. ④ '국가통일' 국가핵심이익에는 '대만'문제가 대표적이다. ⑤ '중국
헌법이 확립한 국가정치제도와 사회의 전반적 안정' 국가핵심이익과 관
련된 이슈에는 '핵심가치관', '민족단결', '민족존엄', '이데올로기', '파룬궁',
'국가정권', '대중문화' 등의 문제들이 포함이 된다. ⑥ '경제사회의 지속적
발전을 위한 기본보장' 국가핵심이익과 관련된 이슈에는 '토지', '데이터
주권', '정보강역', '국가현대화', '인민복지', '중대형 국유기업의 핵심 상업
기밀' 그리고 '과학기술혁신' 등이 포함된다.

〈표 8〉 중국의 국가핵심이익과 관련 이슈

국가주권	국가안보	영토완정	국가통일	중국 헌법이 확립한 국가정치제도와 사회의 전반적 안정	경제사회의 지속적 발전을 위한 기본보장
①티베트 ②마카오 ③신장 ④홍콩 ⑤독립 ⑥역사	①한반도 ②영공안보 ③조국평화	①댜오위다오 ②남중국해 ③동중국해 ④변경권익 ⑤해양권익	①대만	①핵심가치관 ②민족단결 ③민족존엄 ④이데올로기 ⑤파룬궁 ⑥국가정권 ⑦대중문화	①토지 ②데이터 주권 ③정보강역 ④국가현대화 ⑤인민복지 ⑥핵심상업기밀 ⑦과학기술혁신

이상의 특징을 종합적으로 볼 때, 중국은 '대만', '티베트', 그리고 '신장' 등 세 가지 이슈를 제외하곤 국가핵심이익을 추상적이고 개념적으로만 강조를 해 오다가 최근 들어 구체화하고 있음을 알 수 있다. 즉, 국가이익 수호를 단순한 '구호'가 아닌 중요성에 따라 구체적으로 등급화 시키고 있다. 국가핵심이익 외연확대 특징에 대한 이해는 향후 중국의 국내·외 인적, 물적 자원을 어느 지역과 이슈에 집중할 것인가를 가름할 수 있는 중요한 지표 중 하나가 될 수 있다. 특히 주목해야 할 것은 한·중 관계에 영향을 미칠 수 있는 국가핵심이익 이슈들이 증가하고 있다는 점이다.

1992년 수교 이래 한·중 관계는 비약적으로 발전해 왔다. 수교 당시의 '우호협력관계'(友好合作關係)는 김대중 정부 때의 '21세기를 향한 협력 동반자 관계'(面向21世紀的合作夥伴關係), 노무현 정부 때의 '전면적 협력 동반자 관계'(全面合作夥伴關係)를 거쳐 이명박 정부 때의 '전략적 협력 동반자 관계'(戰略合作夥伴關係)로 단계적으로 발전해 왔다. 미국과 혈맹관계를 유지하고 있는 한국은 이론적 예상과 달리 중국의 궐기에 '균형'(balancing) 전략이 아닌, '적극적 헤징'(active hedging)전략을 선택하였고, 적극적이고 성공적인 '관여'(engagement)전략을 펼쳤다고 평가를 받아왔다.[24] 이런 노력의 결과로 중국은 한국의 여섯 개 분야에서 1위 (six No. 1s') 국가가 되었다. 하지만, 이런 양국의 심화되는 경제 '상호의존'(interdependence) 관계는 중국 기업의 급속한 발전으로 한국의 새로운 도전으로 다가오고 있는 것 역시 사실이다.[25] 이런 상황에서 중국이

---

24) Jae Ho Chung, "East Asia Responds to the Rise of China: Patterns and Variations", *Pacific Affairs*, Vol.82, No.4, Vancouver: University of British Columbia, Winter 2009/2010, pp.665-672.

25) 미국 경제 주간지 포천이 선전한 2016년 세계 500대 기업에 중국 기업 110개가 이름을 올렸다.http://view.asiae.co.kr/news/view.htm?idxno=2016072111223819720(검색

'경제사회의 지속적 발전을 위한 기본보장' 관련 국가핵심이익 이슈를 지속적으로 추가하고 있다는 점은 이를 둘러싸고 향후 양국 간의 마찰이 더욱 빈번히 일어날 수 있음을 의미한다. 즉, 양국 간의 경제협력이 지금의 '절대적 이익'관계에서 '상대적 이익'관계로 급속히 변활 수 있다는 것이다.[26] 더욱 심각한 문제는 '사드 배치'문제로 중국이 한반도 문제를 '국가안보' 측면에서 국가핵심이익으로 보려는 '경향'이 확인되었다는 점이다. 북핵문제 해결은 한국이 중국과의 관계 개선에 공을 많이 들인 핵심 이유 중 하나이다. 북핵문제 해결은 한국이 중국과의 관계 개선에 공을 많이 들인 이유 중 하나이다. 북한에 대한 영향력을 가지고 있는 중국과의 관계 개선을 통해 북한의 비핵화를 이루고자 하였고, 2007년 노무현 정부 때부터 양국 간의 군사 핫라인을 개통하고자 많은 노력을 하였다.[27] 비록 중국은 북한 정권의 안정을 보장하는 범위 내에서 대 북한 제재에 합의와 실행을 하고 있지만, 제2차 북핵 실험 때의 대 북한 정책에 비하면 지난 3차에서 5차 북핵 실험 과정과 그 이후에 중국이 보인 대 북한 정책은 많은 진전을 보여 왔다고 평가할 수 있다.[28] 특히, '강력하고 실효

일: 2017.1.9). 다른 한편, 한국경제연구원의 '한국과 중국의 기업경쟁력 분석 및 시사점'보고서에 의하면, 2014년 중국의 상장기업은 8개 지표 중 5개 지표(수익성, 성장성, 자산규모, 특허출원 수, 해외 M&A 금액)에서 한국을 추월하였다고 한다. http://www.kookje.co.kr/news2011/asp/newsbody.asp?code=0200&key=20160706. 22003200437(검색일: 2017.1.9)

26) 구체적인 내용은 아래 저서를 참고 바람. 정재호, 『중국의 부상과 한반도의 미래』, 서울: 서울대학교출판문화원, 2011, 261-293쪽; 한국과 중국 간에 발생했던 혹은 발생 가능성이 있는 충돌 이슈에 대해서는 아래 연구 참고 바람. 정재호 편, 『중국을 고민하다: 한·중관계의 딜레마와 해법』, 서울: 삼성경제연구소, 2011.

27) 2015년 12월 31일 양국은 핫라인을 개통하였다. 하지만, 2016년 1월 6일 제4차 북핵 실험으로 인해 박근혜 대통령이 시진핑 주석에게 핫라인을 걸었으나 시 주석은 받지 않았다.

28) 구체적인 내용은 아래 논문을 참고 바람. 이영학, 「북한의 세 차례 핵실험과 중국의

적인' 대북 제재로 평가받고 있는 2270호(2016년 3월 2일)와 2321호(2016년 11월 30일) 유엔 안보리 대북 결의안을 이끌어 낸 점은 큰 의미가 있다. 이런 측면에서 최근 중국의 한한령(限韓令), 중국인 관광객의 한국 여행 20% 감축, 전기차 배터리 모범기준안 강화, 한국행 전세기 운항 불허 그리고 '한-중 군사 교류 중단' 등 일련의 조치들은 향후 양국 관계 전망을 어둡게 한다. 2321호 결의안에 찬성한 점을 고려하였을 때, 중국이 한국의 사드배치 결정을 북핵 문제와 연결시켰다고 보기에는 아직 무리가 있으나 정부 인사들을 홀대한 상황에서 민주당 의원 7명의 방중과 환대가 암시하는 바와 같이 실제로 배치를 할 경우 한반도의 전략적 이슈를 북핵문제와 연결시킬 가능성을 배제할 수 없다. 즉, 중국과 미국 사이에서 전략적 균형을 유지하면서 경제 발전과 비핵화를 추구하고자 한 지난 25년간의 한·중 관계가 근본적으로 흔들릴 수 있다.

작금의 상황에서 중국의 국가핵심이익을 단순한 수사적 어구로 치부할 것이 아니라 더욱 심도 있는 연구를 지속적으로 진행하여야 한다. 향후 중국의 국가핵심이익은 어떠한 이슈의 추가로 외연을 확대해 나아가고 있는지에 대한 연구는 물론, 시진핑 집권1기와 비교할 때 집권2기 때 강조되는 이슈는 무엇인가에 대한 꾸준한 관찰이 필요하다. 특히, 혈맹과 전략적 협력 동반자 관계 사이에서 '전략적 딜레마' 상황에 빠져있는 한국은 개별 국가핵심이익 이슈의 핵심 논쟁사항이 무엇이며, 이를 둘러싸고 중국과 미국 간에 어떠한 형태의 충돌(정치경제적 제재에서 무력사용)이 발생할 수 있는가에 대한 연구를 시급히 진행하여야 한다. 이와 동시에 중국이 국가핵심이익을 강조하고 있는 이 시점에 '경열정랭'(經熱政

대북한 정책변화 분석」, 『국제정치논총』, 제53집 4호, 서울: 한국국제정치학회, 2013, 191-223쪽 ; 이영학, 「중국 시진핑 지도부의 신(新)북핵 정책 동향 및 시사점 : 4차 및 5차 북핵 실험을 중심으로」, 『중소연구』, 제40권 3호, 서울: 한양대학교 아태지역 연구센터, 2016, 49-85쪽.

冷, 경제에선 뜨겁지만 정치에선 냉랭하다) 특징의 한·중 관계가 과연 건강한 양국 관계인지 혹은 '경열정열'(經熱政熱)로의 발전은 가능한지에 대한 전략적 판단을 신속히 내려야 한다. 경제는 중국과 안보는 미국과 함께한다는 경제 전략과 안보 전략의 불일치 상황이 언제까지 지속가능한지에 대한 냉철한 판단과 전략적 선택이 필요한 시점이다.

| 참고문헌 |

정재호, 『중국의 부상과 한반도의 미래』, 서울: 서울대학교출판문화원, 2011.
_____, 『중국을 고민하다: 한·중관계의 딜레마와 해법』, 서울: 삼성경제연구소, 2011.
김흥규, 「중국 핵심이익 연구 소고(小考)」, 『동북아연구』, 제28권 2호, 광주: 조선대학교 사회과학연구원, 2013.
_____, 「한반도 통일에 대한 중국의 입장과 한중관계」, 『전략연구』, 통권 제61호 특별호, 서울: 한국전략문제연구소, 2014.
나영주, 「한반도 통일에 관한 중국의 인식과 전략」, 『국제정치연구』, 제18집 2호, 대구: 동아시아국제정치학회, 2015.
이영학, 「북한의 세 차례 핵실험과 중국의 대북한 정책변화 분석」, 『국제정치논총』, 제53집 4호, 서울: 한국국제정치학회, 2013.
_____, 「중국 시진핑 지도부의 신(新)북핵 정책 동향 및 시사점: 4차 및 5차 북핵 실험을 중심으로」, 『중소연구』, 제40권 3호, 서울: 한양대학교 아태지역연구센터, 2016.

『江澤民文選(第一卷)』, 北京: 人民出版社, 2006.
章迪禹, 「中國'核心·利益'之辯」, 『世界知識』, 第19期, 北京: 世界知識出版社, 2011.

張淸敏·李啟窺, 「中國對外行為的思想根源探析」, 『外交評論』, 第4期, 北京：外交學院雜誌社, 2011.

Alastair Iain Johnston, "How New and Assertive is China's New Assertiveness?", *International Security*, Vol.36, No.4, Cambridge: MIT Press, Spring 2013.

Jae Ho Chung, "East Asia Responds to the Rise of China: Patterns and Variations", *Pacific Affairs*, Vol.82, No.4, Vancouver: University of British Columbia, Winter 2009/2010.

Jinghan Zeng, Yuefan Xiao and Shaun Breslin, "Securing China's Core Interests: the State of the Debate in China", *International Affairs*, Vol.91, No.2, Oxford: Oxford University Press, 2015.

Toshi Yoshihara and James R. Holmes, "Can China Defend a 'Core Interest' in the South China Sea?", *The Washington Quarterly*, Vol.34, No.2, New York: Taylor & Francis, Spring 2011.

"『中國的和平發展』白皮書(全文)",

    http://news.xinhuanet.com/politics/2011-09/06/c_121982103.htm

    https://www.eai.or.kr/data/bbs/kor_report/201105069371864.pdf

    http://www.people.com.cn/GB/50142/104580/index.html

    http://view.asiae.co.kr/news/view.htm?idxno=2016072111223819720

    http://www.kookje.co.kr/news2011/asp/newsbody.asp?code=0200
    &key=20160706.22003200437

"U.S.-China Joint Statement",

    https://www.whitehouse.gov/the-press-office/us-china-joint-statement

"楊潔篪: 中國外交以維護國家主權安全和發展利益以促進世界和平與發展為己任",

    http://news.xinhuanet.com/politics/2010-03/07/content_13115174.htm

Caitlin Campbell, Ethan Meick, Kimberly Hsu and Craig Murray, "China's 'Core Interests' and the East China Sea", http://www.uscc.gov/sites/default/files/Research/China's%20Core%20Interests%20and%20the%20East%20China%20Sea.pdf

Michael D. Swaine, "China's Assertive BehaviorPart One: On 'Core Interests'", http://www.hoover.org/research/chinas-assertive-behavior-part-one-core-interests

Shai Oster, Andrew J. Nathan, Orville Schell, Susan Shirk, Tai Ming Cheung and John Delury, "What's Really at the Core of China's 'Core Interests'?", https://www.chinafile.com/.../whats-really-core-chinas-core-interests

Stephanie T. Kleine-Ahlbrandt, Susan Shirk and Wang Yizhou, "Does Promoting 'Core Interests' Do China More Harm Than Good?", http://www.chinafile.com/conversation/does-promoting-core-interests-do-china-more-harm-good

전환기 중국 외교엘리트 네트워크

● 서상민 ●

Ⅰ. 서론

강대국화를 목표로 하는 중국에게 외교는 이미 중요한 국익실현의 수단이 되었다. '강대국 외교'가 필요한 시점인 것이다. 강대국과 경쟁하면서도 협력을 이루어내야 하는 어려운 문제를 풀어내야 하고 '책임 있는 대국' 이미지를 국제사회에 보여줘야 한다. 중국외교는 현재 전환기를 맞고 있다. 과거 "혁명외교"와 "발전외교"의 시대를 넘어 새로운 외교의 원칙과 틀을 구상하고 있다. 이를 자오커진은 "중국외교가 3.0시대로 접어들었다"라고 말하기도 한다.[1]

한 나라의 외교역량이라고 하는 것은 자국의 국력을 떠나서 고려될 수 있는 문제가 아니다. 국력에 따른 국제사회의 위상이 달라지면 위상에 부응하는 외교행위가 뒤따라야 한다. 중국외교의 경우 개혁개방 과정에서 경제발전을 위한 피동적이고 방어적인 외교 그리고 그런 외교를 할 수

---

* 이 글은 「중국 외교엘리트의 인적 네트워크: 후진타오와 시진핑 시기 비교」, 『인문사회과학연구』, 제55집, 2017을 수정·보완한 것이다.

** 국민대학교 중국인문사회연구소 HK연구교수.

1) 趙可金, 「中國外交3.0版: 十八大後的中國外交新走向」, 『社會科學』, 第7期, 2013.

있는 외교엘리트가 필요했다. 그러나 국제사회에서 중국은 세계 경제대
국의 위상을 확보하였다. 따라서 보다 적극적이며 능동적인 외교를 필요
로 하게 되었다.[2] "중화민족의 위대한 부흥"이라는 시진핑의 "중국꿈"(中
國夢)이 실현되기 위해서는 강대국 중국에 대한 국제사회의 인정이 필요
하고 이를 실천하는데 있어 중국외교엘리트의 노력이 무엇보다 중요한
시점이라고 할 수 있다.

국제사회의 외교현장에서 자국의 국익을 실현함에 있어 필요한 외교역
량은 전적으로 정치지도자의 외교력과 이를 뒷받침할 수 있는 외교엘리
트의 능력에 달려있다. 외교엘리트 능력과 자질이야말로 한 나라의 외교
력을 가늠하는 가장 기본적 요소인 것이다. 외교력은 상대 국가를 설득하
는 능력을 말한다.[3] 달리 말하면 다른 나라를 자국의 국익을 위해 지지
와 동의를 받아내기 위해서는 외교적 의사소통을 할 수 있는 환경과 조건
이 마련되어야 하는데, 이러한 환경과 조건을 창출할 수 있는 능력을 외
교력이라고 하고, 이를 실천하는 외교행위자를 외교관 또는 외교엘리트
라 정의할 수 있다.

중국에서 외교정책을 포함한 모든 정책은 중국공산당에 의해 결정되고
중앙정부인 국무원을 포함해 사법 및 입법 기관 등 모든 국가기관들은
중국공산당을 지원하고 보완하는 기능을 담당하고 있다.[4] 외교엘리트에
대한 선발과 교육 등과 같은 일상적인 인사관리는 일반공무원과 같이 인

---

2) Evan Medeiros, *China's International Behavior: Activism, Opportunism, and Diversification*,
   CA: RAND Corporation, 2009; 謝方, 「十八大後的中國外交將更加積極主動」, 『中
   國社會科學報』, 2012年11月.
3) Craig Hayden, *The Rhetoric of Soft Power: Public Diplomacy in Global Contexts*,
   Maryland: Lexington Books, 2012.
4) 정해용, 「중국의 국가공무원제도 개혁: 노멘클라투라 체제로의 회귀와 신공공관리
   개혁의 한계」, 『정부학연구』, 제15권 제3호, 2009.

력자원사회보장부와 국가공무원국이 관장하고 있으나, 고급간부의 인사 문제의 경우에는 중국공산당 중앙 조직부가 직접 관할하고 있다(김윤권 2013). 따라서 중국의 외교부의 부장, 부부장 그리고 부장조리와 같이 외교행정을 담당하는 고위 외교엘리트에 대한 인사통제는 국무원 차원에서 이루어지는 것이 아니라 중국공산당의 조직부가 총괄하여 관리하고 있다.

중국공산당은 자신의 임기 중 실현하고자 하는 외교목표를 제시하고 이를 실현하기 위해 새로운 외교팀을 구성한다. 그러나 후진타오나 시진핑이 국가주석으로 선출되는 시점에서는 자신의 외교팀을 구성할 수 없는 제도적 한계가 존재했다. 취임 이전 중국공산당 내 권력관계를 반영해 임명된 외교관료를 이끌고 자신의 임기를 시작하게 됨으로써 자신이 제시한 외교적 목표와 방향을 실무적 차원에서 실천해 줄 수 있는 진용을 현실적으로 갖추지 못했다. 그러나 후진타오는 이러한 한계를 인식하고 있음에도 불구하고 '분공'(分工)에 따른 영역별 수장을 인정하는 집단지도체제(胡鞍鋼 2014)의 틀을 엄격하게 유지하려고 했다.[5] 따라서 장쩌민 시대의 유산인 리자오싱(李肇星)이나 다이빙궈(戴秉國) 등 정통외교엘리트가 중국외교의 중심에 위치하게 되었다. 반면 시진핑은 후진타오 시대의 유산이 존재함에도 불구하고 임기 초부터 자신을 중심한 외교팀으로 바꾸려는 노력을 하고 있다. 중국외교부 내 다양한 인적 네트워크로 짜여진 고질적인 '순혈주의'를 해소하기 위해 다양한 배경을 가지고 전문성을 가진 외교엘리트를 발탁해 오고 있다.

중국은 한반도에 가장 큰 영향을 미치는 강대국 중 하나이다. 그렇지만 중국외교와 중국외교엘리트에 대해 우리가 아는 것이 많지 않다. 언론매체를 통해 중국외교 부장과 부부장을 성향이나 배경에 대해 간략하게

---

5) 胡鞍鋼, 『中國集體領導體制』, 北京: 中國人民大學出版社, 2013.

소개되기도 하지만 중국외교팀이 어떻게 구성되어 있고, 어떤 관계구조를 형성하고 있는지를 포괄적으로 보여주는 것은 아니다. 중국과 함께 한반도 및 동아시아 지역 관련 주요 외교현안을 풀어야할 우리가 중국외교팀에 대해 모르고 있다는 것은 실천적으로 많은 문제를 야기할 수 있다. 따라서 본 논문은 후진타오 2기와 시진핑 1기 중국외교엘리트의 인적 네트워크를 분석함으로써 중국외교의 행위자들이 형성해 놓은 구조를 파악하고자 한다. 그 과정에서 중국최고지도자의 국정운영의 원칙이 외교엘리트 네트워크에 지대한 영향을 미치고 있으며, 이러한 현상은 국가마다 관료조직의 문화와 제도적 차이는 있다하더라도 "꽌시"를 통해 작동하고 있는 중국만의 특징일 수 없고 많은 국가들에서 일반적으로 나타나는 특징이라고 간주할 수 있다.

II. 분석틀과 분석방법

1. 분석틀: 정책지식 네트워크

본 논문은 정책과 관련된 행위자들 간 관계망을 통한 정책행위와 정책지식의 흐름을 통일적으로 분석하기 위해 사회 네트워크(social network) 이론에 기초한 "정책지식생태론"라는 개념을 활용하고자 한다. 일반적으로 정책지식생태론은 "정책지식의 창출, 활용, 유통 및 확산과정에 참여하는 사람, 집단 및 이들 간의 상호작용의 총체"이다.[6] 이 접근법은 몇 가지 이론적 가정에 기반하고 있다.

먼저 정부의 정책이라는 것은 다양한 정책행위자들의 지식과 정보 간

---

6) 김선빈, 『대한민국 정책지식 생태계』, 서울: 삼성경제연구소, 2007.

긴밀한 네트워크를 통해 생성된 결과물이라고 간주한다.[7] 다시 말해 정책은 정책행위자간 상호작용을 통해 생산되고 확산되며 실행되고 있다는 것이다. 이를 이른바 정책네트워크(policy network)라고 할 수 있으며, 정책공동체(community of policy)라고 할 수도 있는데 그 기저에는 정책방향이나 정책을 결정하는 신념체계를 행위자들이 공유하고 있다는 것을 전제로 한다. 이들 간 상호작용은 일회적 과정이 아닌 지속적이고 회귀적 과정을 통해 이루어지며 그 과정에서 어느 한 행위자만 변화하는 것이 아닌 그 과정에 참여하는 모든 행위자들이 서로 진화하는 "공진화"(co-evolution) 과정을 겪는다.[8] 공유하고 있는 지식이나 정보가 지속적으로 업그레이드되고 축적됨으로써 정책행위자들 간 관계가 새로운 단계의 상호작용으로 발전한다는 것이다.

정책지식생태론의 두 번째 가정은 정책과 관련되어 활동하는 다양한 네트워크들이 순환(feedback)한다는 것이다[9]. 인적 네트워크뿐만 아니라 지식 네트워크 그리고 지식을 공유하고 확산하는 수단과 관련된 기술네트워크 등이 각기 다른 네트워크 특성을 가지고 있으나 이들 네트워크가 복합작용을 통해 효율적으로 지식을 창출하고 공유할 수 있도록 작동한다고 가정한다.[10]. 즉 여기에서 인적 네트워크는 지식이 생산하거나 공유하는 생산자이자 공유의 통로가 될 수도 있고, 지식 네트워크는 정보와

---

7) George Pór, "Augmenting the Collective Intelligence of the Ecosystem of Systems Communities: Introduction to the Design of the CI Enhancement Lab (CIEL)", *Systems Research and Behavioral Science*, 31.5, 2014, pp.595-605.

8) Mitchell M. Waldrop, *Complexity: The Emerging Science at the Edge of Order and Chaos*, Simon and Schuster, 1993, p.310.

9) Karl Wolfgang Deutsch, *The Nerves of Government: Models of Political Communication and Control; with a new introduction*, Free Press of Glencoe, 1966.

10) Paul Shrivastava, "Management Classes as Online Learning Communities", *Journal of Management Education*, 23.6, 1999, pp.691-702.

아이디어가 무한정으로 교류하는 무형의 공간이라고 할 수 있으며, 기술
네트워크는 인적, 지식 네트워크가 효율적으로 소통될 수 있도록 만드는
기제이기도 하다. 지식의 교류는 조직의 경쟁우위를 확보하는 원천이 되
기도 한다.[11]. 더 나아가 정책행위자 간 상호작용은 정책공동체의 새로
운 가치를 창출할 뿐만 아니라 공동체 내 '사회적 자본'을 축적할 수 있도
록 한다고 본다.[12]

결과적으로 정책지식생태론이 가지고 있는 기본 가정은 우리 사회의
전체 네트워크 하에서 정책과 관련된 구체적인 영역에서 종속되어 체계
적으로 작동하고 있다. 이러한 네트워크가 무정형적인 관계망이 아니라
일종의 '시스템' 하에서 작동하고 있고 정책지식생산 환경에 적응하면서
작동하는 지속적인 환류과정을 경험하게 된다. 즉 정책행위자 간 끝임 없
는 상호작용의 과정을 개인이 맺고 있는 사회적 네트워크를 통해 파악하
려고 하는 것이 본 연구의 주제이다. 여기에서 말하는 사회적(인적) 네트
워크는 스캇이 정의한 바와 같이 개인이나 집단 간에 맺고 있는 사회적
관계를 총칭하는 용어이다.[13] 그렇지만 네트워크는 고정되어 있지 않고
끊임없이 변화한다. 특히 정책행위자간 네트워크는 그 조직의 성격을 규
정하는 제도, 문화의 영향을 많이 받으며, 그렇게 형성된 네트워크의 구
조는 네트워크에 속해 있는 구성원들의 조직에 대한 태도나 성과에 영향
을 미치게 된다.

중국의 외교정책 관련 지식생태계 내의 외교엘리트 네트워크 역시 시

---

11) Linda Argote and Paul Ingram, "Knowledge Transfer: A Basis for Competitive
    Advantage in Firms", *Organizational Behavior and Human Decision Processes*, 82.1,
    2000, pp.150-169.

12) Paul S. Adler and Seok-Woo Kwon, "Social Capital: Prospects for a New Concept ",
    Academy of Management Review, 27.1, 2002, pp.17-40.

13) John Scott, *Social Network Analysis*, Sage, 2012.

기별 차이가 감지된다. 따라서 네트워크 구조와 특징을 분석하게 되면 해당 시기의 정책지식생태계와 다른 시기를 비교분석할 수 있게 된다. 따라서 중국 외교행위자 분석에 있어 시진핑 시기와 후진타오 시기 정책지식생태계가 어떤 특징을 갖는가를 설명해 줄 수 있는 틀로써도 효용가치가 높다고 할 수 있다. 후진타오 시기의 정책결정은 일반적으로 집단지도체제 하에서 분권형 정책결정이 이루어졌다.[14] 그렇기 때문에 외교부 내 엘리트 간 네트워크 구조는 정통외교엘리트를 중심으로 관계망을 형성하게 되고 외교부 '순혈주의'와 같은 구성원의 동질성을 띄는 반면, 시진핑 1기에는 집단지도체제를 유지하고 있지만, 정책의 통합력과 조정력을 국가주석에 집중시킴으로써 정책 네트워크의 통제수준을 강화함에 따라 외교부 내 조직적 동질성 보다는 외부요인의 영향을 많이 받은 다소 분산적 네트워크 구조를 띄게 된다.

2. 분석대상 및 변수

중국 외교엘리트 인적 네트워크를 분석하기 위해 본 논문은 후진타오 2기(2011년 12월 기준) 외교담당 국무위원, 외교부 부장 및 부부장 그리고 외교부 부장조리 등 총 13명과 시진핑 1기(2017년 3월 기준)의 외교담당 국무위원, 외교부 부장 및 부부장 그리고 외교부 부장조리 12명 등 총 25명을 분석대상으로 삼았다. 이들의 개인정보 데이터와 경력데이타는 중국외교부(中國外交部) 홈페이지를 비롯해 타이완정치대학의 중국공산당정치엘리트자료(中共政治菁英資料庫) 데이터 등을 활용하였다.

분석대상 25명의 관계 네트워크의 구조적 특성과 중심성(centrality)를

---

14) 서상민, 「시진핑 시기 중앙영도소조의 연결망분석과 집단지도체제」, 『아세아연구』 58(3), 2015, 172-205쪽.

분석하기 위해 각 7개의 변수에 대한 값을 수집하였다. 7개 변수로는 연령, 출신지, 출신대학, 해외유학국가, 초임지(初任地), 주요활동부서, 주요활동국가 등이다. 이들 7개 '속성 데이터(attribute data)'에 대해서 속성이 같으면 각 엘리트 간 연결될 개연성이 있다고 가정하고, 속성변수를 관계데이터화하여 연결망을 구성하였다. 각 개인의 배경 데이타에서 연결가능성을 있을 수 있는 "지연(地緣) 네트워크, 학연(學緣) 네트워크를 비공식 네트워크(informal network)로 변수로 보았고, 같은 부서 같은 국가에 근무한 경력 등을 직연(職緣) 네트워크로 간주하여 공식적 네트워크(formal network)의 변수로 삼았다.

다양한 속성 변수 중 7개 변수를 추출하여 이를 상호 교차하여 분석함으로써 연결의 가능성을 높일 수 있도록 하였다. 속성변수를 통해 구성된 네트워크는 보이지 않는 가상의 네트워크이다. 따라서 현실의 네트워크와의 간극을 줄일 수 있는 방법은 여러 가지 변수를 활용하여 네트워크를 중첩함으로써 네트워크 구성원 간의 연결의 가능성을 최대한 높여야 한다. 앞에서 선택한 7개의 변수는 그동안 중국사회의 네트워크 관련 연구에서 축적된 연구결과를 참고하여 선정하였다.[15]

---

15) Loukas Balafoutas, "Public Beliefs and Corruption in a Repeated Psychological Game", *Journal of Economic Behavior & Organization,* 78(1), 2011, pp.51-59 ; Ling Li, "Performing Bribery in China : Guanxi-Practice, Corruption with a Human Face", *Journal of Contemporary China,* 20(68), 2011, pp.1-20 ; K.C. Chang, "A Path to Understanding Guanxi in China's Transitional Economy : Variations on Network Behavior", *Sociological Theory,* 29(4), 2011 ; 왕효령, 「"연줄"과 "꽌시"의 차이: 한국과 중국의 사회연결망 비교」, 『사회과학연구』, 33(2), 2007 ; 위안·이기은, 「상사-부하 간 꽌시와 교환관계의 비교」, 『한국산업경영학회 2010 동계학술대회 논문집』, 2010; 이준태·김정현, 「중국 '關系(Guanxi)' 문화의 사회적 영향」, 『아태연구』, 18(1), 2011.

Ⅲ. 중국 외교엘리트 네트워크 특징

1. 중국의 인적 네트워크 종류

한 사회 내 엘리트 간 관계가 어떻게 구성되어 있느냐는 그 사회의 정치사회 구조를 단면적으로나마 보여준다. 만일 어떤 사회에서 고위 엘리트가 폐쇄적인 집단을 형성하고 있다면 새로운 엘리트나 집당의 진입은 막히게 된다. 특히 한 나라의 정책의 다루고 있는 고위 관료나 정치인 간 폐쇄적 네트워크는 공정한 경쟁을 통한 정책선택이 이루어지는 것을 방해한다. 훌륭한 인재를 선발하는 과정 역시 왜곡하게 된다. 그리고 능력 있는 인재가 중요한 지위에까지 올라갈 수 있는 기회가 사전에 차단될 수도 있다. 중국은 중국공산당이라는 강력한 정당에 의해 지배되는 국가이다. 공산당과 정부에 대해 비판적인 대안 정당이 존재하지 않고 시민과 언론의 감시가 제한되어 있어 내부 기율과 단속 그리고 내부 감시만으로는 정부와 집권당의 투명성을 확보하는데 한계가 있을 수밖에 없다. 중국은 여전히 "꽌시"에 의해 작동되는 사회라 할 수 있기 때문이다.

중국인이 "꽌시" 광의로 '사회적 네트워크'라 할 수 있다. 그러나 중국인의 '꽌시'에는 인맥이나 네트워크로 표현할 수 없는 상호간 강한 신뢰와 유대감이 존재하며 일종의 자기정체성이 있다. 중국인들이 흔히 쓰는 말 중에 "친구 한 명이 늘어나면 길 하나가 생긴다"(多一個朋友, 多一條路)라는 말이 있다. 자신의 네트워크를 잘 관리하고 이를 잘 활용하면 자신의 출세와 전도에 큰 도움이 된다는 것이다. 이와 같은 연결망은 이른바 태자당(太子黨), 상하이방(上海幇), 공청단파(共靑團派), 칭화방(淸華幇), 비서방(秘書幇) 등 정치적 파벌을 표현하는 용어들 속에서 잘 나타나 있다. 중국의 인적 네트워크는 주로 혈연(血緣), 지연(地緣), 학연(學緣), 직연(職緣)에 따라 이루어진다. 먼저 혈연(血緣)과 혼연(婚緣)이 가장 기초적이면 가장 강한 네트워크이다. '태자당'(太子黨)이 대표적인데 고위관료였던 아버지의 대를 이어 그 자제들이 고위 엘리트가 되는 경우이다. 선대의 네트워크가 후대로 연결되면서 상호 보호와 의존 그리고 상호 이익을 추구한다. 이러한 네트워크는 결혼을 통해 혼맥(婚脈)으로 연결된다. 한 자녀만을 둔 고위관료는 결혼을 통해 네트워크를 확장해 간다.

둘째, 지연(地緣)이다. 지역마다 특유의 정서와 문화가 있기에 동향사람으로서의 자연스럽게 유대감이 형성될 수 있다. 이른바 '상하이방'(上海幇)은 상하이를 중심으로 하여 얽혀진 중국 엘리트의 인맥을 일컫는다. 셋째는 학연(學緣)이다. 젊은 시절 비슷한 시기에 같은 학교를 다녔거나, 유학생활을 같이 했거나 아니면 선후배로 묶여진 사이는 졸업 후에도 오랫동안 좋은 인맥이 될 수 있다. 예를 들면 후진타오의 출신대학인 칭화대 출신들이 정계나 재계에서 부상하자 일명 '칭화방'(淸華幇)이라는 말이 생겨났던 것도 중국사회가 일면 학연에 의해 작동되고 있음을 보여준다. 마지막으로 같은 직장에 근무하면서 네트워크가 형성되는 직연(職緣)이 있다. 상사와 부하 관계, 동료 관계로 형성된 네트워크이다. 중국 정계나 관계에서 한 기관에서 상사와 부하로 연을 맺은 후 상사가 다른 기관으로 전출하거나 은퇴할 때 자신이 신임했던 부하직원를 데리고 가거나, 더 좋은 자리에 추천해 주는 경우가 많다. 중국에서의 '비서방'(秘書幇)' 라고 하는 말이 있듯 상사와 부하가 서로 끌어주고 밀어주면서 깊은 인맥을 형성된다.

2. 중국 외교가의 인적 네트워크

본 연구과정에서 중국 외교부 고위인사 중에는 아버지와 아들(딸) 외교관, 남편과 아내 외교관, 장인과 사위 외교관이 상당히 많은 것을 확인할 수 있었다. 아버지와 아들(딸)이 대를 이어 외교관으로 활동하고 있는 사례로는 가장 대표적인 사례가 중국 건국의 십대원수이면서 전 국무원 부총리겸 외교부장을 지낸 천이(陳毅)와 그의 아들인 현 중국인민 대외 우호협회 회장 겸 중러우호협회 회장인 천하오쑤(陳昊蘇)이다.[16] 중국의 전 외교부 부장이었던 차오관화(喬冠華)은 같은 외교관이었던 공펑(龔澎)과 결혼해 낳은 아들 차오쭝화이(喬宗淮) 역시 1993년부터 1997년까지 북한대사를 그리고 2001년부터 외교부 부부장을 역임하기도 하였다.[17]

혼연에 의해 네트워크가 형성된 사례로는, 후진타오 시기 외교담당 국무위원을 지낸 다이빙궈(戴秉國)를 들 수 있다. 다이빙궈는 전 외교부 부부장(1961년), 초대 주미연락처 주임(1973년)을 지낸 황전(黃鎭)과 결혼을 통해 연결되어 있다.[18] 그리고 현 중국공산당 중앙위원이면서 홍콩마카오사무판공실 주임을 맡고 있는 전 유엔 대사 왕광야(王光亞)도 앞에서 언급한 전 외교부장 천이의 딸인 천산산(陳姍姍)과 결혼을 통해 인적 네트워크이 구축되어 있다.[19] 그리고 현재 외교부 부장인 왕이(王毅) 역시 주 제네바대표부 대표를 지낸 첸자둥(錢嘉東)의 사위이고, 전 외교부 부장 리자오싱(李肇星)은 네덜란드 대사를 지낸 친리전(秦力眞)이다. 그리고 주영 대사를 거쳐 현재 외교부 외교정책자문위원 겸 외교부 공공외교자문 위원인 마전강(馬振岡)의 장인 역시 베트남 대사를 지낸 직업외교관인 천즈팡(陳志方)이다.[20] 부부가 같이 외교관 생활을 하는 경우는

---

16) 山嵐, 『紅牆內的子女們』上, 延吉: 延邊大學出版社, 1998.

17) 茆貴鳴, 『喬冠華傳 : 從淸華才子到外交部長』, 南京: 江蘇文藝出版社, 2006.

18) 中國政府網, http://www.gov.cn/gjjg/2008-10/23/content_1128866.htm(검색일: 2016.11.24)

19) 新華網, http://news.xinhuanet.com/rwk/2013-03/26/c_124505122.htm(검색일: 2016.11.24)

훨씬 많이 발견된다. 먼저 양제츠(楊潔篪) 현 외교담당 국무위원과 그의 부인 러아이메이(樂愛妹)는 전 주미 대사관 참찬,[21] 현 유엔 중국대표 류제이(劉結一)와 현 뉴욕총영사 장치웨(章啓月) 부부도 있다.

이 외에도 현 외교부 부부장 장예수이(張業遂)와 현 중국인민외교학회 부회장 천나이칭(陳乃淸) 부부도 있다.[22] 천나이칭은 한반도문제 특별대사를 역임한 바 있다. 전 외교부 부부장 우다웨이(武大偉)와 마오야핑(毛婭平) 부부, 리자오싱 전 외교부 부장과 친샤오메이(秦曉梅) 부부 등도 있다. 이와 같이 중국외교부는 중국의 다른 부처에 비해 혈연과 결혼으로 형성된 인적 네트워크를 쉽게 발견할 수 있다는 것이 특징이라고 할 수 있겠다. 다음으로는 학연에 따른 비공식적 네트워크이다. 후진타오 시기 중국외교부 내 그리고 중국공산당 중앙대외연락부 고위 외교엘리트 30명 중 11명이 베이징외국어대학을 졸업했거나 연수를 받은 것으로 조사되었다. 구체적으로 살펴보면 조사대상이 되었던 후진타오 시기 외교부 부장 부부장 중에서는 뤼궈쩡, 푸잉, 디쥐엔 부부장과 우하이롱 부장조리가 베이징외국어대학 출신이다.[23] 한편 중국공산당 대외연락부 내에서는 류제이, 아이핑 부부장을 비롯해 양옌이 부장조리가 같은 대학 출신으로 조사되었다. 그 밖에 우다웨이, 장예수이, 리바오동, 장신썬 등도 베이징외국어대학을 졸업했거나 연수를 받은 것으로 되어 있다. 이 대학이 배출한 외교부 부장은 1명, 외교부 부부장은 총 17명, 부장조리는 11명, 대사 약 98명 등 총 127명의 전현직 고위 외교엘리트들이 이 대학 출신으로 조사

---

20) 人民網 http://cpc.people.com.cn/GB/164113/15034503.html(검색일: 2016.11.8)

21) 「生長在紅旗下的外交部長: 楊潔篪」, (http://www.sdfao.gov.cn/art/2010/5/14/art_468_3932.html(검색일: 2016.11.8)

22) BBC中文網, http://www.bbc.com/zhongwen/simp/china/2013/02/130228_china_vfam.shtml(검색일: 2016.3.14)

23) 中國日報網, http://www.chinadaily.com.cn/dfpd/bw70/#dsj(검색일: 2016.10.3)

되었다.[24] 중국외교가에서 최대 규모 출신대학 네트워크라고 할 수 있다.

반면 베이징대학 출신은 후진타오 시기에 장즈쥔 등 총 4명, 영국 런던 경제정치학원(LSE) 출신이 3명, 베이징 제2외국대학 출신은 2명이었다. 해외유학경험자는 미국, 영국, 캐나다, 호주 등 영어권 국가와 독일, 일본 등 비영어권 국가를 포함해 총 14명에 이른다. 조사대상의 대부분이 50 년대 출생하여 어려웠던 시기인 문화혁명 기간 중 고등학교와 대학을 다녔던 세대이기 때문에 유학이 쉽지 않았을 것이다. 그러나 60년대 70년 대 생이 주축을 이루고 있는 외교부의 국·과장 중에는 유학을 경험한 간부의 비율이 높아지고 있다. 시진핑 시기 외교부 부장과 부부장 그리고 부장 조리 중 해외유학은 다녀온 외교엘리트는 12명 중 7명에 달하고 있다. 이는 후진타오 시기의 13명 중 6명 보다 약간 비율이 높아졌다고 할 수 있다.

마지막으로 중국외교부와 중앙대외연락부 고위 간부 중 미국과 유엔 등 국제기구 관련 경력의 외교관들이 비중이 높아지고 있음을 발견할 수 있다. 후진타오 시기 외교부 간부 13명 중 5명이 미국 또는 유엔에서 근무했으며, 대미외교를 담당하는 북미대양주사(北美大洋洲司와 국제기구 업무를 담당하는 국제사(國際司)에서 출신이었다. 시진핑 시기 역시 12명 중 5명이 북미대양주사와 국제사에서 근무한 경력이 있는 것으로 조사되었다.[25] 이는 중국이 후진타오 2기 이후 현재까지 미국과 유엔 등 국제기구에 대한 외교를 중시하고 있다는 것을 방증한다. 장즈쥔, 류제이, 장예수이, 리바오동, 류샤오밍, 류전민, 정쩌광 등이 여기에 해당한다.

---

24) 中國日報網, http://www.chinadaily.com.cn/dfpd/bw70/#dsj(검색일: 2016.10.3)

25) 中國政府門戶網, http://www.fmprc.gov.cn/web/(검색일: 2016.10.14)

IV. 외교엘리트 인적 네트워크:
후진타오 2기와 시진핑 1기

1. 후진타오 2기 네트워크: 전문성, 자율성 중시 구조

다이빙궈는 후진타오 시기 중국의 외교담당 국무위원이면서 중국공산당 중앙위원이었다. 그리고 중국공산당 내 외교안보분야 최고위 정책결정기구인 중앙외사공작영도소조(조장 후진타오, 부조장 시진핑)의 판공청 주임을 맡았다. 중국은 중국공산당이 통치하는 국가이기 때문에 외교안보와 관련된 핵심 정책은 이 기구를 통해 결정된다고 할 수 있다.[26] 따라서 후진타오 체제 하에서 이 기구의 실무를 책임지고 있는 당시 다이빙궈 국무위원이 중국외교를 전체를 관장했다고 할 수 있다. 따라서 후진타오 2기의 외교엘리트 네트워크의 특징과 구조를 이해하기 위해서는 다이빙궈의 중국 외교가에 형성된 네트워크를 분석해야만 한다.

다이빙궈는 쓰촨대학(四川大學) 외국어학부 러시아학과에 입학한 후 그리고 우수한 학생들만을 대상으로 선발한다고 하는 국가외교학원(國家外交學院) 대학원과정에 들어가면서 외교관 훈련이 시작되었다. 다이빙궈의 첫 근무부서는 중국 외교부 소련동유럽사이었다.[27] 중소관계가 좋지 않은 시기 이른바 '러시아통'으로서 대 소련 업무를 담당했던 다이빙궈가 고위 외교엘리트로 성장하게 된 계기는 전 외무 부총리인 첸지첸(錢其琛)과의 연결되면서라고 볼 수 있을 것이다. 헝가리 대사를 마친 후 본부에 복귀한 다이빙궈는 첸지첸 외교부 부장조리 맡았고, 1993년부터

---

26) Alice Miller, "The CCP Central Committee's Leading Small Groups", *China Leadership Monitor*, 26, pp.1-21.

27) 新華網, http://news.xinhuanet.com/misc/2008-03/17/content_7808661.htm(검색일: 2016.12.6)

외교부 부부장과 대외연락부 부부장를 거쳐 1997년 장쩌민 총서기 하에서 대외연락부 부장으로 승진하였다. 다이빙궈가 중국외교의 전면에 부상하게 된 계기는 2002년 말 북한 핵위기이다. 같은 해 11월 16차 당대회를 통해 출범한 신생 후진타오 체제에게 북한의 핵문제는 해결하지 않으면 안 되는 중대 과제가 되었다. 후진타오는 2003년 3월 다이빙궈 카드를 꺼내 들었다. 그를 외교부 상무부부장과 외교부 당위 서기로 임명하여 실질적 권한과 역할을 줬다. 다이빙궈는 대외연락부에서 활동하면서 김정일 위원장의 두터운 신임을 받고 있었기 때문에 북한 핵문제를 해결하는 데 그 만큼 적임자가 없다는 판단이었다. 다이빙궈는 후진타오의 이런 기대에 부응하여 '6자회담'이라는 그림을 보여주었다. 그 이외에 미중간 고위급회담 정례화, 인도와의 국경문제 처리, 일본과의 전략대화 등 중국외교의 중대하고 민감한 문제들을 다자틀과 양자틀을 유연하게 활용하면서 처리해 나갔다.

다이빙궈가 당시 중국외교의 소위 "장문인"이란 별칭을 얻게 되는 계기는 후진타오와 오바마 대통령의 미중정상회담을 통해서라고 할 수 있는데, 당시 미중관계는 천안함 사태와 연평도 도발 그리고 북한의 핵개발 등으로 한반도의 긴장이 최고로 고조된 상황 속에서 미중정상회담이 개최되었다. 그러나 우여곡절 끝에 미국과 중국 양국은 41개조의 공동선언문에 서명했다. 달라진 중국의 국제적 위상을 미국이 처음으로 인정하고 세계가 확인했다는 점에서 다이빙궈 외교의 전문성을 입증했다고 할 수 있다. 후진타오 체제 하 중국외교는 다이빙궈(戴炳國)을 중심으로 하여 당시 대외연락부 부장 왕자루이 그리고 외교부 부장 양제츠(楊潔篪)가 중국외교의 중요한 축인 한반도문제와 대미외교를 이끌었다. 당시 중국의 외교부장은 양제츠는 'G2'시대로 접어드는 중요한 시기에 대미외교의 총괄했다고 할 수 있다. 1949년 신중국 성립이후 역대 중국외교부장은 모두 열 한 명이다. 그 중 미국대사를 역임한 부장은 리자오싱(李肇星)과

양제츠 두 명에 지나지 않는다. 리자오싱은 2003년부터 2007년까지 외교
부장을 맡았다. 주미 대사를 역임한 외교관 중 최초로 외교부 부장이었
다. 양제츠는 리자오싱의 뒤를 이어 주미 대사와 외교부장을 차례로 물려
받았다.

양제츠는 천지첸, 다이빙궈, 리자오싱으로 이어지는 정통외교엘리트
코스를 밟으며 성장한 대미외교의 전문가라 할 수 있다. 후진타오 2기 중
국외교팀은 미중관계 중요성이 증대하고 있는 흐름 속에서 대미외교 경
험이 없는 다이빙궈 중심으로 양제츠가 그를 보좌할 수 있도록 진용을
구성한 것이다. 반면 상하이 출신은 양제츠는 1963년 상하이외국어학원
부속중학교에서, 주 유엔대사, 외교부 상무부부장을 거쳐 현재 홍콩마카
오 판공실 주임인 왕광야(王光亞)와 룸메이트로 일찍이 연결되었다. 양
제츠와 왕광야는 50여년 동안 외교부 내에서 앞서거니 뒤서거니 하는 동
반자이면서 경쟁자였다. 양제츠의 네트워크를 살펴보면, 전 외교부 부
부장, 주미 대사를 거쳐 현재 보아(博鰲) 포럼 비서장인 저우원중(周文
重),[28] 홍콩반환협상에서 두각을 나타낸 전 노동부 국제협력국 국장 장
여우윈(張幼雲), 중국 WTO가입 협상에서 수석대표였던 전 국제무역부
부부장 룽융투(龍永圖), 전 유엔 사무차장(경제·사회 담당)인 샤주캉(沙
祖康), 왕광야 등이 같은 시기 영국 런던정치경제학원에서 유학한 동문
들로 학연 네트워크를 형성하고 있다.

양제츠는 1970년대 조시 부시(George H. W. Bush)와 특별한 인연을
맺게 되고, 2000년 12월 부시가 대통령이 되자 곧 바로 주미 대사로 임명
되었다. 2001년 중국 남중국해 하이난(海南) 섬에서 미국 정찰기와 중국
전투기가 충돌해 중국 전투기가 추락하고 조종사가 실종된 사건이 발생
했을 때 부시 대통령 집안과의 네트워크가 진가를 발휘되었다. 결과적으

---

28) 人民網, http://world.people.com.cn/GB/10981490.html(검색일: 2016.12.6)

로 미국 정부로부터 사과를 받아 냄으로써 중국의 입장에서 외교적 승리를 거두었다.[29] 양제츠가 외교부 부장으로써 다이빙궈와 함께 후진타오 외교를 이끌어 갔다면, 중국공산당 내 외교를 담당하고 있는 대외연락부 부부장으로 있던 현 타이완판공실 주임인 장즈쥔(張志軍)이 또 하나의 중요한 축을 담당하였다. 그는 양제츠와 전혀 다른 배경과 과정을 거쳐 성장했다. 중국공산당 대외협력부에서 부부장으로만 9년을 지낸 후 2009년 외교부 부부장으로 자리를 옮겼다.[30] 대표적인 대외연락부 라인으로 대미관계와 미국정책연구를 담당하고 있는 대외연락부 7국에서 35년 동안 미국문제만을 다루었다. 장즈쥔의 네트워크를 살펴보면 2000년부터 9년 동안 대외연락부 부부장으로 부장인 다이빙궈와 왕자루이를 보좌하면서 후진타오를 비롯한 당 지도부의 외교안보정책결정에 참여하였다. 특히 대미정책 관련한 현안과 정책대안 그리고 관련 정보를 수시로 건의하고 보고했으며 2008년 글로벌 경제위기 이후 대미외교 중요성이 대두되면서 2009년 외교부를 자리를 옮겨 해외언론을 상대하는 언론담당 부부장 맡았다.[31]

후진타오 2기 중국외교엘리트 네트워크의 특징을 정리해 보면, 먼저 동아시아 외교 전문가 보다는 미국과 유엔 외교 전문가들이 네트워크의 중심으로 본격적으로 부상하고 있다는 점이다. 특히 이들은 해외 업무경험과 유학경험을 기반으로 한 외교전문성이 장점이라고 할 수 있다. 이른바 "공화국 제1세대"라고 하는 50년 이후에 출생한 외교엘리트들의 후

---

29) 中國日報網, http://www.chinadaily.com.cn/hqzg/2007-06/14/content_894129.htm (검색일: 2016.11.24)

30) 中國共産黨新聞網, http://cpc.people.com.cn/gbzl/html/121001414.html(검색일: 2016.11.24)

31) 鳳凰網, http://news.ifeng.com/mainland/detail_2010_12/20/3597619_0.shtml(검색일: 2016.11.24)

진타오 2기에는 외교부 부부장으로 승진하는 경우가 많았다. 양제츠를 제외한 외교부 부부장 및 부장조리 12명 모두 50년 이후 출생한 관료들이었다. 그리고 사장급은 60년 이후 출생자, 과장급은 70년대 이후 출생자들 채워져 외교부 내 전문성을 가진 외교엘리트로의 세대교체가 빠르게 진행되었음을 발견할 수 있었다. 또한 당시 조어도를 둘러싼 중일간 영토분쟁, 남사군도 등을 둘러싼 남태평양의 영토분쟁 그리고 한반도 긴장 등 국제정세가 불안해지면서 대외연락부와 외교부 간 인사교류가 활발했다.

〈표 1〉 후진타오 2기 외교부 간부 현황

	직책	생년	출신지	출신대학	주요 활동기관
다이빙궈 戴秉國	국무위원	1941	구이저우 貴州	쓰촨대학 러시아과 베이징외교학원	외교부 소련유럽국 대외연락부 부장
양제츠 楊潔篪	외교부 부장	1950	상하이 上海	LSE 국제관학과 난징대학 역사학 박사	외교부 번역실 주미 대사
장즈쥔 張志軍	외교부 부부장	1953	장쑤 江蘇	베이징대학 중퇴 영국유학	대외연락부 미주국 대외연락부 부부장
뤼궈쩡 呂國增	외교부 부부장	1951	허베이 河北	베이징외국어대학	외교부 아프리카국 주팔레스타인 대사
리진장 李金章	외교부 부부장	1954	허베이 河北	베이징외교학원	외교부 남미국 주멕시코 대사
추이텐카이 崔天凱	외교부 부부장	1952	상하이 上海	화동사범대 영어과 미 존스홉킨스 대 석사	외교부 아시아국 주일 대사
푸잉 傅瑩	외교부 부부장	1953	나이멍구 內蒙古	베이징외국어대학 영국 켄트대학 석사	외교부 번역실/아주국 주영 대사
송타오 宋濤	외교부 부부장	1955	장쑤 江蘇	호주 모나쉬대학	푸젠성 성정부 주필리핀 대사
디쥐엔 翟寯	외교부 부부장	1954	허베이 河北	베이징외국어대학	외교부 서아프리카국 주리비아 대사
후정웨 胡正躍	외교부 부장조리	1953	저장 浙江	미국 조지타운대학	외교부 아주국 주말레시아 대사
우하이롱 吳海龍	외교부 부장조리	1955	나이멍구 內蒙古	베이징외국어대학	외교부 국제기구국 국제원자력기구 대표
류전민 劉振民	외교부 부장조리	1955	산시 山西	베이징대학 영어과 베이징대학 법학 석사	외교부 조약법률국 주유엔 대사
청궈핑 程國平	외교부 부장조리	1952	허베이 河北	베이징대학 법학 석사	외교부 유라시아국 주카자흐스타 대사

　장즈쥔 뿐만 아니라 류제이 역시 대외연락부 출신이었다.[32] 대외연락부 출신의 외교엘리트들 역시 외교부 엘리트들에 뒤지지 않게 정당외교나 대사관 파견업무를 통해 다양한 해외경험을 쌓아 전문성을 높였을 뿐만 아니라 폭넓은 해외 네트워크를 구축하고 있기 때문에 가능했다. 장즈쥔의 경우만 보더라도 5차례나 북한을 방문한 경험이 있어 대외연락부와 외교부 간 이슈에 따른 전문가의 외교현장 투입이 가능했다는 점을 지적할 수 있다.

　아울러 후진타오 시기 외교부는 외교관 인사와 정책에 있어 상대적으로 자율성을 보장 받은 대신 업무와 관련한 높은 책임성(accountability)을 요구받았다고 할 수 있다. 후진타오 시기는 책임 있는 '분공'(分工)을 통해 소수 및 개인의 비전문성에 따라 정책이 결정되지 않도록 각 영역의 전문성과 자율성을 보장했다.[33] 따라서 외교영역에서의 부총리급 국무위원인 다이빙궈 책임 하에서 외교가 추진되었다. 그러나 〈그림 1〉에서 보

〈그림 1〉 후진타오 2기 외교엘리트 네트워크 그래프

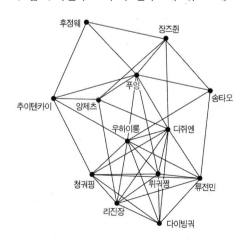

32) 國立政治大學校 中共政治菁英資料庫, http://cped.nccu.edu.tw(검색일: 2016.12.23)
33) 胡鞍鋼,『中國集體領導體制』, 北京: 中國人民大學出版社, 2013.

이듯이 각 구성원 간 네트워크의 밀도가 비교적 강가하고 정책지식의 소통과 흐름이 매우 빠르게 이루어지는 네트워크 구조를 가지고 있다. 이러한 이유로 인해 정통외교관료 출신들의 '순혈주의', 그리고 혈연과 혼연으로 인한 네트워크의 폐쇄성은 시진핑 집권 후 "가천하"(家天下), "근친번식"(近親繁殖)이라는 엄혹한 비판에 직면하게 되었다. 그리고 반부패운동 기간 중 적발된 외교부 내 네트워를 따라 이루어진 부패고리를 끊기 위해 고위 외교엘리트들에 대한 대대적인 '물갈이'의 필요성을 제공하였다.[34]

2. 시진핑 1기 네트워크: 책임성, 혼합성 중시 구조

왕이가 이끌고 있는 현 중국 외교팀의 구성을 보면 몇 가지의 특징을 발견할 수 있는데 첫째, 대미외교 담당했던 엘리트과 함께 다양한 배경을 가진 부부장과 부장조리들의 진입을 확인할 수 있다. 잘 알려져 있다시피 왕이 외교부장은 동아시아지역 외교통으로 중국외교부에서 오랜 기간 아시아지역 외교를 담당해 왔다. 왕이가 시진핑 체제 중국외교팀의 초대 수장으로 선임된 배경에는 중국이 동아시아 외교를 중시하고자 해서가 아니라 미국의 오바마 행정부가 표방한 "아시아 회귀"(pivot to Asia) 정책에 대한 중국외교의 대응으로 해석할 수 있다. 북핵문제, 남사군도 분쟁, 그리고 조어도를 둘러싼 영토분쟁 등 중국의 '핵심이익'이 걸려 있는 복잡한 문제들을 이 지역 전문가로 하여금 중국외교팀을 조율하도록 한 것이다. 시진핑 집권 후 후진타오 외교부 인사의 '유산'이 반영됨으로써 후진타오 2기의 대미외교 중심의 외교팀으로 구성되어 있다. 미국에서 외교관으로 활동한 경험이 있고 미국을 잘 아는 다섯 명의 외교엘리트를 왕이

---

34) 大公網, http://news.takungpao.com.hk/mainland/focus/2016-06/3330436.html
   (검색일: 2017.3.13)

를 보좌할 수 있는 부부장으로 배치하였다. 장예수이 리바오동(李保東), 왕차오(王超), 장쿤성(張昆生), 정쩌광(鄭澤光) 등 이들 5명의 부부장은 외교경험과 유학경험 등을 통해 미국 외교가와 넓은 네트워크를 형성하고 있는 것으로 알려진 인물들이다.

〈표 2〉 시진핑 1기 외교부 관료 배경

	직책	생년	출생지	출신대학	주요 활동부서
양제츠 楊潔篪	국무위원	1950	상하이 上海	난징대학 런던정치경제학원(LSE)	번역실 주미대사
왕이 王毅	외교부 부장	1953	베이징 北京	북경제2외국어대학	아주사 일본 대사
장예수이 張業遂	외교부 부부장	1953	후베이 湖北	런던정치경제학원(LSE)	국제사 미국 대사
리바오동 李保東	외교부 부부장	1955	베이징 北京	북경외국어대학 미국 존스홉킨스대학	신문사/국제사 유엔대표 특명전권대사
왕차오 王超	외교부 부부장	1960	허베이 河北	광주외국어대학 미 조지타운대 수학	대외무역부 상무부 국제사 사장
청궈핑 程國平	외교부 부부장	1952	허베이 河北	북경대학 법학 석사	유라시아사 카자흐스탄 대사
셰항성 謝杭生	중앙기율위 외교부 기율조장	1955	저장 浙江	항저우대학 중국사회과학원 석사	인민은행 금융연구소 덴마크 전권대사
류전민 劉振民	외교부 부부장	1995	산시 山西	베이징대 영어과 베이징대 법학 석사	조약법률사 유엔 제네바 사무소 대표 특명전권대사
장밍 張明	외교부 부부장	1957	허베이 河北	북경외국어학원 중앙당교 성급간부연수반	아프리카사 케냐 전권대사 판공청 주임
정쩌광 鄭澤光	외교부 부부장	1963	광동 廣東	화남사범대학 영 카디프대학 수학	통역/북미대양주사 난징시 상무부시장
쳰홍산 錢洪山	외교부 부장조리	1963	장쑤 江蘇	(미상) 대졸학력 미 조지차운대 방문학자	서유럽사/간부사 국외공작국 국장
리후이라이 李惠來	외교부 부장조리	1960	허베이 河北	외교학원대외관계사 석사	러시아대사관 공사 판공청 주임
콩쉬안유	외교부 부장조리	1959	헤이룽장 黑龍江	(미상) 대졸학력 미 조지타운대 연수	아주사 베트남 전권대사
류젠차오 劉建超	외교부 부장조리	1964	지린 吉林	옥스퍼드	신문사
장쿤성 張昆生	외교부 부부장	1958	산시 山西	북경대학	판공청/미주대양사

그러나 2015년 1월 반부패운동 기간 장쿤성 외교부 부장조리가 직무를 이용한 뇌물수수 및 알선수죄 등 엄중한 기율을 위반혐의를 받고 2016년 5월 면직됨에 따라 이른바 "중국외교부 내의 장쩌민 인맥"의 청산과 외교부 '순혈주의' 청산을 위한 외교부 간부에 대한 인사조정이 진행되었다.[35] 장쿤성은 산시출신으로 중국공산당 통일전선부 부장 겸 전국정협 부주석인 링지화(令計劃)가 중심이된 '산시방'(山西幇)과 관련되어 2014년 말 링지화 조사과정에서 혐의가 들어났고 2015년 7월 중앙기율위원회의 『리징화의 기율엄중위반 관련 조사보고』(關於令計劃嚴重違紀案的審查報告)에 따라 당적과 공직이 발탈되었고 그 과정에서 장쿤성에 대한 조사가 이루어졌다.[36]

이를 계기로 시진핑은 대대적인 외교부 간부에 대한 인사를 연속하여 단행하는데, 먼저 부장조리인 류젠차오(劉建超)를 외교부에서 국가부패예방국 부국장으로 전근시켰다. 유젠차오는 1964년생으로 외교부 대변인으로 활동한 바 있다. 그리고 러시아외교 전담 부부장인 청궈핑(程國平)을 국가반테러안전부서장으로 전근시켰다. 1952년생인 청궈핑은 외교부장 왕이 보다 연령이 높았는데, 이는 외교부의 세대교체의 일환으로 해석할 수 있다. 왜냐하면 2015월 12월 청궈핑을 대신하여 러시아외교 담당할 외교엘리트로 1960년생인 젊은 리후이라이(李惠來)를 부장조리로 승진발령했다.[37] 동시에 헤이롱장 출신으로 오랫동안 일본대사였던 왕이를 보좌해 대 일본외교에 종사해 왔던 헤이롱장 출신 1959년생 콩쉬안유(孔鉉佑) 아주사 사장을 부장조리로 승진발령함으로써 외교부 내 세대교체

---

35) BBC中文網, http://www.bbc.com/zhongwen/simp/china/2016/05/160512_china_corruption_zhang_kunsheng(검색일: 2017.3.13)

36) 新華網, http://news.xinhuanet.com/politics/2015-07/20/c_1115984394.htm(검색일: 2016.11.20)

37) 中國政府門戶網, http://www.fmprc.gov.cn/web/wjb_673085/zygy_673101/lhl_685110/ (검색일: 2017.02.12)

와 구정권 유산을 동시에 청산했다.

둘째, 연령별 신구조화가 잘 이루어지고 있다는 점이다. 중국외교부 부장과 부부장 12명의 평균연령은 현재 59.4세이다. 왕이, 장예수이, 리바오동, 셰항성이 60대 초중반이고, 장밍이 60세 그리고 왕차오, 정쩌광, 첸홍산, 리후이라이, 콩쉬안유 등 5명은 50대 중후반에 포진되어 있다. 2018년 19차 당대회를 거치게 되면서 연령제한에 걸려 60대 초중반 부부장들은 거의 퇴진하게 될 것이 확실하다. 셋째, 고위 외교엘리트 출신과 배경 상의 '혼합성'(hybrid)이 눈에 띈다. 후진타오 시대의 정통외교관료 출신들로 채워져 있던 외교부 간부그룹이 비교적 다양한 성격의 엘리트들로 대체되고 있음을 확인할 수 있다. 본 논문 조사대상 가운데 출신이나 사회적 배경을 조사해 보면 다양한 지역과 대학 그리고 부처출신으로 분포되어 있음을 알 수 확인할 수 있었다. 특정한 지역이나 대학 그리고 부처의 쏠림현상이 없다. 다양한 배경을 가진 외교관들을 전문성에 기초해 등용하고 있다고 할 수 있다. 출신지역에서 보면 허베이(河北) 출신(3명), 베이징(北京) 출신(2명)을 제외하고는 모두 다른 지역 출신들이다. 출신대학에서도 베이징외국어대(3명) 외에는 다양한 학력배경을 가진 인물들이다. 유학경험자들을 조사했더니 총 12명 중 7명이 해외유학경험이 있었다. 미국에서 유학한 엘리트가 4명, 영국에서 유학한 엘리트가 3명으로 두 나라에 집중되어 있음을 발결할 수 있었다.

한편 외교부 '순혈주의'에서 벗어나고 있다는 분명한 증거들이 나온다. 외교부 기율담당인 인민은행 출신의 셰항성(謝杭生) 부부장은 조직 내 기율을 왕차오는 대외무역 담당 간부로 배치되어 있다. 이렇듯 시진핑 시기 중국 외교팀 인사는 외교부 내의 연고성 보다는 전문성을 중시하고 있다고 평가된다. 중국 외교팀의 구성상의 특징과 함께 이들 간 맺고 있는 공식적 비공식적 연결망 차원에서의 특징도 관찰된다. 전체 연결망을 보면 왕이 부장은 장예수이와 리바오동과 강한 관계를 성형하고 있는 것으

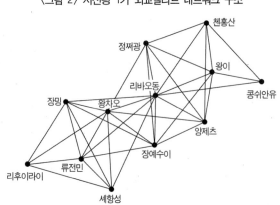

〈그림 2〉 시진핑 1기 외교엘리트 네트워크 구조

로 보인다. 이들의 경력을 조사해 보면 왕이 부장은 장예수이 부부장은 중국공산당 중앙위원회에 정위원과 후보위원으로 함께 활동한 바 있고, 리바오동 부부장과는 오래전인 문화혁명 시기부터 같이 헤이룽장성 생산건설병단에 지식청년(知靑)으로 배속되면서 잘 알고 지낸 사이라고 추정된다.

〈그림 2〉 연결망만을 놓고 본다면 왕이는 주로 장예수이와 리바오동이라는 두 부부장을 통해 외교부 전체 연결망에 접근하고 이를 관리하고 있음을 감지할 수 있다. 지휘하고 있다고 할 수 있을 것이다. 연결망의 구조를 보면, 연결의 밀도가 강한 그룹과 그렇지 않은 그룹으로 분할되어 있다는 점도 흥미롭다. 연결밀도가 강한 핵심그룹은 60대 중후반과 60대 초반의 부부장들로 구성되어 있는데 이들 사이는 촘촘하게 관련되어 있다. 그 중에서도 리바오동과 왕차오는 다수의 엘리트와 연결되어 있는 것으로 나타난다. 따라서 이들이 연결망의 중심에 위치해 있다고 해석해도 틀린 것은 아닐 것이다. 한편 연결밀도가 약한 그룹은 50대 중반의 부부장들인데, 핵심그룹과는 달리 이들 상호간에는 느슨한 관계로 짜여져 있다. 그 중에서 콩쉬안유 연결정도가 많지 않다.

V. 결론

후진타오 시기와 시진핑 시기 중국외교엘리트의 네트워크 특징을 종합해 보면, 후진타오 2기의 외교정책 실행을 담당하고 있는 외교엘리트는 중국공산당 최고위 지도부의 일원적인 통제보다는 전문가들의 전문성을 보다 강조된 상대적으로 자율성을 띤 조직네트워크를 가졌던 것으로 파악된다. 반면 시진핑 1기에 외교엘리트들은 시진핑 집권 후 정책의 통합력과 조정력을 국가주석에 집중시키고 외교부 인사에 대한 중국공산당 최고위 지도부의 관리수준을 강화함으로써 조직의 효율성이 강조되고 있다고 보여진다. 외교이슈에 대한 대응과 해결책이 강조되기 보다는 시진핑의 국정운영의 방향 하에서 외교적 대응이 결정되고 있다고 보여진다.

한편 후진타오 2기 정책지식생태계는 동질적 특성을 가진 엘리트들 특히 대미외교와 특정 학연 중심의 순혈주의적 네트워크를 형성하고 있는 반면, 시진핑 1기 외교엘리트 네트워크 빠르게 과거의 유산을 정리해 인사재배치를 시도함으로써 외교부의 순혈주의 극복과 구 엘리트에 대한 세대교체가 이루어지고 있음이 확인되었다. 후진타오 시기에는 중국 외교부 조직 내 대외연락부 출신들이 빈번히 등장함으로써 양 조직간 주도권 경쟁의 양상이 관찰되었다. 당-국가체제라는 중국정치제도의 특성상 당관료와 정부관료 사이의 이동은 비교적 빈번하게 이루어질 수 있다. 그러나 최근 몇 년간 미중갈등이 표면화되고, 조어도를 둘러싼 중일간 영토분쟁, 남사군도 등을 둘러싼 남태평양의 영토분쟁 그리고 한반도 긴장 등 국제정세가 불안해지면서 대외연락부와 외교부 간 외교분쟁 해결방안을 둘러싼 갈등이 표면화되었으며, 이러한 정책 주도권 경쟁은 각 정치계파 간 인사주도권으로 확대되고 했다. 후진타오에서 시진핑으로 정권교체기에 발생한 다이빙궈의 후임을 두고 벌어진 외교부 라인의 왕이와 대외연락부 라인의 장즈쥔과 장자루이 간 갈등은 일단 외교부 라인으로 정리되었지만,38) 이후 중국 정부 외교팀과 당 외교팀 간의 경쟁은 지속될 것으로 보인다. 현재 중국외교는 동아시아 지역을 한계를 넘어 초강대국 중국을 목표로 하고 있다. 중국외교가 거대한 전환의 시점에 서 있다고 할 수 있다. 중국외교가 더 큰 목표를 향해 더 넓은 지역을 뛰어 다니게 된다면 국제사회는 자연스럽게 중국의 외교엘리트들에 대해 점점 더 많은 관심을 갖게 될 것이다. 그 중에서 중국이 미국과 신형대국관계 형성을 주장하면서 중국외교의 중심은 급격하게 대미외교로 쏠리고 있다. 이러한 추세이고 외교방향이라면 향후 중국은 한반도를 비롯한 동아시아 지역 문제 역시 관련 당사자들보다는 미국과의 관계를 통해 풀어가고자 할 가능성이 크다.

이렇듯 전환기를 거치고 있는 중국외교가 앞으로 필요로 할 인재는 실무적으로 대미관계와 국제기구 경험이 있을 뿐만 아니라 이와 관련한 인적 네트워크가 구축되어 있는 엘리트들일 것이다. 차세대 중국외교 엘리트들은 중국외교부나 중국 정관계에서의 '인맥쌓기' 뿐만 아니라 해외외교엘리트들과의 전방위적 '인맥쌓기'에 많은 노력을 쏟아야 할지 모른다. 우리 역시 중국외교의 전환방향과 함께 중국외교 엘리트들의 구성과 성격변화를 주의 깊게 파악하고 대응할 필요가 있다. 한국 외교관료 및 외교안보 전문가 뿐 만 모든 부문과 영역에서 보다 적극적으로 네트워크를 구축할 필요가 있다. 네트워크는 동아시아 평화와 번영을 위한 사회적 자본이 되고, 동아시아 새로운 질서를 창발(emergence)하게 할 가능성이 크기 때문이다.

---

38) 新浪網, http://dailynews.sina.com/gb/chn/chnnews/ausdaily/20130216/03104251927.html (검색일: 2017.3.16)

| 참고문헌 |

김선빈, 『대한민국 정책지식 생태계』, 서울: 삼성경제연구소, 2007.

김윤권 외, 『중국정부의 공무원 인사제도와 정책에 관한 연구』, 서울: 대외경제
정책연구원. 2013.

서상민, 「시진핑 시기 중앙영도소조의 연결망분석과 집단지도체제」, 『아세아연
구』, 58(3). 2015.

왕효령, 「"연줄"과 "꽌시"의 차이: 한국과 중국의 사회연결망 비교」, 『사회과학
연구』, 33(2), 2007.

위안·이기은, 「상사 - 부하 간 꽌시와 교환관계의 비교」, 『한국산업경영학회
2010 동계학술대회 논문집』, 2010.

이준태·김정현, 「중국 '關系(Guanxi)' 문화의 사회적 영향」, 『아태연구』, 18(1),
2011.

정해용, 「중국의 국가공무원제도 개혁: 노멘클라투라 체제로의 회귀와 신공공
관리 개혁의 한계」, 『정부학연구』, 제15권 제3호, 2009.

苟貴鳴, 『喬冠華傳 : 從淸華才子到外交部長』, 南京: 江蘇文藝出版社, 2009.

山嵐, 『紅牆內的子女們』上, 延吉: 延邊大學出版社, 1998.

胡鞍鋼, 『中國集體領導體制』, 北京:中國人民大學出版社, 2013.

謝方, 「十八大後的中國外交將更加積極主動」, 『中國社會科學報』, 2012.11.21.

趙可金, 「中國外交3.0版: 十八大後的中國外交新走向」, 『社會科學』, 第7
期, 2013.

Deutsch, K. W, *The Nerves of Government: Models of Political Communication
and Control*, Free Press of Glencoe. 1966.

Hayden, Craig, *The Rhetoric of Soft Power: Public Diplomacy in Global Contexts*,
Maryland: Lexington Books, 2012.

Karl Wolfgang Deutsch, *The Nerves of Government: Models of Political*

Communi- cation and Control; with a new introduction, Free Press of Glencoe, 1966.

Medeiros, Evan., *China's International Behavior: Activism, Opportunism, and Diversification*, CA: RAND Corporation, 2009.

Scott, John, *Social Network Analysis*, Sage, 2012.

Waldrop, Mitchell M. *Complexity: The Emerging Science at the Edge of Order and Chaos*, Simon and Schuster, 1993.

Alice Miller, "The CCP Central Committee's Leading Small Groups", *China Leadership Monitor*, 26, 2008.

Argote, L. & Ingram, P., "Knowledge Transfer: A Basis for Competitive Advantage in Firms", *Organizational Behavior and Human Decision Processes*, vol.82, 2000.

Balafoutas, L., "Public Beliefs and Corruption in a Repeated Psychological Game", *Journal of Economic Behavior & Organization*, 78(1). 2011.

Chang, K. C., "A Path to Understanding Guanxi in China's Transitional Economy: Variations on Network Behavior", *Sociological Theory*, 29(4), 2011.

Li, L., "Performing Bribery in China: Guanxi-Practice, Corruption with a Human Face", *Journal of Contemporary China*, 20(68), 2011.

Linda Argote and Paul Ingram, "Knowledge Transfer: A Basis for Competitive Advantage in Firms", *Organizational Behavior and Human Decision Processes*, 82.1, 2000.

Paul S. Adler and Seok-Woo Kwon, "Social Capital: Prospects for a New Concept", *Academy of Management Review*, 27.1, 2002.

Paul Shrivastava, "Management Classes as Online Learning Communities", *Journal of Management Education*, 23.6, 1999.

Podolny, J. M. & Baron, J. N., "Resources and relationships: Social Networks and Mobility in the Workplace", *American Sociological Review*, vol.62, 1997.

Pór, G., "Augmenting the Collective Intelligence of the Ecosystem of Systems Communities: Introduction to the Design of the CI Enhancement Lab (CIEL)" *Systems Research and Behavioral Science*, 31(5), 2014.

BBC中文網 http://www.bbc.com/

國立政治大學校 中共政治菁英資料庫 cped.nccu.edu.tw

大公網 www.takungpao.com

新浪網 news.sina.com

新華網 www.xinhuanet.com/

人民網 www.people.com.cn

中國共産黨新聞網 cpc.people.com.cn

中國日報網 www.chinadaily.com.cn

中央政府門戶網 www.gov.cn

저자소개

고혜림

부산대 중어중문학과를 졸업하고 동대학원에서 중국현대문학으로 박사학위를 취득하였다. 지금은 현대중국문화연구실 소속 연구원으로 중국 문학 번역 작업 및 연구와 강의를 하고 있다. 주요 연구 분야는 중국의 현대 문학과 화인화문문학, 화인 디아스포라문학과 세계 문화, 세계 문학과 화인문학 작가들의 정체성 문제다. 또한 페미니즘, 포스트식민주의와 관련한 여러 가지 문학 쟁점, 문하고가 영화의 관계, 이종 문화간 충돌과 결합 등에 관한 지속적인 연구를 하고 있다. 최근 작업한 글로는 「소설 속 공간 재구성과 이주자의 정체성」(2017), 「화인화문문학에 나타난 디아스포라의 양가적 시선과 성격」(2015) 등이 있다. 대표 저서는 『포스트 식민시대의 디아스포라문학』(2016)이 있으며, 역서로는 『동생이면서 동생 아닌: 캐나다 화인소설선』(2016), 『물고기뼈: 말레이시아 화인 소설선』(2015), 『다시 종려나무를 보다』(2013), 『장기왕』(2011) 『사람을 찾습니다』(2006) 등이 있다.

문익준

서강대 경제학과를 졸업하고 대만국립대에서 경제학 석사를 마치고 중국 칭화대학 경제관리학원에서 경제학 박사학위를 받았다. 현재 국민대학교 중국학부 조교수로 재직하고 있다. 관심분야는 중국경제, 공간계량경제학, 양안관계 등이다. 주요 논문으로 「공간패널계량모형에 의한 한국과 중국의 지역수렴가설에 대한 연구」, 「Spatial dependence in knowledge spillover of innovative activity: evidence from China」, 「Innovation and Spillovers in China: Spatial Econometric Approach」, 「중국의 인구구조 변화와 지역경제성장 간의 관계 : 한국과의 비교」 등이 있다. 저서로는 『중국 국유기업 개혁의 평가와 시사점』(2014) 등이 있다.

박영순

국민대 중어중문학과를 졸업하고 중국 푸단(復旦)대학 중국어문학연구소에서 석사·박사학위를 받았다. 현재 국민대학교 중국인문사회연구소 HK교수로 재직하고 있다. 주로 중국 사회현상과 다큐멘터리, 문학창작공간과 문학사이트, 신매체와 인터넷문학, 중국영화의 문화정체성 등에 대해 연구해왔다. 현재 주로 문인집단과 지식의 정치화, 문학 지리와 지식생산, 중국문학의 한국 수용사, 인문학과 중국고전 등에 관심을 두고 있다. 주요 논문으로 「현대화 과정에 나타난 저층담론과 지식생산: 다큐멘터리 『鐵西區』를 중심으로」, 「인터넷문학의 생산과 확산의 네트워크: '起點中文網'을 중심으로」, 「화인 디아스포라문학지형과 네트워크: 가오싱젠을 중심으로」 등이 있다. 역서로는 『현대중국의 학술운동사』(2013), 『호상학파와 악록서원』(2011) 등이 있다.

박철현

서울대학교 동양사학과를 졸업하고, 서울대학교 국제대학원에서 중국지역연구로 문학석
사학위를 받고, 중국 선양(瀋陽) 톄시구(鐵西區) 공간변화와 노동자 계급의식의 관계에
대한 연구로 중국 런민(人民)대학 사회학과에서 박사학위를 받았다. 현재 국민대학교 중
국인문사회연구소 HK연구교수로 재직중이다. 관심분야는 중국 동베이(東北) 지역의 공간
생산과 지방정부의 역할, 국유기업 노동자, 동베이 지역의 "역사적 사회주의", 만주국, 동
아시아 근대국가 등이다. 논문으로는 「關於改革期階級意識與空間-文化研究: 瀋陽市鐵
西區國有企業勞動者的事例」(박사학위 논문, 2012), 「중국 개혁기 공간생산 지식의 내용
과 지형: 선양시(瀋陽市) 톄시구(鐵西區) 노후공업기지의 개조를 중심으로」(중소연구,
2013), 「중국 사구모델의 비교분석: 상하이와 선양의 사례-사회정치적 조건과 국가 기획을
중심으로」(중국학연구, 2014), 「중국 개혁기 공장체제 연구를 위한 시론(試論): 동북 선양
(瀋陽)과 동남 선전(深圳)의 역사적 비교」(한국학연구, 2015) 등이 있으며, 역서로는 『중국
정책변화와 전문가 참여(공역)』(학고방, 2014) 등이 있다.

서상민

고려대학교 정치외교학과를 졸업하고 고려대학교 대학원에서 중국정치로 석·박사학위를
취득하였다. 동아시아연구원(EAI) 중국연구센타 부소장을 거쳐 현재 국민대학교 중국인문
사회연구소 HK연구교수로 재직 중이다. 주요 관심 연구영역은 중국정치과정 중 권력관계,
정치엘리트, 관료제와 관료정치 그리고 외교안보 분야 정책결정과정 분석 등과 관련된
주제들이며, 최근에는 사회연결망분석(SNA) 방법을 활용한 중국의 정책지식과 정책행위
자 네트워크 분석하고 관련 데이터를 구축하여 중국의 정치사회 구조와 행위자 간 다양한
다이나믹스를 추적하고 분석하고 있다. 주요 논문으로는 「중국 외교엘리트 네트워크 분
석: 후진타오와 시진핑 시기 비교」(2017), 「"발전국가" 성립과정에서 중국의 산업정책결정
과정 분석」(2016), 「시진핑 시기 중앙영도소조의 연결망분석과 집단지도체제」(2015), 「상
하이지역 경제엘리트 연결망분석」(2014) 등이 있으며, 저서로는 『얘들아 이젠 중국이야』
(2016, 공저), 『동아시아공동체 논의 현황과 전망』(2009, 공저) 등이 있다

이광수

중국 런민(人民)대학에서 중국정치를 전공하여 박사학위를 취득했으며, 현재 국민대학교
중국인문사회연구소에서 HK연구교수로 재직하고 있다. 중국과 대만의 지식지형과 정치
현상과 양안관계 및 통일문제를 연구하고 있다. 주요 연구 성과로 「중국정치학자의 지식
네트워크 분석 」(2013), 「중국 공공지식인의 활동과 영향력」(2013), 「중국공산당의 정치선
전과 홍색문화열」(2013), 「대만 사회운동에 관한 연구」(2015), 「대만의 '중국유학생 유치정

책'의 특징과 영향」(2016), 「2016년 대만 선거와 양안관계」(2016), 「대만의 탈중국화 배경과 특징」(2016), 「한·중 신문 보도 프레임 연구」(2016), 「양안의 민족주의 정서 고양과 양안관계」(2017) 등이 있으며, 역서로는 『중국 정책결정과정과 전문가 참여』(2013)가 있다.

이민규

국민대 국어국문학과와 중어중문학과(복수전공)를 졸업하고, 중국 베이징대(北京大學) 국제관계학원 외교학과에서 석사와 박사학위를 취득한 후에, 마카오대학(The University of Macau) 사회과학학원 정치행정학과에서 박사후 연구원으로 재직하였다. 현재 재단법인 여시재 부연구위원으로 재직하고 있다. 중국 차하얼 학회(察哈爾學會) 연구원직도 겸하고 있다. 주요 연구 분야는 중국의 대외정책, 미·중 관계, 위기관리 그리고 정치심리학이다. 주요 논문으로는 「시진핑의 '발전자'대외정책경향과 중국의 대외정책 특징: 마가렛 허만의 최고지도자 '인격특징' 이론을 중심으로」(2015), 「"一体化"视角与国际关系角色理论的演进」(2014), 「中国对外行为的思想根源探析」(2011) 등이 있다.

최은진

이화여대에서 역사학으로 박사학위를 받았으며, 현재 국민대학교 중국인문사회연구소 HK 교수로 재직하고 있다. 전공분야는 중국현대사이며 현재는 중국의 대학교육, 지식인의 사상지형, 담론 및 네트워크를 연구하고 있다. 주요 논문으로는 「중국국립중앙연구원 역사어언연구소(1928~49)와 근대역사학의 제도화」, 「중국모델론을 통해 본 중국사상계의 지식지형」, 「『讀書』잡지와 중국지식인의 담론지형」, 「중국 역사지리학 지적구조와 연구자 네트워크」, 「2012년 '韓寒 - 方舟子 論爭'을 통해 본 중국 매체의 네트워크 작용과 함의」, 「중국의 '중국학'연구의 지적구조와 네트워크: 텍스트 마이닝 기법을 활용한 새로운 분석방법의 모색」 등과 『중국 학술의 사승(師承)과 가파(家派)』(왕샤오칭(王曉淸) 저, 최은진·유현정 옮김, 학고방, 2015), 『현대 중국의 8종 사회사조』(마리청(馬立誠) 지음, 박영순·최은진 옮김, 학고방, 2015) 등 역서가 있다.

국민대학교 중국인문사회연구소 총서 • 7권

중국 지역연구와 글로컬리티

초판 인쇄   2017년 6월 20일
초판 발행   2017년 6월 30일

공 저 자 | 고혜림·문익준·박영순·박철현
　　　　 서상민·이광수·이민규·최은진
펴 낸 이 | 하운근
펴 낸 곳 | 學古房

주　　소 | 경기도 고양시 덕양구 통일로 140 삼송테크노밸리 A동 B224
전　　화 | (02)353-9908   편집부(02)356-9903
팩　　스 | (02)6959-8234
홈페이지 | http://hakgobang.co.kr
전자우편 | hakgobang@naver.com, hakgobang@chol.com
등록번호 | 제311-1994-000001호

ISBN　　978-89-6071-670-4 94300
　　　　 978-89-6071-406-9 (세트)

값 : 25,000원

「이 도서의 국립중앙도서관 출판예정도서목록(CIP)은 서지정보유통지원시스템 홈페이지
(http://seoji.nl.go.kr)와 국가자료공동목록시스템(http://www.nl.go.kr/kolisnet)에서 이용하
실 수 있습니다.(CIP제어번호: CIP2017013495)」

■ 파본은 교환해 드립니다.